Springer-Lehrbuch

Eckehard Kuhlmei

Lerne mit uns Statistik!

Drei Studis erklären statistische Verfahren und ihre SPSS-Anwendungen

Mit 50 Abbildungen und 58 Tabellen

 Springer

Eckehard Kuhlmei
Département de Psychologie
Université de Fribourg
Fribourg, Schweiz

Zusätzliches Material zu diesem Buch finden Sie auf ► http://www.lehrbuch-psychologie.
springer.com

ISSN 0937-7433
Springer-Lehrbuch
ISBN 978-3-662-56081-5   ISBN 978-3-662-56082-2 (eBook)
https://doi.org/10.1007/978-3-662-56082-2

Die Deutsche Nationalbibliothek verzeichnet diese Publikation in der Deutschen Nationalbibliografie;
detaillierte bibliografische Daten sind im Internet über ► http://dnb.d-nb.de abrufbar.

Springer

Einbandabbildungen: v.l.n.r. © muro / stock.adobe.com, © Jeanette Dietl / stock.adobe.com, © Alliance /
stock.adobe.com
Umschlaggestaltung: deblik Berlin
Illustrationen im Buch von Erica Desch Kuhlmei.

Gedruckt auf säurefreiem und chlorfrei gebleichtem Papier

Springer ist ein Imprint der eingetragenen Gesellschaft Springer-Verlag GmbH, DE und ist ein Teil von
Springer Nature.
Die Anschrift der Gesellschaft ist: Heidelberger Platz 3, 14197 Berlin, Germany

Vorwort und Einleitung

Liebe Leserin, lieber Leser,

die Statistik ist in den Sozialwissenschaften ein teilweise ungeliebter, aber wichtiger Bestandteil des Studiums. Zu der manchmal eher trockenen Lektüre der normalen Standard-Statistiklehrbücher soll hier eine leichter zugängliche und besser motivierende Alternative angeboten werden.

- **Konzept und Zielsetzungen**

Im lebendigen Dialog zwischen drei Psychologiestudierenden werden die grundlegenden statistischen Verfahren aufgelockert, humorvoll und möglichst leicht verständlich erklärt. Zu diesem Zweck werden die folgenden sechs Punkte umgesetzt:

1. Es gibt Cartoons und Hinweise für Statistik-Rap im YouTube-Video.
2. Auf die Darstellung der Wahrscheinlichkeitsrechnung und der theoretischen mathematischen Modelle wird verzichtet.
3. Es werden überwiegend reale Datensätze, die zur Beantwortung von möglichst interessanten konkreten inhaltlichen Fragestellungen im universitär-psychologischen Kontext erhoben wurden, verwendet.
4. Die zu verwendenden SPSS-Prozeduren werden durch detaillierte Ablaufschemata veranschaulicht.
5. Über die Begleitwebseite zum Buch ▶ www.lehrbuch-psychologie.springer.com können die im Buch verwendeten SPSS-Datensätze und Dozentenmaterialien für die Lehre zum Download gefunden werden.
6. Anspruchsvollere und abstraktere Darstellungen in diesem Buch, die für ein leichteres und flüssigeres Verständnis meist problemlos übersprungen werden können, sind folgendermaßen gekennzeichnet:

Start der Sprungstelle:

ℹ Sprungmöglichkeit →

Ende der Sprungstelle:

ℹ ← Sprungmöglichkeit

- **Verwendung des Statistikprogramms SPSS (Version 24)**

Basierend auf überwiegend realen Daten werden die statistischen Verfahren ausgehend von den wissenschaftlichen und statistischen Hypothesen über die Ausgangsdatentabellen und die Auswertung mit dem Statistikprogramm SPSS (Statistical Package for Social Sciences) bis hin zu den Ergebnistabellen anwendungsorientiert vorgestellt.

Die in dieser Anleitung verwendeten Darstellungen für die SPSS-Dateneingabe, das SPSS-Menü, die SPSS-Ausgabeergebnistabellen, die SPSS-Ausgabegrafiken usw. basieren auf dem hier durchgehend angewendeten SPSS-System (Version 24) und werden in starker Anlehnung an die tatsächlichen SPSS-Darstellungen aufbereitet, sind aber damit nicht vollkommen identisch.

Die tatsächlich resultierenden SPSS-Ausgabetabellen könnten natürlich auch problemlos in das Material dieser Arbeit eingebunden werden. Die anschließende, zum Teil sinnvolle bis notwendige Bearbeitung von solchen integrierten Tabellen usw. wäre dann aber kaum noch möglich oder nur sehr schwierig zu handhaben.

Für eine höhere Prägnanz werden teilweise *überflüssige Elemente* der originalen SPSS-Darstellungen weggelassen. Aus inhaltlichen Gründen ist es manchmal unerlässlich, die Reihenfolge bzw. Anordnung einiger Ergebnisse umzustellen. Wenn es der besseren Verständlichkeit dient, wird gegebenenfalls auch eine hilfreiche Kennzeichnung, die im SPSS nicht vorliegt, ergänzend hinzugefügt.

Bitte beachten: Im deutschsprachigen Raum wird als Dezimaltrennzeichen das Dezimalkomma verwendet. Im SPSS (englischsprachiger Raum) kommt dagegen der Dezimalpunkt zur Anwendung.

Aus dem riesigen Fundament und der extrem großen Vielfalt an Kombinationsmöglichkeiten, die das SPSS insgesamt anzubieten hat, werden hier stark konzentriert nur einige, wenige zentrale SPSS-Elemente, die aber bereits für einen sehr großen Anwendungsbereich ausreichen, verwendet.

▪ Übersicht

Der **erste Teil** dieser Anleitung beginnt im Kapitel 1 mit einer kurzen Vorstellung der drei Statistik-Dialogpartner (Stoffel, Stefanie und Stevie). Im Kapitel 2 werden die verschiedenen Arten von Variablen mit ihren Skalenniveaus präsentiert. Im Kapitel 3 werden die grundlegenden Bildschirmansichten im SPSS stark vereinfacht vorgestellt. Auf diesen ersten Kapiteln basierend wird im Kapitel 4 aufgezeigt, wie die Messwerte der Variablen in der einfachen deskriptiven Statistik zusammengefasst in Tabellen und Grafiken dargestellt werden. Im Kapitel 5 wird dann demonstriert, wie im SPSS neue Variablen aus vorhandenen Variablen erzeugt und Variablenwerte verändert werden.

Im **zweiten Teil** werden in den Kapiteln 6, 7 und 8 zunächst Vorbereitungen für die anschließenden Darstellungen der inferenzstatistischen Verfahren getroffen. Im Kapitel 6 wird der bis dahin verwendete reale Datensatz ausgedehnt. Im Kapitel 7 wird ausführlich eine an den (die Fragestellung betreffenden) inhaltlichen Variablen orientierte Prozedur beschrieben, mit deren Hilfe es relativ leicht gelingen sollte, einzelnen Hypothesen ihre jeweiligen adäquaten zu verwendenden inferenzstatistischen Prüfverfahren zuzuordnen. Im Kapitel 8 wird der grundlegende Ablaufprozess beim *Hypothesentesten* schematisch aufgezeigt.

In den folgenden Kapiteln werden dann diese Verfahren in Bezug auf die Skalenniveaus der verwendeten (abhängigen) Variablen mit aufsteigender Reihenfolge (Nominalskala, Ordinalskala, Intervallskala, Verhältnisskala) im Einzelnen genauer beschrieben.

Es werden statistische Verfahren mit grundlegend (die Fragestellung betreffend) maximal zwei inhaltlichen Variablen bearbeitet. Hinweis: Aus bearbeitungstechnischen Gründen kann die konkrete Anzahl der im SPSS verwendeten Variablen (z. B. bei Messwiederholungen) höher liegen.

Im Kapitel 9 werden die chi^2-Tests für nominalskalierte Variablen vorgestellt. Es folgen im Kapitel 10 der U-Test (eine nominalskalierte und eine ordinalskalierte Variable) und der Vorzeichen-Test (eine nominalskalierte und eine ordinalskalierte Variable, die aber auf das Nominalskalenniveau heruntertransformiert wird). Die t-Tests (eine zweistufige nominalskalierte Variable und eine intervallskalierte Variable) folgen im Kapitel 11. Die einfaktoriellen Varianzanalysen (eine nominalskalierte Variable und eine intervallskalierte Variable) werden im Kapitel 12 dargestellt. Für zwei intervallskalierte Variablen können die Produkt-Moment-Korrelationen und die einfache lineare Regressionsanalyse verwendet werden, die im Kapitel 13 besprochen werden.

Im Kapitel 14 werden dann abschließend noch Material- und Literaturempfehlungen und einige Anregungen für Statistikvorlesungen gegeben.

Komplexe statistische Verfahren (die inhaltliche Frage betreffend liegen mindestens zwei Variablen vor) werden zwar im Kapitel 7 (▶ Abb. 7.3) und im Kapitel 8 (▶ Tab. 8.1, ▶ Tab. 8.2) erwähnt, aber nicht besprochen.

In dem geplanten Fortsetzungsbuch *Lerne mit uns komplexe Statistik!* werden die komplexen statistischen Verfahren (mehrfaktorielle Varianzanalysen, multiple Regressionsanalysen, Diskriminanzanalysen) bearbeitet, die Prüfungen der Varianzhomogenität (Levene-Test) und der Normalverteilungsannahme (Kolmogorov-Smirnov-Test) erläutert und einige Ausführungen zum Thema Prüfung der Robustheit von statistischen Verfahren geliefert.

■ **Sprachliche Hinweise**

Mit der üblichen Verwendung von geschlechtseinseitigen Bezeichnungen wie z. B. „Patient" usw. sollen stets das männliche und das weibliche Geschlecht gleichberechtigt angesprochen werden (Patient und Patientin usw.).

Abweichend von den normalen grammatikalischen Regeln wird in diesem Buch aus Gründen der besseren und flüssigeren Lesbarkeit des Textes bei den Dialogen durchgehend auf die zu verwendenden *Anführungszeichen* der direkten Rede verzichtet.

ⓘ Sprungmöglichkeit →

■ **Methodische Hinweise**

Zur Begrenzung des Erhebungsaufwandes und der Kosten bei der realen Datengewinnung werden in diesem Buch überwiegend Fragestellungen bearbeitet, bei denen die zu verwendenden Variablen auf "Selbsteinschätzungen" der Versuchspersonen (z. B. der körperlichen Entspannung) basieren. Nach meiner Einschätzung kann ein solches Vorgehen durchaus noch als typisch für die globale sozialwissenschaftliche Forschung bezeichnet werden, nicht aber speziell für die psychologische Forschung, bei der typischerweise auch häufig "härtere" Variablen (z. B. Reaktionszeiten, Fehlerraten) erhoben werden.

Die philosophischen, insbesondere die wissenschaftstheoretischen Hintergründe, die methodischen Anforderungen, die Begrenzungen und die möglichen Rechtfertigungsstrategien für die Prüfverfahren usw., die im Kontext von sozialwissenschaftlichen Studien eine wichtige Rolle spielen, werden hier nur gelegentlich und am Rande gestreift. Zu dieser Thematik wird das exzellente Lehrbuch *Wissenschaftstheorie und Experimentalmethodik* von Rainer Westermann (2000) als gehobene, anspruchsvolle Lektüre empfohlen.

Das zentrale Thema dieser Anleitung sind die Signifikanztests (inferenzstatistische Verfahren), mit denen statistische Hypothesen geprüft werden. Sowohl bei den Entscheidungen über das Ablehnen oder Beibehalten der Nullhypothese als auch bei den darauf basierenden Bewährungsentscheidungen zu den wissenschaftlichen Hypothesen wird hier (▶ Abschn. 8.1, Punkte 9 und 10) eine möglichst einfache Vorgehensweise verwendet, die nach dem Übersichtsplan zu möglichen Entscheidungsstrategien von Westermann und Hager (1982, S. 15, Abb. 1) am ehesten der 1925 von Fisher vorgelegten Entscheidungsstrategie zuzuordnen ist.

Der durchaus plausiblen Forderung von Westermann und Hager (1982), gemäß dem 1933 von Neyman und Pearson vorgelegten Konzept bei diesen Entscheidungen auch stets explizit die experimentellen Effekte mit zu berücksichtigen, wird hier nicht nachgekommen, weil dieses Vorgehen zum einen eine Versuchs- bzw. Testplanung und Umsetzung voraussetzt, innerhalb der eine hohe Teststärke $1-\beta$ von 95 % oder besser resultieren sollte, was im Kontext von Bachelor- und Masterarbeiten wohl kaum global eingefordert werden kann, und zum anderen, weil dadurch die Komplexität der Darstellungen in den entsprechenden Kapiteln auf eine unerwünschte Weise beachtlich zunehmen würde.

Da aber im ▶ Abschn. 8.1, Punkt 4 („Versuchsplanung") explizit die Bestimmungen der experimentellen Effekte und der Teststärkeanalysen nach Cohen (1988) dargestellt werden, könnte eine solche komplexere Strategie mit Berücksichtigung der Teststärke vom anspruchsvollen, statistikversierten Leser selbst nach Belieben in das vorgeschlagene Ablaufschema (▶ Abschn. 8.1) problemlos durchgehend eingebaut werden.

Die Prüfungen der beiden zentralen Voraussetzungen (Varianzhomogenität und Normalverteilung), die bei den parametrischen Signifikanztests (t-Tests, Varianzanalysen, Korrelations- und Regressionsanalysen, Diskriminanzanalysen) prinzipiell eingefordert werden könnten, werden ganz bewusst, basierend auf Argumenten zu den Robustheitseigenschaften der Signifikanztests, der gängigen sozialwissenschaftlichen Forschungspraxis, den vorliegenden teilweise gravierenden Prüfungsproblematiken und aus pragmatischen Gründen der Einfachheit und der Übersichtlichkeit aus den Ablaufprozeduren der Signifikanztests herausgehalten.

In dem geplanten Fortsetzungsbuch *Lerne mit uns komplexe Statistik!* wird auf die Prüfungsprozeduren zu diesen beiden Voraussetzungen (Varianzhomogenität und Normalverteilung) ausführlich eingegangen. Wenn es gewünscht wird, wäre es für den anspruchsvollen, statistikversierten Leser problemlos möglich, diese Komponenten in das Ablaufschema der inferenzstatistischen Verfahren (▶ Abschn. 8.1) unter Punkt 7

(„Vorbetrachtung und Betrachtung der Voraussetzungen") einzubauen und in den folgenden Kapiteln zu berücksichtigen.

ⓘ ← Sprungmöglichkeit

■ **Danksagungen**

Zunächst möchte ich mich bei allen meinen Psychologiestudenten und SPSS-Tutoren bedanken, die während etwa 35 Jahren Statistiklehrtätigkeit konstruktiv mit mir zusammengearbeitet haben und mich mit hilfreichen Tipps bei der Entstehung, Entwicklung und Erstellung dieser Arbeit unterstützt haben.

Bei Prof. em. Oswald Huber und lic. phil. Michael Munz bedanke ich mich für sehr wertvolle Korrekturhinweise, die vor allem die mathematischen und methodischen Aspekte dieses Buches betreffen.

Für eine Reihe von wichtigen sprachlichen Verbesserungsvorschlägen bedanke ich mich herzlich bei meiner Tante Friederike Lieber.

Meinem Bruder Winfried Kuhlmei, einem Diplom-Mathematiker, gebührt ein besonderer Dank für seine ausführlichen und aufwendigen Prüfungen der gesamten mathematischen Abläufe in dieser Anleitung. Darüber hinaus bedanke ich mich bei ihm herzlich für seine zahlreichen formalen, logischen und sprachlichen Korrekturempfehlungen.

Bei Frau Dr. Marion Sonnenmoser bedanke ich für mich für ihre sehr gute Manuskriptbearbeitung als Lektorin.

Für die verbliebenen Fehler und Mängel im Text trage ich allein die Verantwortung.

Für die freundliche Zusammenarbeit mit dem Springer-Verlag bedanke ich mich bei Herrn Joachim Coch und Frau Judith Danziger.

Meine Frau Erica Desch Kuhlmei hat auf wunderbare Art und Weise meine Ideen und Vorstellungen zu den Illustrationen mit den drei Personen Stoffel, Stefanie und Stevie umgesetzt. Herzlichen Dank.

Fribourg, im März 2018

Inhaltsverzeichnis

II   Inferenzstatistische Verfahren für das Hypothesentesten

Einfache deskriptive Statistik

Für die *einfache* deskriptive Statistik werden hier für mehrere einzelne oder für maximal zwei, im Wechselspiel stehende Variablen die Messwerte, die Häufigkeiten, die Prozentwerte, die Durchschnittswerte und die Streuungswerte in Tabellen und Grafiken zusammengestellt.

Inhaltsverzeichnis

Statistik-Dialogpartner: Stoffel, Stefanie und Stevie

© Springer-Verlag GmbH Deutschland, ein Teil von Springer Nature 2018
E. Kuhlmei, *Lerne mit uns Statistik!*, Springer-Lehrbuch, https://doi.org/10.1007/978-3-662-56082-2_1

1

Drei befreundete Psychologiestudierende, der manchmal etwas trottelige Stoffel, die hübsche, intellektuelle Stefanie und der etwas ältere Statistik- und Methodenlehre-Freund Stevie kämpfen sich in Dialogform und im Rahmen von kleinen Geschichten, die teilweise auch illustriert sind, durch den Alltag des Statistikdschungels.

- Stoffel ( Abb. 1.1) hat manchmal ziemliche Schwierigkeiten mit der Statistik, stellt dann aber meistens mutig seine Fragen. Hin und wieder kann er mit originellen Ideen glänzen.
- Stefanie ( Abb. 1.2) ist ein wenig penibel und weist gerne auf Schwachpunkte und Schwierigkeiten hin, die in dieser Anleitung auftreten können.
- Stevie ( Abb. 1.3) ist der Statistikliebhaber und der wirkliche Statistikexperte dieser drei fiktiven Personen. Wenn er sich zu Wort meldet und Erklärungen für die betrachteten Probleme anbietet, dann dürfen wir uns getrost auf die Gültigkeit seiner Aussagen verlassen.

In dieser Anleitung werden alle wichtigen zentralen hypothesenprüfenden statistischen Basisverfahren mit maximal zwei inhaltlichen Variablen, die im Kontext von üblichen Bachelor- und Masterarbeiten ihre Anwendungen finden, im Dialog dieser drei Personen präsentiert. Dabei werden - ganz bewusst - jeweils nur die wirklich fundamentalen Varianten der Verfahren vorgestellt. Die in den entsprechenden Ergänzungskapiteln zusätzlich

◘ Abb. 1.1   Stoffel

Kapitel 1 · Statistik-Dialogpartner: Stoffel, Stefanie und Stevie

◘ **Abb. 1.2**   Stefanie

◘ **Abb. 1.3**   Stevie

1

präsentierten Variationen, die aus Platz- und Zeitgründen weder vollständig noch durchgehend systematisch gegliedert dargestellt werden konnten, wurden mit der Intention ausgewählt, einige möglichst gute, wesentliche Hinweise für die Bearbeitung der großen Menge an weiteren potenziellen Variationen zu liefern.

Wenn im folgenden Text im sprachlichen Ausdruck die "Wir-Form" verwendet wird, dann sind damit stets Stoffel, Stefanie und Stevie gemeint.

Verwendung und Eigenschaften von Variablen

© Springer-Verlag GmbH Deutschland, ein Teil von Springer Nature 2018
E. Kuhlmei, *Lerne mit uns Statistik!*, Springer-Lehrbuch, https://doi.org/10.1007/978-3-662-56082-2_2

2

2.1 Ein erstes Treffen

Im Café Villars in Fribourg sitzen drei befreundete Psychologiestudierende an einem Tisch zusammen.

Stoffel: Liebe Leser, ich bin der Stoffel. Ich studiere im vierten Semester Psychologie. Im nächsten Studienjahr will ich meine Bachelorarbeit schreiben. Ich wünsche mir ein spannendes Thema mit interessanten Fragestellungen, wertvollen Ergebnissen und natürlich am Ende mit einer sehr guten Note für meine Arbeit. In den Veranstaltungen zur Methodenlehre und Statistik in unserem Departement für Psychologie habe ich schon einiges darüber mitbekommen, wie Untersuchungen geplant, durchgeführt und ausgewertet werden sollen. Aber immer, wenn ich versuche, mir das Ganze konkreter vorzustellen, dauert es nicht lange und es dreht sich mir alles im Kopf. Dann bekomme ich Angst, ob das wohl alles klappen wird. Zum Glück bin ich mit diesem Problem nicht allein. Ich habe zwei sehr gute Psycho-Freunde, die Stefanie und den Stevie, die versprochen haben, mir zu helfen.

Stefanie: Hi Stoffel, mach' dir mal keine Sorgen, wir werden das mit deiner Bachelorarbeit gemeinsam gut hinbekommen.

Stevie: Hallo, ihr beiden Psycho-Freaks! Ich hätte da eine Idee. Wie wäre es, wenn wir zusammen eine Anleitung für Bachelorarbeiten erstellen, die jeder gut verstehen kann und in der nur die wichtigsten Dinge, die man von der Fragestellung über die Datenerhebung bis zur Auswertung wirklich braucht, enthalten sind? Ich stelle mir das wie eine Art Kochbuch für Studierende der Sozialwissenschaften vor.

Stefanie: Okay, dann wären die Merkmale der Menschen bzw. die Variablen mit ihren Messwerten die Zutaten für die Rezepte, der Computer mit dem Statistikprogramm SPSS wäre der Backofen und die Bachelorarbeit mit den Tabellen und Grafiken wäre das fertige Gericht.

Stoffel: Ja, und ich bin dann seine Exzellenz Monsieur Stoffel Bocuse (◘ Abb. 2.1).

Stefanie: Lieber Stoffel, als Chefkoch solltest du aber die Haare so wie früher wieder kürzer tragen. Das steht dir auch viel besser, finde ich.

Stoffel: Ja, ja. Am besten fangen wir mit den Kochzutaten, also mit den Variablen, an. Was für Merkmale können bei der Beschreibung von Menschen sinnvoll verwendet werden und nach welchen Kriterien können die Variablen eingeteilt werden?

2.2 Typische Variablen zur Beschreibung von Personen

Stevie: Machen wir es doch möglichst anschaulich und handlungsorientiert. Stoffel, erstelle bitte mal für jeden von uns eine Art Steckbrief, damit unsere Zuschauer uns besser kennenlernen und damit wir außerdem die wichtigsten grundlegenden Variablen näher betrachten und ordnen können.

Es dauert eine ganze Weile. Dann präsentiert Stoffel stolz **drei Beschreibungsprofile**, die dank der Hinweise und Korrekturen von Stefanie sehr umfangreich und einheitlich gestaltet und in denen die Variablen alphabetisch geordnet sind (◘ Tab. 2.1).

☐ Abb. 2.1 Stoffel träumt
von seiner Bachelor-Torte

Stevie: Sehr gut gemacht! Damit das Ganze aber als Tabelle von Messwerten auch mit dem SPSS so richtig schön bearbeitet werden kann, müssen wir noch ein paar kleine Veränderungen vornehmen, lieber Stoffel:

1. Die Spalten und Zeilen der Tabelle müssen vertauscht werden. Jede Zeile steht dann für eine Person und jede Spalte für eine Variable.
2. Für die Variablen Augenfarbe, Beruf, Geschlecht, Haarfarbe, Hobby, Nationalität, Prüfungsnote, Religionszugehörigkeit und Zivilstand sollten auch Zahlenwerte verwendet werden. Ich schlage Folgendes vor:
   - Augenfarbe: blau = 1, braun = 2, grün = 3, Restkategorie (andere Farbe) = 4
   - Beruf: Student = 1, Nicht-Student = 2
   - Geschlecht: weiblich = 1, männlich = 2
   - Haarfarbe: blond = 1, braun = 2, rot = 3, Restkategorie (andere Farbe) = 4
   - Hobby: Lesen = 1, Sport = 2, Kino = 3, Restkategorie (andere Aktivität) = 4
   - Nationalität: Schweiz = 1, Nicht-Schweiz = 2

2

- Prüfungsnote: sehr gut = 1, gut = 2, befriedigend = 3, ausreichend = 4, mangelhaft = 5, ungenügend = 6
- Religionszugehörigkeit: katholisch = 1, nicht-katholisch = 2
- Zivilstand: ledig = 1, nicht-ledig = 2

Stoffel macht sich an die Arbeit, kommt aber einige Stunden später mit hängendem Kopf zurück.

Stoffel: Das klappt so nicht. Wenn ich die Zeilen und Spalten vertausche, kann ich die Tabelle nicht mehr vollständig auf einer normalen DIN A4-Seite (im Hochformat) darstellen, auch wenn ich sehr klein schreibe. Die Variablen Intelligenzquotient, Körpergewicht usw. haben keinen Platz mehr. Schaut selbst (◘ Tab. 2.2).
Stefanie: Da gibt es doch den einfachen Trick, die Bezeichnungen der Variablen durch *Buchstabenzahlenkennzeichnungen* zu ersetzen. Zum Beispiel: Alter = x1, Anzahl der Geschwister = x2, ..., Zivilstand = x15. Außerdem können die Namen der untersuchten Personen einfach durchnummeriert werden: Stefanie = 1, Stevie = 2 und Stoffel = 3.
Stoffel: Alles klar, aber das hättest du mir auch vorher sagen können.

◘ Tab. 2.1   Datentabelle für drei fiktive Personen

Merkmal bzw. Variable	Stefanie	Stevie	Stoffel
Alter (in Jahren)	21	26	20
Anzahl der Geschwister	0	1	3
Anzahl der Kinder	0	0	0
Augenfarbe	grün	braun	blau
Beruf	Studentin	Student	Student
Geschlecht	weiblich	männlich	männlich
Haarfarbe	blond	braun	rot
Hobby	Lesen	Skateboard	Kino
Intelligenzquotient	130	120	110
Körpergewicht (in kg)	65	81	76
Körpergröße (in cm)	172	181	185
Nationalität	Schweiz (CH)	Österreich (A)	Deutschland (D)
Prüfungsnote in Statistik	gut	sehr gut	befriedigend
Religionszugehörigkeit	katholisch	protestantisch	buddhistisch
Zivilstand	ledig	ledig	ledig

◘ **Tab. 2.2**	Unvollständige Datentabelle für Stefanie							
Person	Alter (in Jahren)	Anzahl der Geschwister	Anzahl der Kinder	Augenfarbe	Beruf	Geschlecht	Haarfarbe	Hobby
Stefanie	21	0	0	3	1	1	1	1

◘ **Tab. 2.3**	SPSS-Datentabelle für Stefanie, Stevie und Stoffel													
	x1	x2	x3	x4	x5	x6	x7	x8	x9	x10	x11	x12	x13	x14	x15
1	21	0	0	3	1	1	1	1	130	65	172	1	2	1	1
2	26	1	0	2	1	2	2	2	120	81	181	2	1	2	1
3	20	3	0	1	1	2	3	3	110	76	185	2	3	2	1

Kurze Zeit später kommt Stoffel erhobenen Hauptes mit seiner neuen Tabelle daher stolziert (◘ Tab. 2.3).

Stevie: Perfekt, Stoffel. Aber achte darauf, dass du dir genau aufschreibst, welche Variablen durch welche Abkürzungen ersetzt werden und wer von den Personen welche Nummer hat. Außerdem solltest du dieses Notizblatt nicht verlieren. Ich kann mich noch gut daran erinnern, wie du im dritten Semester deine fertige Seminararbeit auf das Autodach deines alten VW Golf gelegt hast und dann lustig davongefahren bist.

Stoffel: Alles easy, mach' mal halblang. Ich bin fertig für heute, gehen wir ein Bierchen trinken?

Am nächsten Tag in der Mensa.

Stefanie: Ich habe mir Folgendes überlegt: Wir könnten unsere Variablen zum Beispiel danach ordnen, wie wichtig sie sind und wie häufig sie normalerweise in der sozialwissenschaftlichen Forschung erfasst werden. Nach meiner Meinung dürfte man vermutlich die Variablen Alter, Beruf, Geschlecht, Nationalität, Religionszugehörigkeit und Zivilstand zu den Top Ten der am häufigsten verwendeten Variablen zählen.

Stevie: Das denke ich auch. Man könnte natürlich auch darauf achten, ob es sich eher um äußerliche körperliche Merkmale (wie das Geschlecht, die Haarfarbe usw.) oder um psychologische Merkmale (wie die Intelligenz) handelt. Ich kann mir hier eine enorme Menge an weiteren Einteilungsmöglichkeiten vorstellen. Für die gesamte weitere Verwendung der Variablen werden aber vor allen Dingen die folgenden beiden mathematisch-methodischen Einteilungsaspekte wichtig sein:

a.   Ist die Variable stetig oder diskret?
b.   Auf welchem Skalenniveau wird die Variable gemessen?

Stoffel: Stetig oder diskret? Ich weiß es, ich weiß es! Lasst es mich erklären!

2

2.3 Stetige und diskrete Variablen

Stoffel: Stetige Variablen sind wie wenn man schön gleichmäßig (kontinuierlich) mit dem Fahrrad fährt, und diskrete Variablen sind wie wenn man zu Fuß einen Fluss überquert und dabei von Stein zu Stein springt.

Stefanie: Stetige Variablen (Alter, Intelligenzquotient, Körpergewicht, Körpergröße) können rein theoretisch unendlich viele Werte (Ausprägungen) zwischen zwei beliebigen Werten annehmen. Bei diskreten Variablen (Anzahl der Geschwister, Augenfarbe, Prüfungsnote usw.) dagegen gibt es grundsätzlich nur endlich viele mögliche Werte zwischen zwei beliebigen Werten.

Auch wenn man in der Realität die Körpergröße normalerweise in Zentimetern misst und damit praktisch nur zu endlich vielen Messwerten zwischen zwei beliebigen Messwerten kommen kann, ist es eben theoretisch vorstellbar, die Messgenauigkeit beliebig fein einzustellen (Millimeter, Nanometer usw.) und somit theoretisch zu unendlich vielen Messwerten zwischen zwei beliebigen Messwerten (z.B. zwischen 180 cm und 181 cm) zu gelangen. Die Anzahl der Geschwister (0, 1, 2, 3 usw.) dagegen kann grundsätzlich nur eine endliche Anzahl von Werten zwischen zwei beliebigen Werten (z.B. zwischen 2 Geschwistern und 10 Geschwistern) annehmen.

2.4 Angenähert normalverteilte vs. nicht normalverteilte Variablen

2.4.1 Normalverteilung

Stevie: Die Normalverteilung ist eine mathematisch theoretische Verteilung, der ein stetiges Merkmal zugrunde liegt und die über die folgenden Eigenschaften verfügt:

Die Verteilung hat einen glockenförmigen Verlauf, sie ist eingipflig, symmetrisch und nähert sich asymptotisch an die Abszisse (x-Achse). Sie ist durch die beiden Parameter Mittelwert und Standardabweichung eindeutig charakterisiert.

Jede Normalverteilung kann durch die z-Transformation in die Standardnormalverteilung mit einem Mittelwert von 0 und einer Standardabweichung von 1 überführt werden.

Etwa 68 % der Merkmalswerte liegen im Bereich des Mittelwerts plus/minus einer Standardabweichung. Die Wahrscheinlichkeitsabnahme hinsichtlich der Entfernung der Variablenwerte vom Mittelwert erfolgt beschleunigt: Je größer die Entfernung vom Mittelwert wird, desto schneller nimmt die Wahrscheinlichkeit ab. Extreme Merkmalswerte haben daher bald eine sehr kleine Wahrscheinlichkeit p (z.B. drei Standardabweichungen oberhalb vom Mittelwert: $p = 0{,}0013$) und sollten praktisch sehr selten auftreten.

Im Buch von Bortz und Schuster (2010, S. 70-74) wird die Normalverteilung ausführlich beschrieben und grafisch abgebildet. Dort wird auch nach der Idee von Galton mithilfe eines Nagelbrettes die mögliche Entstehung einer Normalverteilung in der Realität veranschaulicht (Bortz u. Schuster, 2010, S. 74, Abb. 5.9).

Die Grundbedingung dabei ist, dass es eine Vielzahl von zufällig und unabhängig voneinander wirkenden Einflussfaktoren auf die Merkmalsausprägung gibt.

Menschliche Merkmale wie z.B. die *Körpergröße* und die *gemessene Intelligenz* gelten relativ unbestritten als zumindest sehr gut angenähert normalverteilt.

Da bei den meisten parametrischen Signifikanztests eine der zentralen Voraussetzungen die *Normalverteilung des untersuchten Merkmals in der Population* ist, wird in der sozialwissenschaftlichen Forschung (nicht unbestritten) überwiegend davon ausgegangen, dass für die meisten untersuchten physischen, psychischen und sozialen menschlichen Merkmale (Ängstlichkeit, Konzentrationsfähigkeit, Kreativität usw.) oder Verhaltensweisen (Reaktionszeiten, motorische Fähigkeiten usw.) die Normalverteilungseigenschaft angenähert vorliegt oder die Abweichungen moderat sind und bei geeigneter Anwendung (gleich große Stichprobengruppen usw.) keine wesentlichen Effekte auf die Ergebnisse der Signifikanztests haben.

ℹ️ Sprungmöglichkeit→

2.4.2 Nicht normalverteilte Variablen

Es gibt Variablen wie z.B. das *finanzielle Vermögen* von Menschen, von denen wir eindeutig wissen, dass sie, über das gesamte Merkmalsspektrum betrachtet, nicht normalverteilt sind. Sehr, sehr, sehr extreme Abweichungen vom Mittelwert (z.B. Anfang 2015 geschätzte ca. 88 Milliarden Dollar von Bill Gates) hätten bei einer Normalverteilung des Vermögens eine so geringe Wahrscheinlichkeit, dass sie in der gesamten Menschheitsgeschichte praktisch nie auftreten könnten und würden.

In dem Buch *Der schwarze Schwan* von Nassim Taleb (2010) wird die Thematik von *fehlerhaft als normalverteilt eingestuften Variablen* in den Wirtschaftswissenschaften, der Meteorologie und den Sozialwissenschaften ausführlich diskutiert.

Für die Bereiche der Wirtschaftswissenschaften und der Meteorologie werden daraus resultierende, möglicherweise katastrophale Auswirkungen wie z.B. unerwartet starke, existenzvernichtende Börsencrashs oder unerwartet starke, alle Dämme und Deiche zerstörende Sturmfluten beschrieben.

Mit der von dem französischen Mathematiker Paul Lévy (1886-1971) entwickelten Lévy-Verteilung, die im Vergleich zur Normalverteilung stark *heavy-tailed* (hohe Wahrscheinlichkeiten an den Rändern der Verteilung) ist und über keinen endlichen Erwartungswert und keine endlich Varianz verfügt, können solche extremen Ereignisse (im Gegensatz zur Normalverteilung, die das nicht erklären kann) modelliert werden.

In seinem Artikel *Nonrobustness in one-sample Z and t tests: A large-scale sampling study* beschreibt Bradley (1980) eine psychomotorische Aufgabe (unter bestimmten Bedingungen muss ein von der Handposition leicht entfernter mehr oder weniger kleiner Knopf gedrückt werden). Die Zeitmesswerte der 2520 Versuche der gleichen Versuchsperson waren L-förmig (extrem linkssteil und mit einem sehr langen rechten dünnen Verteilungsschwanz) und somit eindeutig nicht normalverteilt.

Stefanie: Ich kann erahnen, dass bei den oben genannten Variablen die Grundbedingung der Normalverteilung, dass sich die vielen Einflussfaktoren *unabhängig* voneinander auswirken, nicht erfüllt ist: Beim Entstehen oder Zusammenbrechen riesiger Vermögenswerte oder bei den sogenannten Monsterwellen kommt es vermutlich zu Prozessen, bei denen sich einige Einflussfaktoren in *gegenseitiger Abhängigkeit* sehr stark hochschaukeln können und sich deswegen nicht wie bei der Normalverteilung gegenseitig ausgleichen werden.

Bei der psychomotorischen Aufgabe könnte ich mir vorstellen, dass sich die Versuchsperson während der großen Anzahl der 2520 Wiederholungen im Wesentlichen in zwei unterschiedlichen Konzentrationszuständen befinden wird. Stark vereinfacht: Während etwa 90 % der Versuche ist sie gut konzentriert und erzeugt überwiegend sehr ähnliche Zeitmesswerte. Während der anderen 10 % der Versuche ist sie irgendwie abgelenkt und die Zeitmesswerte

2

werden in diesem Zustand sehr stark anwachsen. Diese beiden Konzentrationszustände könnten sich dabei in für mich nicht abschätzbarer Reihenfolge beliebig abwechseln.

Stoffel: Na gut, aber wie kann ich damit umgehen, wenn ich in meiner Bachelorarbeit offensichtlich nicht normalverteilte Variablen untersuchen möchte oder soll?

Stevie: Ohne die Thematik hier zu sehr vertiefen zu wollen, schlage ich die folgenden drei Möglichkeiten vor:

1. Nur reine deskriptive Statistiken anwenden.
2. Die Messwertskalen inhaltlich und theoretisch gut begründet so einschränken, dass die Messwerte im verbleibenden Bereich vermutlich annähernd normalverteilt sind.

Bei der Vermögensvariablen könnte man z.B. nur Personen berücksichtigen, deren Vermögenswerte zwischen 1000 und 500.000 Euro liegen (in Europa).

Bei der Zeitmessung der psychomotorischen Aufgabe könnte man **vor** der Datenerhebung einen maximalen Zeitwert festlegen, der die Zustandsbereiche *gut konzentriert* vs. *abgelenkt* voneinander abgrenzen sollte. Es werden dann nur die Messwerte unterhalb dieses maximalen Messwertes verwendet.

Generell sollte auf Folgendes geachtet werden:

a. Die zu bearbeitenden Aufgaben in einem Experiment oder die Variablen in einem Fragebogen sollten weder zu leicht noch zu schwer sein (Vermeidung von Boden- oder Deckeneffekten).
b. Messwertskalen mit beschränkten Bereichen verwenden: Nach unten oder nach oben offene Messwertskalen möglichst vermeiden.

Bei einem solchen Vorgehen sind allerdings ein guter Kenntnisstand in dem Forschungsgebiet und ein exzellentes Fingerspitzengefühl erforderlich.

Außerdem ist es mit einem erheblichen Nachteil verbunden: Man verliert dabei zunächst die möglicherweise besonders interessante und wichtige Gruppe der Personen mit den extremen Messwerten. Ein möglicher Ausweg aus diesem Dilemma könnte dann sein, diese Personen in einer eigenen Untersuchung zu analysieren. Auch Einzelfallstudien zu den Personen mit extremen Messwertausprägungen könnten hier interessant und sinnvoll sein.

3. Sehr große Stichproben ($N > 1000$, $N > 5000$ oder sogar $N > 10000$) erheben. Die parametrischen Signifikanztests können dann trotzdem problemlos eingesetzt werden. Im Kontext einer Bachelorarbeit wird das aber nur möglich sein, wenn man mit der eigenen Arbeit einen kleinen Anteil in einem sehr großen Forschungsprojekt einnimmt.

Stoffel: Auf die mögliche alternative Verwendung nicht-parametrischer Verfahren wollen wir hier nicht weiter eingehen, zumal mir zu Ohren gekommen ist, dass damit auch nicht automatisch alle Verteilungsprobleme gelöst werden.

Stevie: Das wäre geklärt.

Stefanie: In der Arbeit von Micceri (1989) werden auch noch andere Verteilungen, die auf realen Datensätzen beruhen und die nicht-normalverteilt sind, vorgestellt.

Stevie: Aber auch darauf werden wir nicht weiter eingehen.

ⓘ ←Sprungmöglichkeit

Stefanie: Liebster und bester Stoffel, kannst du uns nun bitte noch die verschiedenen Skalenniveaus der Variablen erklären?

Stoffel: Oh, verdammt. Mein Handy hat gerade geklingelt. Ich muss mal eben schnell telefonieren gehen.

2.5 Skalenniveaus der Variablen

Stefanie: Ich kann mich noch erinnern, dass es die Nominalskala, die Ordinalskala, die Intervallskala und die Verhältnisskala gibt. Irgendwie hatte das dann mit der sinnvollen Interpretierbarkeit der Eindeutigkeit, der Reihenfolge, der Abstände und der Verhältnisse zwischen den Messwerten zu tun. Aber so genau weiß ich das jetzt auch nicht mehr.

Stevie: Das ist soweit schon mal ganz richtig. Der exakte mathematische Hintergrund ist allerdings wirklich ziemlich kompliziert. Dabei kommt es in der Statistik, bei der weiteren Bearbeitung von Messwerten, eigentlich nur darauf an, zuverlässig erkennen zu können, welche Variablen welches Skalenniveau besitzen.

Stoffel: Das klingt vernünftig. Ich glaube, ich bin wieder im Boot.

2.5.1 Nominalskala

2.5.1.1 Grundlegende Definitionen

Stevie: Also gut, fangen wir mit dem niedrigsten Skalenniveau an. Damit wir überhaupt von einer Messung sprechen können, müssen die Variablen mindestens auf Nominalskalenniveau liegen. Die verschiedenen Merkmalsausprägungen müssen durch ein Kategoriensystem wiedergegeben werden, bei dem die Kategorien eindeutig definiert sein müssen, sich nicht überschneiden dürfen und alle Personen mindestens einer Kategorie zugeordnet werden können. Den Kategorien werden dann unterschiedliche Zahlen zugeordnet. Dabei informieren diese Zahlen ausschließlich darüber, zu welcher Kategorie eine Person gehört, und über sonst nichts.

Stoffel: Kannst du das vielleicht an einem Beispiel näher erläutern?

Stevie: Aber gern. Die erste nominalskalierte Variable in unseren Steckbriefen ist die Augenfarbe ($x4$). Mit den Farben blau (1), braun (2), grün (3) und alle anderen Farben in der Restkategorie (4) liegen uns vier Kategorien vor, die eindeutig definiert sind und sich absolut nicht überschneiden. Jede Person kann eindeutig einer Kategorie zugeordnet werden.

Stoffel: Aha, Stevie, jetzt habe ich dich erwischt. Was passiert denn, wenn nun jemand ein blaues Auge und ein grünes Auge hat, bekommt er dann eine "1" oder eine "3" oder beides? Jetzt siehst du aber ganz schön alt aus mit deinem Kategoriensystem.

Stevie: Kein Problem. Eben auch für solche Fälle habe ich die vierte Kategorie, die Restkategorie, gebildet. Alle Personen, die nicht eindeutig zwei blaue, zwei braune oder zwei grüne Augen haben, werden einfach dieser Kategorie zugeordnet und erhalten die Zahl "4".

Stoffel: Was heißt es denn nun aber, dass Personen mit blauen Augen die Zahl "1" bekommen und Personen mit braunen Augen die Zahl "2"? Sollte das nicht bedeuten, dass die Personen mit blauen Augen besser sind als die Personen mit braunen Augen?

Bei diesen Worten schaut Stoffel mit seinen blauen Augen bedeutungsvoll in die braunen Augen von Stevie.

2

Stefanie: Wenn du doch nur einmal genau zuhören könntest. Die Zahlen "1" und "2" informieren hier doch nur über die Kategorienzugehörigkeit und sonst gar nichts.

Stevie: Die Verhältnisse, die Abstände und auch die Rangfolgen zwischen den Zahlen haben beim Nominalskalenniveau absolut keine inhaltlich sinnvoll interpretierbare Bedeutung.

Stoffel: Prima. Also wenn ich es richtig verstehe, dann sollte die Variable $x7$ = Haarfarbe (blond = 1, braun = 2, rot = 3, Restkategorie (andere Farbe) = 4) ebenfalls auf Nominalskalenniveau liegen. Dass ich dort mit meinen roten Haaren die Zahl "3" zugeordnet bekomme, bedeutet nicht, dass ich schlechter abschneide als Stevie mit seinen braunen Haaren und dem Zahlenwert "2". Auch die Differenz (der Abstand) von 3 - 2 = 1 und das Verhältnis von 3 zu 2 sind inhaltlich vollkommen bedeutungslos.

2.5.1.2 Anzahl der Kategorien

Stevie: Die nominalskalierten Variablen haben mindestens zwei Kategorienstufen. Die Variable Geschlecht ist zum Beispiel zweistufig (weiblich, männlich), die Variable Haarfarbe ist hier dagegen vierstufig (blond, braun, rot, Restkategorie).

Bei den meisten nominalskalierten Variablen sind sehr viele verschiedene Kategoriensysteme möglich. Bei der Haarfarbe hätten wir genauso gut eine sechsstufige nominalskalierte Variable mit den Kategorien grau = 1, blond = 2, braun = 3, schwarz = 4, rot = 5 und die Restkategorie = 6 nehmen können.

2.5.1.3 Abhängigkeiten innerhalb einer Variablen bzw. zwischen Stichproben

Stevie: Die verschiedenen Kategorienstufen auf einer nominalskalierten Variablen können sich gegenseitig beeinflussen (Abhängigkeit liegt vor) oder sich nicht beeinflussen (keine Abhängigkeit).

Am Beispiel der Variablen *Geschlecht* (weiblich, männlich) lässt sich das gut erklären: Wenn die untersuchten Personen vollkommen zufällig ausgewählt wurden, kann man normalerweise davon ausgehen, dass keine Abhängigkeit vorliegt. Wenn man dagegen lauter Ehepaare untersucht, muss von einer gegenseitigen Beeinflussung bzw. Abhängigkeit der beiden Gruppen (Kategorien) ausgegangen werden.

Prinzipiell gilt: Sobald für die Versuchspersonen der beiden Gruppen eine natürliche (z.B. bei Ehepaaren) oder künstliche (man spricht hier auch vom Parallelisieren der Stichproben bzw. „matched samples") gegenseitige Zuordnung vorliegt, müssen wir von einer Abhängigkeit der Messwertpaare ausgehen.

Als weiteres Beispiel für die Abhängigkeit verwende ich gerne die Variable *Zeitabschnitt im Therapieverlauf* mit den beiden Stufen *vor der Therapie* und *nach der Therapie*. Es handelt sich dabei um eine typische Variable, mit der eine *Messwiederholung* ausgedrückt wird.

Stoffel: Was kann ich mir unter einer künstlichen Zuordnung (Parallelisieren) von Versuchspersonen vorstellen?

Stefanie: In Experimenten müssen die potenziellen Versuchspersonen per Zufall (Randomisierung) den beiden Gruppen zugeordnet werden. Wenn das gut klappt, sollte auch keine Abhängigkeit vorliegen. Wenn man aber zusätzlich, zum Beispiel in einem Lernexperiment (immer noch prinzipiell basierend auf dem Zufallsprinzip), Paare von Versuchspersonen bildet, die sich hinsichtlich des dabei relevanten Merkmals Intelligenz gleichen, dann erhalten wir sogenannte parallelisierte Stichproben („matched samples") und dann besteht eine Abhängigkeit.

2.5.1.4 Besonderheiten von zweistufigen nominalskalierten Variablen

Stevie: Zweistufige (dichotome) Variablen wie das Geschlecht (weiblich vs. männlich) sind nominalskaliert, können und dürfen aber im Rahmen der Produkt-Moment-Korrelation und der einfachen Regressionsanalyse (► Kap. 13), sofern sie als Prädiktoren und nicht als Kriterium eingesetzt werden, wie intervallskalierte Variablen verwendet werden. Als interpretierbares Maß der zentralen Tendenz ist aber trotzdem nur der Modalwert zu verwenden, der Mittelwert ist weiterhin nicht sinnvoll interpretierbar (◘ Tab. 2.4).

Diese Besonderheit der dichotomen Variablen gilt übrigens analog auch noch für einige weitere statistische Verfahren: multiple Regressionsanalyse, Diskriminanzanalyse, logistische Regressionsanalyse, Faktorenanalyse und Clusteranalyse. Auf diese Verfahren wird hier aber nicht eingegangen.

2.5.2 Ordinalskala

Stoffel: Was ist mit der Variablen x13 = Prüfungsnote in Statistik? Die Kategorien sehr gut = 1, gut = 2, befriedigend = 3, ausreichend = 4, mangelhaft = 5, ungenügend = 6 sollten doch eindeutig definiert sein, sich gegenseitig ausschließen und alle Merkmalsausprägungen erfassen. Dann müsste diese Variable doch auch auf dem Nominalskalenniveau liegen. Eure beiden Strebernoten "1" und "2" würden dann im Vergleich zu meiner "3" auch nichts weiter aussagen.

Stefanie: Da hast du leider nur teilweise recht. Bei Prüfungsnoten sollten (wenn die entsprechenden Prüfer keinen Mist gebaut haben) die Zahlen tatsächlich wie bei der Nominalskala die Kategorienzugehörigkeit eindeutig wiedergeben, aber darüber hinaus sollten die Zahlen auch die Rangfolgen der erbrachten Leistungen richtig repräsentieren. Damit können wir dann sinnvoll die folgende Interpretation durchführen: Stevie mit der Zahl "1" hat eine bessere Leistung in der Statistikklausur erbracht als Stoffel mit der Zahl "3".

Stevie: Wenn man Personen hinsichtlich eines Merkmals in eine Rangfolge bringt und diesen Personen dann Zahlen so zuordnet, dass die Bedingungen der Nominalskala erfüllt sind und zusätzlich auch die Rangfolge richtig wiedergegeben wird, sprechen wir von einer Messung auf Ordinalskalenniveau. Aber weder die Abstände (Differenzen) noch die Verhältnisse zwischen den Zahlen sind sinnvoll interpretierbar.

Stoffel: Kannst du das mit den nicht sinnvoll interpretierbaren Abständen bitte noch an einem anderen Beispiel genauer erklären?

Während der laufenden Diskussion haben sich Stevie, Stefanie und Stoffel in genau dieser Reihenfolge in der Mensa an der Schlange für das vegetarische Buffet angestellt. Es stehen noch zwei Personen vor Stevie.

Stevie: Schau mal, Stoffel. Wir stehen hier in einer Warteschlange. Wenn wir auf dem Ordinalskalenniveau erfassen wollen, wann jeder von uns beim Buffet zulangen kann, dann bekommen die beiden Personen vor uns die Rangwerte "1" und "2", ich bekomme den Rangwert "3", Stefanie den Rangwert "4" und du den Rangwert "5". Diese Zahlen können wir tatsächlich in dem Sinne interpretieren, dass ich vor Stefanie und dann Stefanie vor dir eher an das Buffet kommen werden. Die Zahlen zwischen Stefanie und dir weisen den gleichen Abstand (Differenz) von $5 - 4 = 1$ auf wie zwischen Stefanie und mir $4 - 3 = 1$. Das ist aber ohne Aussagewert in Bezug auf die Wartezeit für Stefanie und dich. Vermutlich wird Stefanie hinter

2

☐ **Abb. 2.2**   Warten am vegetarischen Buffet in der Mensa

mir Vielfraß vergleichsweise viel länger warten müssen, bis sie endlich drankommt, als du hinter Stefanie warten musst, die sich ganz fix nur zwei kleine Löffelchen mit Reis und Gemüse auftut (☐ Abb. 2.2).

Stoffel: Danke. Jetzt habe ich erst mal ordentlich Appetit.

Stoffel ist endlich an der Reihe und greift wie erwartet am Buffet kräftig zu. Etwa eine halbe Stunde später: Stoffel trinkt einen Milchkaffee, Stefanie einen Kräutertee und Stevie eine heiße Ovomaltine.

Stefanie: Stoffel, wie hat es dir geschmeckt?
Stoffel: Sehr gut, vor allem die mit Käse überbackene Pasta war lecker.
Stefanie: Freut mich, freut mich, das konnte man auch sehen. Übrigens hast du da noch ein paar Käsereste an deinem Kinn hängen.

Stoffel wischt sich mit dem Ärmel seines Hemdes über das ganze Gesicht. Stefanie nimmt sich derweil ein Blatt Papier und zeichnet eine Messskala von 1 bis 10 auf:

1	2	3	4	5	6	7	8	9	10

Stefanie: Stoffel, die "1" bedeutet, es hat dir überhaupt nicht geschmeckt, die "10" bedeutet, es hat dir maximal gut geschmeckt. Welchen Zahlenwert würdest du ankreuzen?

Stoffel: Na ja, es war sehr gut, aber ich habe auch schon besser gegessen. Ich denke, eine "8" wäre ziemlich stimmig. Aber was soll das Ganze jetzt?

Stefanie: Stoffel, nun kommt die Preisfrage an dich: Auf welchem Skalenniveau liegt wohl die soeben durchgeführte Messung?

Stoffel: Aha. Mal sehen. Wir haben zehn (von 1 bis 10) eindeutig definierte Kategorien, die sich nicht überschneiden und die das gesamte Spektrum (wie gut es geschmeckt hat) abdecken. Die Bedingungen für eine Nominalskala sind schon mal erfüllt. Außerdem geben die Zahlen auch die Rangfolge (wie gut es geschmeckt hat) zuverlässig wieder. Klasse, somit könnte es bereits eine ordinalskalierte Messung sein. Aber irgendwie habe ich so ein Gefühl, dass hier noch mehr drinstecken könnte. Hat es vielleicht etwas mit den Abständen zwischen den Zahlen zu tun?

2.5.3 Intervallskala

Stefanie: Tip top, Stoffel. Sehr gut analysiert und auch dein Bauchgefühl und deine Ratekunst sind ausgezeichnet. Wenn bei dieser Messung tatsächlich auch noch die Abstände (Differenzen) konsistent interpretierbar wären, dann hätten wir mit dieser Messung bereits das sogenannte Intervallskalenniveau erreicht. Das ist genau der kritische Knackpunkt. Wir können hier ziemlich sicher sein, dass die Rangfolge richtig und beständig erfasst wird. Ob das aber auch für die Abstände zwischen den Zahlen zutrifft, können wir eigentlich nur vermuten oder hoffen.

Stevie: Es könnte tatsächlich geprüft werden. Wollt ihr vielleicht etwas über die Axiomensysteme, die Hypothesen und die statistischen Testverfahren dazu hören? Ich hätte darüber ein paar sehr interessante Zeitschriftenartikel zu Hause liegen.

Stefanie: Ach, nicht wirklich.

Stoffel: Ich muss mal ganz dringend für kleine Königstiger.

Stoffel springt auf und verschüttet dabei seinen Kaffee über den Tisch, wischt alles mit seinem bereits verschmierten Hemdärmel auf und eilt dann in Richtung Toilette davon. Etwas später kommt ein gesäuberter, entspannter und verschmitzt lächelnder Stoffel zurück.

Stoffel: Könnten wir uns nicht einfach darauf einigen, dass wenn wir nur fest genug daran glauben, die Abstände auch tatsächlich interpretierbar sind? Dann könnten wir einfach so tun, als ob tatsächlich das Intervallskalenniveau vorliegt. Der Glaube kann doch bekanntlich Berge versetzen.

Stevie: Kaum zu glauben, Stoffel, aber damit hast du mitten ins Schwarze getroffen. In der sozialwissenschaftlichen Gemeinschaft findet eine solche Art von Übereinkunft tatsächlich breitflächig Anwendung. Die Strategie dabei sieht in etwa folgendermaßen aus:

a. Wenn die entsprechenden Messwerte ausdrücklich und beabsichtigt nur eine Rangfolge (wie z.B. die Rangplätze in einer Warteschlange) wiedergeben, dann wird von einer Ordinalskala ausgegangen.

b. Wenn die entsprechenden Messwerte mit einer Skala erfasst werden, die ausdrücklich dazu angelegt wurde, zusätzlich auch die Abstände auf dem Merkmal konsistent richtig zu erfassen, dann wird das Intervallskalenniveau für diese Messung angenommen.

Stoffel schlägt vor Begeisterung mit beiden Händen flach auf den Tisch, was beinahe dazu geführt hätte, dass auch der Tee und die Ovomaltine umgekippt wären.

2

Stoffel: Triumph auf der ganzen Linie! Es ist genau so, wie ich es vorgeschlagen habe.
Stefanie: Ich bin zutiefst schockiert.
Stevie: Stefanie, ich kann dich ein wenig beruhigen. Es gibt in der sozialwissenschaftlichen Forschung eine Reihe von aufwendig konstruierten Messinstrumenten (z.B. Intelligenztests, Persönlichkeitsfragebögen, Befindlichkeitsinventare usw.), bei denen man doch ziemlich sicher sein kann, dass die resultierenden Messungen tatsächlich auf dem Intervallskalenniveau für den normalerweise verwendeten Skalenbereich (z.B. beim IQ zwischen 70 und 130) liegen.
Stoffel: Auch gut, das macht ja nichts.
Stefanie: Gott sei Dank, ich bin beruhigt.

2.5.4 Verhältnisskala

Stevie: Bei der Top-Skala, der Verhältnisskala, müssen zusätzlich zu der Eindeutigkeit der Kategorien, den interpretierbaren Rangfolgen und Abständen auch noch die Verhältnisse zwischen den Zahlen konsistent und richtig interpretierbar sein.
Stoffel: Bitte gib uns ein paar Beispiele.
Stevie: Es gibt eine Reihe von physikalischen Messinstrumenten, bei denen ganz sicher nachgewiesen ist, dass sie alle diese Bedingungen erfüllen. Für die sozialwissenschaftliche Forschung sind da vor allem die Gewichtsmessung, die Längenmessung und die Zeitmessung von großer Bedeutung. Die Temperaturmessung in Grad Kelvin liegt ebenfalls auf Verhältnisskalenniveau, wohingegen die Temperaturmessung in Grad Celsius nur auf Intervallskalenniveau liegt.

Die Merkmale, die auf Verhältnisskalenniveau gemessen werden, verfügen alle über einen natürlichen absoluten Nullpunkt:

- 0 Kilopond (Newton) = es liegen keine Gravitationskräfte vor.
- 0 Zentimeter = es liegt keine räumliche Ausdehnung vor.
- 0 Sekunden = es liegt keine zeitliche Ausdehnung vor.
- 0 Grad Kelvin = es liegt keine Wärmeenergie vor (die Moleküle in der Materie sind absolut bewegungslos).

Dagegen ist bei 0 Grad Celsius (= 273,15 Grad Kelvin) zwar das Wasser gefroren, aber trotzdem sind die Moleküle tüchtig am Schwingen.
Stefanie: Das bedeutet für uns Psychos, dass zum Beispiel die Variablen Alter, Körpergewicht, Körpergröße und die Reaktionszeit alle auf Verhältnisskalenniveau liegen. Nicht schlecht. Aber gibt es nicht auch noch weitere Skalen, mit denen wir auf Verhältnisskalenniveau messen können?

Stoffel hat einen Geistesblitz, der mit einem stechenden, scharfen Schmerz im Hinterkopf verbunden ist, aber er ignoriert den Schmerz einfach.

Stoffel: Die Anzahl! Die Anzahl von irgendetwas!
Zum Beispiel die Anzahl der von mir gegessenen Schokoladenpralinen. Es gibt einen natürlichen absoluten Nullpunkt, solange mein Magen noch ganz leer ist. Die Verhältnisse, die Abstände, die Reihenfolge, die Eindeutigkeit der Kategorien, alles ist konsistent interpretierbar.

Das gilt auch für die Anzahl der Geschwister, die Anzahl der Fehler in einem Test und für die Anzahl der Punkte, die in einer Klausur erreicht werden. Die Liste könnte man beliebig lange fortsetzen. Stimmt es, oder habe ich recht?

Stevie: Bei der Erfassung der "Anzahl von etwas" handelt es sich um eine Art Häufigkeitsmessung (wie häufig liegt etwas vor) und damit befinden wir uns messtheoretisch genau genommen auf der höchsten Skala, der *absoluten Skala* (s. Orth, 1974, S. 27, Tab. 1). Da die höheren Skalenniveaus im Wesentlichen jeweils die Bedingungen der niederen Skalenniveaus mit erfüllen müssen, können wir im Kontext der Anwendungsbereiche in diesem Buch die Variablen, bei denen die "Anzahl von etwas" erfasst wird, praktisch wie eine *Verhältnisskala* verwenden.

Stoffel: Haben wir es nun endlich? Ich finde, wir haben uns lange genug mit den Skalenniveaus beschäftigt und ich habe auch schon ganz vergessen, wozu das alles überhaupt benötigt wird.

Stefanie: Diese Frage haben wir auch noch gar nicht wirklich beantwortet. Soweit ich mich erinnern kann, ist das Skalenniveau deswegen von so großer Bedeutung, weil fast alle weiteren Verarbeitungsmöglichkeiten der Variablen, die wir noch betrachten werden, eben von den Skalenniveaus abhängig sind, oder?

2.6 Zusammenfassung und Kritik

Stevie: Stefanie, das stimmt genau. Ich habe zum Abschluss eine Übersichtstabelle für das Thema "Skalenniveaus der Variablen" erstellt. Für jedes Skalenniveau habe ich eine Reihe von Variablen alphabetisch aufgelistet und für jedes Skalenniveau ist genau angegeben, welche Maße der zentralen Tendenz sinnvoll interpretierbar sind und welche Anwendung dementsprechend erlaubt ist. Für die Intervallskala und die Verhältnisskala werden zusätzlich auch noch die wichtigsten erlaubten Streuungsmaße genannt.

Damit sollte die Frage: "Warum muss ich die Skalenniveaus der Variablen verstehen und richtig zuordnen können?" schon mal ein gutes Stück beantwortet worden sein. Versprochen, dazu kommt später sicher noch mehr.

Stefanie: Ich bin schon gespannt.

Stevie: Noch ein kleiner Hinweis: In der ◘ Tab. 2.4 steht die Abkürzung "RK" für die Restkategorien bei den nominalskalierten Variablen.

Stoffel: Was mir an der ◘ Tab. 2.4 sehr gut gefällt, sind die vielen alphabetisch geordneten Beispiele. Wenn ich mir mal bei einer Variablen nicht so sicher bin, auf welchem Skalenniveau sie liegt, dann kann ich sie (oder so eine ähnliche Variable) vielleicht mit etwas Glück direkt in der Tabelle finden und muss mir nicht erst lange den Kopf zerbrechen.

Stefanie: Das sehe ich genauso. Weniger gut gefällt mir, dass die Tabelle offensichtlich unvollständig ist. Es fehlen die Streuungsmaße für die nominalskalierten und die ordinalskalierten Variablen.

Stevie: Du hast recht. In dem Buch *Einführung in die Theorie des Messens* von Orth (1974, S. 32, Tab. 2) werden dazu die folgenden Streuungsmaße angegeben: der "Informationsgehalt" für nominalskalierte Variablen und die "Centile" für ordinalskalierte Variablen. Da wir diese Maße aber wohl kaum benötigen werden, habe ich sie nicht eingetragen.

2

Stefanie: Einverstanden. Aber das mit den intervallskalierten Skalen, bei denen man nicht weiß, ob die Abstände auch wirklich richtig und konsistent erfasst werden, erscheint mir doch eine sehr windige Angelegenheit zu sein und wie ich vermute, hast du die auch aus diesem Grund nicht in die ◘ Tab. 2.4 eingetragen.

Stevie nickt zwar zustimmend, äußert sich dazu aber nicht weiter. Er ist selber ein bisschen unzufrieden, weil er diese Skalen, zum Teil auch aus Platzgründen, in der ◘ Tab. 2.4 weggelassen hat und weil er diese Thematik eigentlich nicht mehr weiter diskutieren wollte.

◘ **Tab. 2.4** Variablenbeispiele und Kennwerte für die verschiedenen Skalenniveaus

Skalenniveau	Beispiele	Maße der zentralen Tendenz Streuungsmaße
Nominalskala	– Augenfarbe (blau, braun, grün, RK) – Beruf (Student, Nicht-Student) – Geschlecht (weiblich vs. männlich) – Haarfarbe (blond, braun, rot, RK) – Hobby (Lesen, Sport, Kino, RK) – Krankheit (Schizophrenie, Depression, RK) – Nationalität (Schweiz, Nicht-Schweiz) – Religionszugehörigkeit (katholisch, nicht-katholisch) – Zivilstand (ledig, nicht-ledig)	Modalwert ---
Ordinalskala	– Platzierung bei einem Wettkampf – Prüfungsnote – Rangfolgewert bei der Abgabe einer Klausur – Rangplatz in einer Warteschlange – Startreihenfolge bei einem Wettkampf – Tabellenplatz in der Bundesliga (hier sind die untersuchten Objekte keine Personen, sondern Fußballmannschaften) – Windstärke (hier sind die untersuchten Objekte keine Personen, sondern klimatische Bedingungen)	Medianwert ---
Intervallskala	– Angstmessung (z.B. mit dem Angstfragebogen für Schüler von Wieczerkowski et al., 1981) – Intelligenzmessung (z.B. mit dem Intelligenz-Struktur-Test 2000 R von Liepmann et al., 2007) – Körpertemperatur (in Grad Celsius) – Kreativitätsmessung (z.B. mit dem Verbalen Kreativitäts-Test von Schoppe, 1975)	Arithmetischer Mittelwert Standardabweichung und Varianz
Verhältnisskala	– Alter – Anzahl der Fehler in einem Test – Anzahl der Geschwister – Anzahl der Kinder – Anzahl der manischen Anfälle – Körpergewicht – Körpergröße – Körpertemperatur (in Kelvin) – Monatliches Einkommen – Reaktionszeit	Arithmetischer Mittelwert Standardabweichung und Varianz

RK = Restkategorie

Abb. 2.3 Bachelor-Master-Reise

Stevie: Bevor wir nun so richtig mit der deskriptiven Statistik beginnen, sollten wir vorbereitend einen ersten kurzen Blick in das SPSS mit seinen verschiedenen Bildschirmansichten werfen.
Stoffel: Ja, natürlich. Ich bin mittlerweile wieder sehr zuversichtlich. Meine Bachelorarbeitsreise (■ Abb. 2.3) kann beginnen.

SPSS: Die Bildschirmansichten

© Springer-Verlag GmbH Deutschland, ein Teil von Springer Nature 2018
E. Kuhlmei, *Lerne mit uns Statistik!*, Springer-Lehrbuch, https://doi.org/10.1007/978-3-662-56082-2_3

3

Stefanie: Ich habe mein Notebook eingeschaltet und das SPSS gestartet. Stoffel, beschreibe doch bitte mal, was du da alles siehst.

Stoffel: Da ist allerhand zu sehen. Diverse Spalten und Zeilen füllen fast den ganzen Bildschirm aus. Kleine Bilder (Icons) gibt es weiter oben, darüber eine Listenzeile mit verschiedensten Begriffen und ganz unten links zwei Buttons. Mir wird mal wieder schwindelig. Hilfe, wo bin ich?

3.1 Datenansicht

Stevie: Wir befinden uns im Moment in der Datenansicht vom SPSS (◨ Abb. 3.1). Konzentrieren wir uns nur auf die wichtigsten Elemente, mit denen wir hier arbeiten werden, den ganzen Rest blenden wir einfach aus.

Ganz oben gibt es die sogenannte **Menüleiste** mit diversen Menüpunkten, mit denen auf die verschiedensten SPSS-Prozeduren zugegriffen werden kann.

Der Bildschirm wird überwiegend (in der Mitte) von der **Datentabelle** ausgefüllt. Die erste Spalte beinhaltet die Nummern der untersuchten Personen oder Objekte. Die zweite Spalte ist dann die erste Variablenspalte, die dritte Spalte ist die zweite Variablenspalte und so weiter. Die "var" sind Platzhalter für die Variablennamen. Ab der zweiten Zeile steht jede Zeile für eine untersuchte Person (Objekt).

Darunter befinden sich zwei **Ansichts-Buttons**, mit deren Hilfe zwischen der *Datenansicht* und der *Variablenansicht* hin und her geschaltet werden kann.

Stoffel: Aber die Datentabelle ist ja noch ganz leer. Es fehlen außerdem die richtigen Bezeichnungen der Variablen.

Stefanie: Wir haben ja auch noch keine Daten eingetippt. Bevor wir das machen, müssen wir erst noch die Variablenbezeichnungen usw. festlegen.

◨ **Abb. 3.1**   Datenansicht im SPSS

Stefanie klickt mit dem Cursor auf den Button *Variablenansicht* und schon wechselt die Bildschirmansicht von der *Datenansicht* in die *Variablenansicht*.

3.2 Variablenansicht

Stevie: Nun sind wir in der *Variablenansicht* (◼ Abb. 3.2). Ganz oben befindet sich wieder die **Menüleiste**. Unten links sind wieder die beiden **Ansichts-Buttons**.

Die **Variablentabelle** in der Mitte dient dazu, die Kennzeichnungen und die Eigenschaften der zu verwendenden Variablen einzugeben (Variablencodierungen).

In der ersten Spalte sind die Variablennummern angegeben.

In der zweiten Spalte, das ist die erste Variableneingabespalte *Name,* müssen die Bezeichnungen der von uns verwendeten Variablen eingegeben werden. Hier werden wir meistens mit Abkürzungen wie z.B. x1, x2 usw. arbeiten.

In der dritten Spalte, das ist die zweite Variableneingabespalte *Typ,* wird der Variablentyp ("Numerisch", … "Datum", … "Zeichenfolge", …) definiert. Hier können wir (wie in den meisten Fällen) den voreingestellten Wert "Numerisch" einfach beibehalten.

In der fünften Spalte, das ist die vierte Variableneingabespalte *Dezimal …,* wird festgelegt, wie viele Dezimalstellen hinter dem Komma für die Messwerte angezeigt werden sollen. Hier verwenden wir ebenfalls einfach den voreingestellten Wert: "2".

In der sechsten Spalte, das ist die fünfte Variableneingabespalte *Beschriftung,* können zusätzlich längere Bezeichnungen eingegeben werden. Hier könnten wir dann z.B. zusätzlich die Begriffe "Alter", "Geschlecht" usw. eintragen.

Es gibt noch eine Reihe weiterer Eingabemöglichkeiten, auf die wir hier nicht weiter eingehen werden. Erwähnen möchte ich aber noch, dass wir ganz bewusst die Spalte *Messniveau* ignorieren, weil diese Angaben für die relevanten Weiterverarbeitungen im SPSS im Prinzip ohne beachtenswerte Bedeutung sind.

Datei … Transformieren Analysieren … Hilfe

	Name	Typ	…	*Dezimal*	*Beschriftung*	…	…
1							
2							
3							
4							
5							
6							
7							
8							
9							
10							
…							

Datenansicht **Variablenansicht**

◼ **Abb. 3.2** Variablenansicht im SPSS

3

Hinweis: Bei den Eingabespalten *Name* und *Beschriftung* werden die entsprechenden Angaben direkt in die entsprechenden Felder eingetippt. Bei den Eingabespalten *Breite, Dezimal* und *Spalten* können die entsprechenden Angaben direkt in die entsprechenden Felder eingetippt werden und/oder durch aktivierbare (durch vorheriges Anklicken des Feldes erzeugte) Pfeiltasten verändert werden. Bei den Eingabespalten *Typ, Werte* und *Fehlend* muss ein (durch vorheriges Anklicken des Feldes erzeugter) Auswahloptions-Button "…" verwendet werden. Bei den Eingabespalten *Ausrichtung, Messniveau* und *Rolle* muss ein (durch vorheriges Anklicken des Feldes erzeugter) Auswahlpfeil verwendet werden.

Stefanie: Wenn alle Angaben eingetragen wurden (oder wir einfach die voreingestellten Werte beibehalten haben), wechseln wir mithilfe der **Ansichts-Buttons** wieder zurück zu der *Datenansicht*. Dort sind dann in der obersten Zeile die *Namen* der Variablen (z.B.: x1, x2 usw.) angegeben. Jetzt können wir getrost mit dem Eintippen der Messwerte beginnen.

Stevie: Lieber Stoffel, kannst du bitte bis morgen die folgende Hausaufgabe erledigen: Suche dir aus der ◨ Tab. 2.4 für jedes Skalenniveau eine Variable (für die auch die Werte von dir, Stefanie und mir vorliegen) aus und dann berechne die sinnvollen Maße der zentralen Tendenz und die Streuungsmaße dazu.

Stoffel: Es ist mir ein Vergnügen. Endlich geht es los mit den Auswertungen unserer Messwerte.

Tabellen und Grafiken in der deskriptiven Statistik

© Springer-Verlag GmbH Deutschland, ein Teil von Springer Nature 2018
E. Kuhlmei, *Lerne mit uns Statistik!*, Springer-Lehrbuch, https://doi.org/10.1007/978-3-662-56082-2_4

4.1 Vorspiel mit fiktiven Daten

Am nächsten Tag im Café du Belvédère (Restaurant mit schöner Aussicht auf die Unterstadt von Fribourg).

Stoffel: Hier habe ich die Ergebnisse für die jeweiligen drei Messwerte (werden in der ◘ Tab. 4.1 in aufsteigender Reihenfolge angegeben) von uns. Die Variablen sind nach dem Skalenniveau (in aufsteigender Reihenfolge) geordnet.

Stefanie: Ganz nett, aber mir fehlen die dabei verwendeten Berechnungsformeln.

Stevie: Die Formeln für Mittelwerte, Standardabweichungen und Varianzen können problemlos in Lehrbüchern wie dem „Bortz" (2005) und „Bortz und Schuster" (2010) oder „Rasch et al." (2014a) in den Kapiteln zur deskriptiven Statistik gefunden werden. Wir müssen aber zumindest darauf hinweisen, dass hier (in der deskriptiven Statistik) die mit "n" gewichtete Standardabweichung und Varianz von Stoffel verwendet wurde. Im ▶ Abschn. 4.3.2 gehen wir auf die Problematik ein, dass im SPSS nur "n-1"-gewichtete Standardabweichungen und Varianzen berechnet werden.

Stoffel: Für die Variable Geschlecht habe ich eine Häufigkeitentabelle erstellt (◘ Tab. 4.2).

Stevie: Wow. Du läufst ja zur Höchstform auf.

Stoffel: Es geht noch weiter. Ich mag Grafiken viel lieber als Tabellen, etwa das Balkendiagramm mit den Häufigkeiten für die Variable Geschlecht (◘ Abb. 4.1).

Noch lieber mag ich aber das Kreisdiagramm bzw. Tortendiagramm. Da kann ich mir vorstellen, es wäre eine Schokoladentorte (◘ Abb. 4.2).

Stefanie: Das waren nun Tabellen und Grafiken für jeweils nur ein Merkmal. Wenn du jetzt auch noch eine Grafik für zwei Merkmale (die sich gegenseitig beeinflussen können) erstellen kannst, dann gebe ich dir einen aus.

Stoffel: Nichts leichter als das. Ich wähle dafür das Körpergewicht x10 und die Körpergröße x11 aus (◘ Tab. 4.3).

◘ **Tab. 4.1** Deskriptive Statistiken für Stefanie, Stevie und Stoffel

Variable (die drei Messwerte)	Skalenniveau	Maß der zentralen Tendenz	Streuungsmaße
Geschlecht = x6 (1, 2, 2)	Nominalskala	Modalwert = 2	---
Prüfungsnote = x13 (1, 2, 3)	Ordinalskala	Medianwert = 2	---
Intelligenzquotient = x9 (110, 120, 130)	Intervallskala	Arithmetischer Mittelwert = 120	Standardabweichung = 8,16 Varianz = 66,67
Körpergewicht = x10 (65, 76, 81)	Verhältnisskala	Arithmetischer Mittelwert = 74	Standardabweichung = 6,68 Varianz = 44,67

◘ Tab. 4.2   Häufigkeiten zum Geschlecht für Stefanie, Stevie und Stoffel

Geschlecht = x6		
Messwert	**Häufigkeit**	**Prozent**
1 = weiblich	1	33,3
2 = männlich	2	66,7

◘ Abb. 4.1   Balkendiagramm für die Häufigkeiten
zum Geschlecht für Stefanie,
Stevie und Stoffel

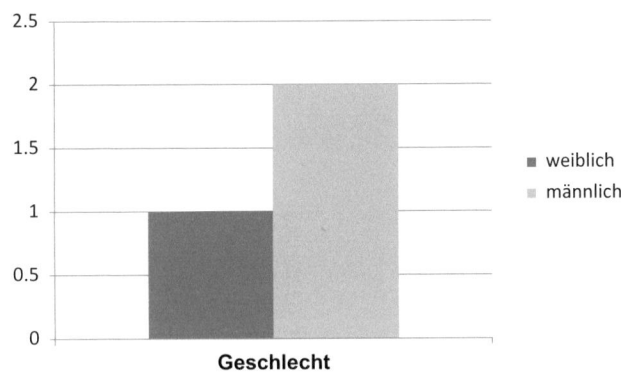

◘ Abb. 4.2   Kreisdiagramm
für die Häufigkeiten zum
Geschlecht für Stefanie,
Stevie und Stoffel

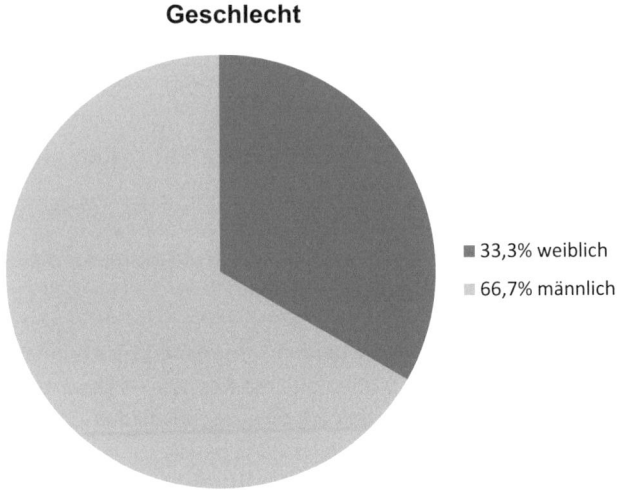

◘ Tab. 4.3   Datentabelle für die Variablen Körpergewicht und Körpergröße

Person	X10 (Körpergewicht)	X11 (Körpergröße)
1 (Stefanie)	65	172
2 (Stevie)	81	181
3 (Stoffel)	76	185

4

■ **Abb. 4.3**   Verzerrte
Darstellung des Zusammen-
hangs zwischen x10 und x11

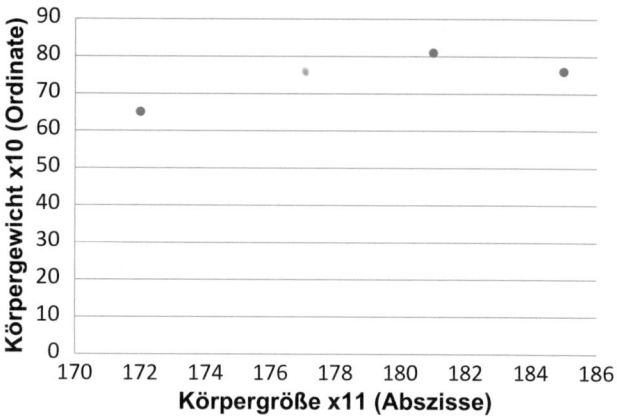

■ **Abb. 4.4**   Korrekte
Darstellung des Zusammen-
hangs zwischen x10 und x11

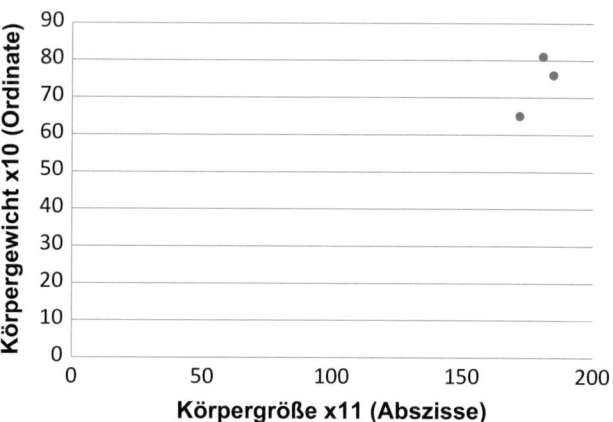

Stoffel: In ■ Abb. 4.3 sind die drei Messwertpaare für die beiden Variablen x10 (als Ordinate) und x11 (als Abszisse) zu sehen.

Die Bezeichnungen für die beiden Achsen merke ich mir immer so:
Die **O**rdinate geht nach **o**ben und die **Ab**szisse ist **ab**wärts zu finden.
Stefanie: Super! Stoffel, darf ich dir ein Schokoladen-Croissant holen?
Stevie: Ganz gut gemacht. Allerdings gefiele es mir noch besser, wenn die Achse mit der
Körpergröße x11 auch bei "0" und nicht bei "172" beginnen würde.
Stoffel: Geht in Ordnung. Hier ist die korrekte Grafik (■ Abb. 4.4), bist du damit zufrieden?

Stevie: Ja, schon besser. So werden die tatsächlichen Beziehungen zwischen den Messwer-
ten ohne künstliche Verzerrungen der Abszisse richtig wiedergegeben.
Stefanie: Auf die Dauer finde ich es etwas fade, wenn wir die Darstellungen in unserer
Anleitung nur mit drei fiktiven Personen vornehmen. Ich wünsche mir reale Daten, sozusa-
gen aus Fleisch und Blut.
Stevie: Oh, ich dachte, du bist Vegetarierin.

4.2 Zurück in die Realität - Organisation eines realen Datensatzes

Stevie: Ich denke, Stefanie hat recht. Wir sollten bei der Entwicklung unserer weiteren Anleitung mit den Messwerten von realen Personen arbeiten und dafür deutlich mehr als nur drei Personen haben.

Stoffel: Aber das ist doch vollkommen unmöglich, wir sind doch selber nur fiktive Personen. Wie können wir da zu realen Daten kommen?

Stevie: Lieber Stoffel, man kann immer über sich selbst hinauswachsen. Wenn du deine Fliegermütze aufsetzt, dann kann die Stefanie dich gefahrlos in die Realität hinüberschieben. Dort findest du im Büro C-2.110 im Departement für Psychologie in Fribourg einen ganzen Stapel mit Fragebögen, die alle von real existierenden Psychologiestudierenden ausgefüllt worden sind. Schnapp' dir das Zeug und dann komm' so schnell wie möglich zu uns zurück.

Stoffel: Also gut, ich werde mein Bestes tun (◘ Abb. 4.5).

Stefanie: Super gemacht Stoffel. Zeig' mal her. Aha, es handelt sich um zweiseitige Fragebögen. Auf der Vorderseite haben wir im Wesentlichen Variablen genau in der Art, wie wir sie bereits kennengelernt haben: Alter, Geschlecht und so weiter. Moment mal. Da sind

◘ **Abb. 4.5** Stoffel mit Fliegermütze holt die Fragebögen

4

dann jeweils oben noch fettgedruckte Angaben. Ich vermute, die Studierenden haben zunächst die Vorderseite ausgefüllt, dann gab es eine vom Dozenten angeleitete Entspannungstraumreise und danach haben sie die Rückseite des Fragebogens ausgefüllt. Die Teilnahme daran war sicherlich freiwillig.

Stevie nickt zustimmend. Er blättert den Stapel durch und zieht einen noch nicht ausgefüllten Fragebogen heraus.

Stevie: Vielleicht sollten wir nicht zu viel auf einmal bearbeiten. Wir beschränken uns am besten zunächst auf die Variablen, die vor der Entspannungstraumreise ausgefüllt wurden und dementsprechend auf der Vorderseite des Fragebogens zu finden sind.

Bei der Entspannungstraumreise wurde den Studierenden, die eine möglichst bequeme Sitzposition einnehmen sollten und in der Mehrheit die Augen geschlossen hatten, die Geschichte "Duft der Orangen" aus dem Buch *Duft der Orangen* von Else Müller (1998, S. 61) vorgelesen. Die gesamte Entspannungsübung dauerte zusammen mit einer kurzen einleitenden Vorbereitung etwa zehn Minuten.

4.2.1 Die Vorderseite des Fragebogens

◻ Abb. 4.6

Fragebogen Datum Statistikveranstaltung zweites Semester
Vor dem Treatment (Entspannungstraumreise)

Geben Sie bitte die folgenden Basisinformationen an:
1) Alter (in Jahren):   _____
2) Geschlecht: _____
3) Nationalität: _____
4) Religionszugehörigkeit: _____
5) Anzahl der Geschwister: _____

Geben Sie bitte jeweils den Prozentwert (von 0 bis 100) an, wie zutreffend die
folgenden Aussagen Ihrer Meinung nach sind:
6) Ich fühle mich im Moment körperlich entspannt: _____
7) Ich fühle mich im Moment psychisch entspannt: _____

Kreuzen Sie bitte die zutreffende Antwort an:
8) Ich fühle mich im Moment insgesamt entspannt   Ja: _____
                                                         Nein: _____

Kreuzen Sie bitte die zutreffende Antwort an:
9) Ich kann mich meistens gut entspannen   Ja: _____
                                                         Nein: _____

Geben Sie bitte jeweils den Prozentwert (von 0 bis 100) an, wie zutreffend die
folgenden Aussagen Ihrer Meinung nach sind:
10) Ich bin eher ein geselliger Mensch: _____
11) Ich bin eher ein zurückhaltender Mensch: _____

◻ Abb. 4.6   Die Vorderseite des Fragebogens

4.2.2 Die Skalenniveaus der elf Variablen des Fragebogens

Stevie: Da können wir ja im Rahmen der deskriptiven Statistik schon einiges Interessantes über die Psychologiestudierenden des zweiten Semesters in Fribourg in Erfahrung bringen.

Stefanie: Bitte nennt mir das genaue *Datum* der Untersuchung.

Stevie: Aus Datenschutzgründen wird das genaue Erhebungsjahr nicht mitgeteilt. Es sei nur so viel verraten, dass die Untersuchung irgendwann im Zeitraum von 2000 bis 2010 stattgefunden hat.

   Aber zunächst gibt es noch ein paar Vorarbeiten. Stoffel, du darfst für die elf Variablen die Skalenniveaus bestimmen.

Stoffel: Dazu habe ich im Moment aber überhaupt keine Lust. Ich bin einfach nur müde.

Stefanie: Dann ruhe dich erst mal aus. Ich erledige das in der Zwischenzeit. Ich werde auch gleich noch sinnvolle Kategorienwerte für die nominalskalierten Variablen festlegen.

Stefanie zeigt etwas später stolz ihre Zusammenfassung (◘ Tab. 4.4).

◘ **Tab. 4.4**   Skalenniveaus der Variablen aus dem ersten Teil des Fragebogens

Variable	Skalenniveau
1) Alter = x1	Verhältnisskala
2) Geschlecht = x2 weiblich = 1, männlich = 2	Nominalskala
3) Nationalität = x3 Schweiz = 1, Nicht-Schweiz = 2	Nominalskala
4) Religionszugehörigkeit = x4 katholisch = 1, evangelisch = 2, Restkategorie = 3	Nominalskala
5) Anzahl der Geschwister = x5	Verhältnisskala
6) Körperliche Entspannung (vor) = x6	Intervallskala
7) Psychische Entspannung (vor) = x7	Intervallskala
8) Entspannung (vor) = x8 Ja = 1, Nein = 2	Nominalskala
9) Entspannungsfähigkeit = x9 Ja = 1, Nein = 2	Nominalskala
10) Geselligkeit = x10	Intervallskala
11) Zurückhaltend = x11	Intervallskala

Bei x6, x7, und x8 bedeutet „vor" = „vor dem Treatment (der Entspannungstraumreise)".

4.3 Datenauswertungen mit SPSS für den Fragebogen (Vorderseite)

4.3.1 Datentabelle

Stevie: Wie viele Exemplare des Fragebogens gibt es denn eigentlich?

Stefanie: Ich habe insgesamt 66 Fragebögen gezählt.

Stevie: Dann ist die Stichprobengröße N = 66.

Bevor wir mit der Dateneingabe beginnen, müssen wir unbedingt etwas beachten: Da es sich hier um die Messwerte von real existierenden befragten Menschen handelt, müssen wir dafür Sorge tragen, dass der **Datenschutz** auf keinen Fall verletzt wird.

Wenn wir die Daten für andere Personen sichtbar machen, dann muss die **Anonymität der befragten Personen** gewährleistet bleiben. Es darf für niemanden erkennbar sein, um welche Person es sich dabei jeweils handelt.

In unserem konkreten Fall können wir die Variablen Alter (x1) und Anzahl der Geschwister (x5) zwar ganz normal in der deskriptiven Statistik verwenden, **aber die individuellen Messwerte dieser Variablen werden wir nicht darstellen** (◘ Tab. 4.5).

Stoffel: Das verstehe ich noch nicht ganz.

Stefanie: Stelle dir mal vor, es gäbe in diesem zweiten Semester *genau einen* etwas älteren männlichen Studenten. Wenn dann in der Datentabelle beim Alter der Wert von "58" auftaucht, dann weiß doch zumindest jeder aus diesem Semester sofort, um wen es sich handelt.

Stoffel: Oha, jetzt sehe ich das Problem.

Stevie: Ich denke, jetzt sollte ich auch mal wieder aktiv werden.

Stevie startet auf seinem Notebook das SPSS und erstellt die Datentabelle. Dann erläutert er sein Vorgehen.

Stevie: Leider haben nicht alle befragten Personen alle Fragen vollständig beantwortet. Die entsprechenden Zellen in der ◘ Tab. 4.5 habe ich dann einfach leer gelassen.

Im Folgenden kommt zunächst die Erläuterung, wie ich dabei im Einzelnen vorgegangen bin, mit dem SPSS-Schema 1 (◘ Abb. 4.7). Anschließend wird das Produkt meiner *Dateneingabe* gezeigt, die ◘ Tab. 4.5.

Stefanie: Damit die Eingabe der Messwerte nicht ewig dauert, habe ich Stevie bei der Eingabe geholfen, indem ich ihm die Messwerte laut und gut verständlich, aber trotzdem recht zügig vorgelesen habe.

Stevie: So ging das vermutlich dreimal schneller als allein.

Stoffel: Was ist aber, wenn ich am nächsten Tag merke, dass ich noch ein paar Fragebögen vergessen habe?

Stevie: Ich habe natürlich zum Schluss, wie immer, die Datei mit den ganzen Messwerten auf meiner Festplatte als normale SPSS-Datei gespeichert (s. Schritt 5 im SPSS-Schema 1). Als Dateinamen habe ich **Fragebogen** gewählt.

Daher kann ich meine Datentabelle jederzeit wieder aktivieren, Veränderungen vornehmen und Datenauswertungen durchführen.

Außerdem drucke ich die Datentabelle für Kontrollmöglichkeiten aus. Zum Schluss erstelle ich immer noch Sicherungskopien auf zwei verschiedenen USB-Sticks.

Stefanie: Sehr löblich. Mir fällt mal wieder etwas auf: In der ◘ Tab. 4.5 steht ganz oben links "Person". Im SPSS ist da aber gar nichts eingetragen.

Stevie: Im Grunde sollte dort der Begriff "Objekte" stehen (das wird vom SPSS leider vernachlässigt). Da wir in unserer Anleitung nur Personen untersuchen, habe ich "Person" als passende Spaltenüberschrift ausgewählt.

Schritt 1	
Handlungen:	SPSS starten. *Neues Dataset* anklicken und den Button *Öffnen* anklicken.
Auswirkungen:	SPSS-Bildschirm: *Datenansicht* ist aktiviert. Falls bereits die *Variablenansicht* aktiviert sein sollte, wird Schritt 2 übersprungen.

Schritt 2	
Handlungen:	Den Button *Variablenansicht* anklicken.
Auswirkungen:	SPSS-Bildschirm: *Variablenansicht* ist aktiviert.

Schritt 3	
Handlungen:	1) "x1" bis "x11" in die ersten elf Zeilen der ersten Eingabespalte *Name* eintippen. 2) Variablenbezeichnungen "Alter", "Geschlecht" usw. werden in der fünften Eingabespalte *Beschriftung* festgelegt.
Auswirkungen:	SPSS-Bildschirm: *Variablenansicht* ist aktiviert. Die Definitionen für die elf Variablen sind festgelegt.

Schritt 4	
Handlungen:	Den Button *Datenansicht* anklicken.
Auswirkungen:	SPSS-Bildschirm: *Datenansicht* ist aktiviert, mit den elf Variablenspalten von x1 bis x11.

Schritt 5	
Handlungen:	1) Eintippen der "66 Messwerte" für x1 bis x11. 2) Speichern der Datei: In der Menüleiste *Datei* anklicken, dann *Speichern unter* auswählen, Dateinamen (z.B. **Fragebogen**) angeben und dann den *Speichern*-Button anklicken. Hinweis: Das Ausgabefenster schließen.
Auswirkungen:	SPSS-Bildschirm: *Datenansicht* ist aktiviert. Dabei ist die Datentabelle erstellt und gespeichert.

◘ **Abb. 4.7** Eingabe der Datentabelle - SPSS-Schema 1

4

❏ Tab. 4.5	Datensatz der Variablen aus dem ersten Teil des Fragebogens										
Person	x1	x2	x3	x4	x5	x6	x7	x8	x9	x10	x11
1		2	1	1		70	65	1	1	75	70
2		1	1	2		80	60	1	1	80	30
3		1	2	2		90	80	2	1	70	30
4		1	2	2		60	60	1	2	50	50
5		1	1	1		90	70	1		50	50
6		1	2	1		60	40	1	1	70	40
7		1	1	3		20	30	2	2	50	50
8		1	1	1		45	45	1	1	80	35
9		1	1	3		85	75	1	1	90	60
10		1	1	3		80	40	1	1	95	10
11		1	2	1		70	60	1	1		
12		1	1	2		10	80	1	1	70	50
13		1	1	3		70	70	1	1	70	45
14		1	1	3		65	55	1	1	65	75
15		1	1	2		60	40	2	2	70	30
16		1	2	1		80	50	2	1	50	50
17		1	1	2		50	50	2		90	20
18		1	2	3		86	97	1	1		
19		1	2	1		65	70	1	1	75	25
20		1	1	2		90	100	1	1	50	50
21		1	2	1		40	50		1	80	20
22		1	2	2		80	70	1	1		
23		1	1	3		40	50	2	1	60	40
24		1	1	2		70	70	1	2	60	40
25		2	1	1		70	65	1	2		
26		2	2	3		85	80	1	1	78	22
27		1	1	2		90	50	1	1	75	40
28		1	1	1		80	70	1	1	80	20
29		2	1	3		70	50	2	1	70	60
30		1	2	3		40	40	2	2	80	40
31		1	2	1		80	70	1	2	80	40

(Fortsetzung)

□ Tab. 4.5 (Fortsetzung)

Person	x1	x2	x3	x4	x5	x6	x7	x8	x9	x10	x11
32		1	2	2		90	70	1	2	100	0
33		1	2	1		30	40	2	2	70	30
34		1	2	1		20	20	2	1	45	55
35		2	2	1		50	70	1	2	50	70
36		1	2	1		70	60	1	1	90	20
37		1	2	1		60	50	1	1	70	30
38		1	1	2		100	100	1	1	95	8
39		1	1	1		80	70	1	1	90	70
40		1	1	1		80	90	1	1	90	40
41		1	1	2		90	60	1	1	40	40
42		1	2	1		50	40	1	1	90	10
43		1	1	1		80	50	1	1	80	80
44		1	1	3		40	25	2	1	75	25
45		2	2	3		45	50	1	1	65	50
46		1	1	1		90	80	1	1	85	60
47		1	1	1		50	40	2	1	80	20
48		1	1	1		60	80	1	1	80	60
49		1	1	3		70	70	1	1	50	50
50		1	2	3		70	50	1	1	80	30
51		1	1	2		90	40	1	1	98	2
52		1	2	2		70	40	1	1	65	35
53		1	1	3		80	80	1	1	75	25
54		1	1	1		95	70	1	1	80	20
55		1	1	1		80	70	1	1	80	20
56		2	1	3		50	40	2	2	75	25
57		1	2	3		87	55	1	1	44	6
58		1	1	1		60	70	1	1	80	20
59		1	2	2		80	80	1	1	50	50
60		1	1	1		40	90	1	2	80	20
61		1	1	1		80	90	1	1	90	10
62		1	1	1		90	80	1	1	85	15

(Fortsetzung)

4

Tab. 4.5	(Fortsetzung)										
Person	**x1**	**x2**	**x3**	**x4**	**x5**	**x6**	**x7**	**x8**	**x9**	**x10**	**x11**
63		1	1	1		50	40	2	1	90	10
64		2	2	2		30	30	2	2	90	70
65		2	1	3		63	71	1	1	64	27
66		2	1	3		80	65	1	1	50	50

Die zwei Dezimalstellen nach dem Komma (alle: „,00") wurden nicht eingetragen.
Datenschutz: Alter = x1 und Anzahl der Geschwister = x5 werden nicht individuell sichtbar gemacht.

4.3.2   Mittelwert, Standardabweichung, Minimum und Maximum

Am nächsten Tag, wieder im Belvédère. Stoffel hat schon ein Weizenbier getrunken und befindet sich in leicht überschwänglicher Laune.

Stoffel: Jetzt kommen wir zu den Mittelwerten und Standardabweichungen unserer Variablen. Da ich, wie immer, gut aufgepasst habe, werde ich das natürlich nur für die (mindestens) intervallskalierten Variablen (x1 = Alter, x5 = Anzahl der Geschwister, x6 = körperliche Entspannung (vor), x7 = psychische Entspannung (vor), x10 = Geselligkeit und x11 = Zurückhaltend) durchführen. Seid ihr einverstanden, wenn ich die Vorgehensweise dafür in dem folgenden SPSS-Schema 2 entwickele?
Stefanie: Stoffel, ich habe ein fast grenzenloses Vertrauen zu dir.
Stevie: Bei mir ist das ganz genauso, allerdings mit der Betonung auf *fast*.

Stoffel macht sich ans Werk. Wenig später zeigt er das SPSS-Schema 2 (**Abb. 4.8**).

Stoffel: Ich möchte die wichtigsten Komponenten der **Dialogbox für Deskriptive Statistiken**, die im Schritt 2 (**Abb. 4.8**) aktiviert wird, vereinfacht in der **Abb. 4.9** schematisch darstellen.

Das linke Variablenfeld hat rechts am Rand einen Scrollbalken („scrollbar"), so dass auch die weiteren Variablen sichtbar gemacht und markiert werden können.

Stevie: Aus Platzgründen begnügen wir uns mit dieser einmaligen Darstellung einer Dialogbox im Kontext der Deskriptiven Statistik und verweisen für die folgenden Kapitel auf die entsprechenden detailgetreuen Darstellungen, die man den Büchern von Diehl und Staufenbiel (2007) und Bühl (2012) entnehmen kann.
Stefanie: Die Befehle für das *Ausdrucken* und *Speichern* von Ergebnistabellen können standardmäßig innerhalb des Menüpunktes *Datei* ausgewählt werden. Optional gibt es beim SPSS zu den Ausgabefenstern (Ergebnistabellen und Ergebnisgrafiken) in der jeweiligen oberen Leiste zusätzliche Icons, mit denen ebenfalls das Drucken und Speichern durchgeführt werden kann.

Schritt 1	
Handlungen:	Die SPSS-Datei mit dem Dateinamen *Fragebogen* starten.
Auswirkungen:	SPSS-Bildschirm: *Datenansicht* mit der Datentabelle (N = 66 für x1 bis x11) ist reaktiviert.

Schritt 2	
Handlungen:	1) In der Menüleiste *Analysieren* anklicken. 2) In dem dadurch entstandenen ersten Untermenü *Deskriptive Statistiken* anvisieren und in dem zweiten entstandenen Untermenü *Deskriptive Statistik ...* anklicken.
Auswirkungen:	Eine Dialogbox *Deskriptive Statistik* hat sich geöffnet.

Schritt 3	
Handlungen:	1) In dem linken Variablenfeld die Variable *x1* (Alter) markieren. Dann den *Pfeil in der Mitte* anklicken, damit die Variable x1 in das rechte Variablenfeld übertragen wird. 2) Wiederholung dieses Vorganges unter 1) für jede der Variablen x5, x6, x7, x10, x11.
Auswirkungen:	In der Dialogbox *Deskriptive Statistik* sind die Variablen x1, x5, x6, x7, x10, x11 zur weiteren Bearbeitung ausgewählt.

Schritt 4	
Handlungen:	Den *OK-Button* links unten, innerhalb der Dialogbox *Deskriptive Statistik,* anklicken.
Auswirkungen:	Das Ausgabefenster mit der Ergebnistabelle wird angezeigt.

◘ **Abb. 4.8**   Deskriptive Statistiken 1 - SPSS-Schema 2

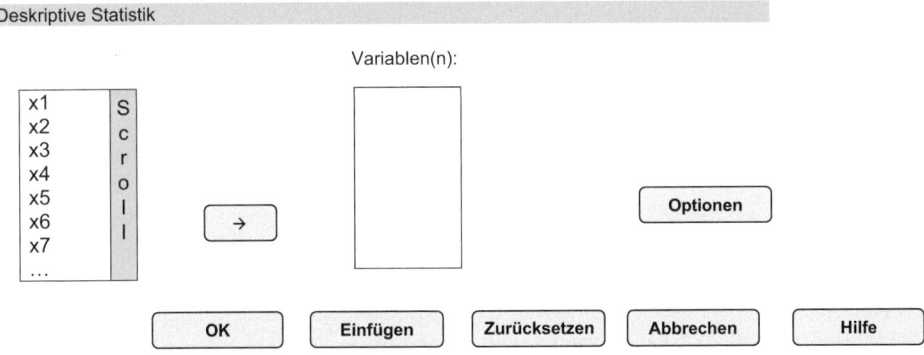

◘ **Abb. 4.9**   Dialogbox für Deskriptive Statistiken

Variable	N	Mittel-wert	Standardabwei-chung	Mini-mum	Maxi-mum
Alter = x1	66	21,73	2,73	19	36
Anzahl der Geschwister = x5	66	1,39	0,84	0	4
Körperliche Entspannung (vor) = x6	66	66,98	20,59	10	100
Psychische Entspannung (vor) = x7	66	61,03	18,61	20	100
Geselligkeit = x10	62	73,13	15,21	40	100
Zurückhaltend = x11	62	36,21	19,62	0	80

☐ **Tab. 4.6**   Deskriptive Statistiken der intervallskalierten Variablen aus dem ersten Teil des Fragebogens

... und dann zieht Stoffel triumphierend noch ein Blatt aus seiner Hosentasche und legt es auf den Tisch.

Stoffel: Diese Ergebnistabelle habe ich bereits gestern erstellt (☐ Tab. 4.6).

Stevie: Auch ohne die individuellen Werte erfahren wir nun einiges über das Alter der N = 66 Studierenden im zweiten Semester: Sie sind im Durchschnitt 21,73 Jahre alt. Die jüngste Person ist 19 Jahre und die älteste Person ist 36 Jahre alt.

Stoffel: Ha, ich bin mit meinen 20 Jahren deutlich jünger als der Durchschnitt dieses zweiten Semesters, obwohl ich schon im vierten Semester Psychologie studiere.

Stefanie: Nicht wirklich. Du liegst nur nah an der unteren Grenze des Streubereichs *Mittelwert plus-minus eine Standardabweichung*: 19,00 bis 24,46.

Stevie: Die Studierenden waren laut ihrer Selbsteinschätzung auch schon vor der Entspannungstraumreise ziemlich entspannt mit Durchschnittswerten von 66,98 (körperlich) und 61,03 (psychisch). Werden sich diese Werte nach dem *Entspannungstreatment* noch deutlich verbessern? Diese Frage werden wir im ▶ Abschn. 11.2 (t-Tests für abhängige Stichproben) beantwortet bekommen.

Stoffel: Bei den Variablen x10 und x11 haben jeweils vier Personen keine Angaben gemacht, deswegen haben wir da jeweils nur N = 62 Personen. Das ist aber kein großes Problem.

Stefanie: Aber ich sehe mal wieder ein Problem. Ich habe die Standardabweichungen mit meinem Taschenrechner nachgerechnet. Vom SPSS werden hier jeweils die mit (n-1)-gewichteten Standardabweichungen berechnet und angegeben. Dabei sind wir hier doch in der deskriptiven Statistik und sollten eigentlich die mit n-gewichteten Standardabweichungen verwenden. Was können wir da tun?

Stevie: Das tut mir sehr leid. Aber soweit ich es übersehe, gibt es beim SPSS hierzu keine Wahloption. Allerdings ist die Umrechnung recht simpel. Wenn du die (n-1)-gewichtete Standardabweichung vom SPSS mit der *Wurzel aus "n -1 geteilt durch n"* multiplizierst, dann bekommst du die mit n-gewichtete Standardabweichung für die deskriptive Statistik:

$$s_n = s_{n-1} \times \sqrt{\frac{n-1}{n}}.$$

Stefanie: Wie kommt es eigentlich, dass wir in unserer ◘ Tab. 4.6 nur die Standardabweichung und nicht auch die *Varianz* angegeben haben?

Stevie: Der Stoffel hat eben die Prozedur *Deskriptive Statistik …* nur mit den Standardvoreinstellungen des SPSS durchgeführt und dabei ist die Bestimmung der Varianz nicht vorgesehen. Es gäbe aber die Möglichkeit in der Dialogbox *Deskriptive Statistik*, den Option-Button anzuklicken und dann zum Beispiel auch noch die Varianzbestimmung (oder auch anderes) zu aktivieren.

Stefanie: Schon gut, schon gut. Wir wollen hier ja nicht vom Hundertsten ins Tausendste kommen. Bleiben wir doch soweit wie möglich bei den SPSS-Standardeinstellungen.

Stoffel etwas heftiger und Stevie etwas ruhiger, nicken beide zustimmend.

4.3.3 Häufigkeiten und Prozentwerte (nominalskalierte Variablen)

Stevie: Nun kommen wir zu unseren nominalskalierten Variablen (x2 = Geschlecht, x3 = Nationalität, x4 = Religionszugehörigkeit, x8 = Entspannung (vor) und x9 = Entspannungsfähigkeit). Auch hier bietet uns das SPSS wieder eine Fülle an Optionen und Varianten an. Sowohl für die Tabellen als auch für die Grafiken werden wir uns auf die Standardeinstellungen beschränken.

Stoffel: Ich habe gesehen, dass es beim SPSS oben in der Menüleiste einen eigenen Menüpunkt für *Diagramme* gibt. Bestimmt können damit ganz tolle Grafiken erstellt werden.

Stefanie: Damit habe ich auch schon einige Zeit herumgespielt. Es kann richtig Spaß machen, *3D-Grafiken* oder anderes zu kreieren.

Stevie: Stefanie, du sagst es, da gibt es sehr viele schöne, unterhaltsame *Spielereien*, die aber zum größten Teil im Rahmen von Bachelor- oder Masterarbeiten nicht notwendig und auch nicht hinreichend sind.

Stoffel: Was meinst du denn mit „nicht hinreichend"?

Stevie: Auch die schönsten und besten Grafiken könnten nicht darüber hinwegtäuschen, wenn eine Arbeit zum Beispiel hinsichtlich der verwendeten Theorien, Fragestellungen, Hypothesen, Prüfverfahren, Interpretation oder der Diskussion verheerende Schwächen aufwiese.

Stoffel: Ach, wie schade.

Stefanie: Dann beschränken wir uns wieder nur auf die Standardeinstellungen. Zunächst kommt wieder die Ablaufprozedur für das SPSS-Schema 3 (◘ Abb. 4.10) und anschließend die, ausgehend von den SPSS-Ergebnistabellen, *gestutzte* ◘ Tab. 4.7.

Stoffel: Eine gestutzte Tabelle?

Stefanie: Stoffel, ich empfehle dir, "abwarten und ruhig Blut bewahren".

Stoffel: Wir können das natürlich auch wieder ausdrucken und speichern, wenn wir es später nochmal verwenden wollen.

Stevie: In der ◘ Tab. 4.7 habe ich nur die gültigen Prozentwerte (für die tatsächlich die Messwerte vorliegen) verwendet, so dass wir bei genauer Berechnung (ohne Rundungen)

4

immer auf insgesamt 100 % (minimale Abweichungen davon basieren auf den verwendeten Rundungen) kommen. Auch die kumulierten Prozentwerte (die im SPSS standardmäßig angegeben werden) habe ich weggelassen.

Stoffel: Jetzt sehe ich, was du mit der „gestutzten Tabelle" gemeint hast. Irgendwie gefällt mir das so besser. Die SPSS-Ausgabetabellen beinhalten manchmal einfach ein wenig zu viel Information. Das verwirrt mich dann nur.

Stefanie: Aber Stoffel, das ist doch eine der vielen Stärken vom SPSS. Ohne großen Aufwand können wir sehr schnell sehr viele Ergebnisse produzieren.

Stevie: Es wird dabei allerdings die Fähigkeit vorausgesetzt, dass man in der Lage ist, die Spreu vom Weizen zu trennen.

Stefanie: Vielleicht können wir mithilfe dieser Anleitung diese Fähigkeit etwas fördern.

Schritt 1	
Handlungen:	Die SPSS-Datei mit dem Dateinamen *Fragebogen* starten.
Auswirkungen:	SPSS-Bildschirm: *Datenansicht* mit der Datentabelle (N = 66 für x1 bis x11) ist reaktiviert.

Schritt 2	
Handlungen:	1) In der Menüleiste *Analysieren* anklicken.
	2) In dem dadurch entstandenen ersten Untermenü *Deskriptive Statistiken* anvisieren und in dem zweiten entstandenen Untermenü *Häufigkeiten ...* anklicken.
Auswirkungen:	Eine größere Dialogbox *Häufigkeiten* hat sich geöffnet.

Schritt 3	
Handlungen:	1) In dem linken Variablenfeld die Variable *x2* (Geschlecht) markieren. Dann den *Pfeil in der Mitte* anklicken, damit die Variable x2 in das rechte Variablenfeld übertragen wird.
	2) Wiederholung dieses Vorganges unter 1) für jede der Variablen x3, x4, x8, x9.
Auswirkungen:	In der Dialogbox *Deskriptive Statistik* sind die Variablen x2, x3, x4, x8, x9 zur weiteren Bearbeitung ausgewählt.

Schritt 4	
Handlungen:	Den *OK-Button* links unten, innerhalb der Dialogbox *Deskriptive Statistik*, anklicken.
Auswirkungen:	Das Ausgabefenster mit den Ergebnissen wird angezeigt.

◘ **Abb. 4.10**   Deskriptive Statistiken 2 - SPSS-Schema 3

◘ **Tab. 4.7** Deskriptive Statistiken der nominalskalierten Variablen aus dem ersten Teil des Fragebogens

Geschlecht = x2

Messwert	Häufigkeit	Prozent
1 = weiblich	56	84,8
2 = männlich	10	15,2
Gesamt N:	66	100

Nationalität = x3

Messwert	Häufigkeit	Prozent
1 = Schweiz	41	62,1
2 = Nicht-Schweiz	25	37,9
Gesamt N:	66	100

Religionszugehörigkeit = x4

Messwert	Häufigkeit	Prozent
1= katholisch	30	45,5
2 = evangelisch	17	25,8
3 = Restkategorie	19	28,8
Gesamt N:	66	100 (bei genauer Berechnung)

Entspannung (vor) = x8

Messwert	Häufigkeit	Prozent
1 = Ja	50	76,9
2 = Nein	15	23,1
Gesamt N:	65	100

Entspannungsfähigkeit = x9

Messwert	Häufigkeit	Prozent
1 = Ja	51	79,7
2 = Nein	13	20,3
Gesamt N:	64	100

Stoffel: Die armen Männer, sie sind ja mit nur 15,2 % vollkommen in der Minderheit.

Stevie: Mit 84,8 % Frauen im Semester zusammen zu sein, könnte sich aber auch ganz gut anfühlen, finde ich.

Ist es vielleicht nur ein Zufall, dass in diesem untersuchten zweiten Semester so viele Frauen sind, oder sollten wir davon ausgehen, dass es insgesamt mehr Frauen als Männer im Psychologiestudium gibt? Im ▶ Abschn. 9.1 werden wir diese Frage beantworten.

Stefanie: Jedenfalls sind in diesem Semester die Schweizer und Schweizerinnen mit 62,1 % noch in der Mehrheit. Mit 37,9 % ist der Ausländeranteil aber schon beachtlich hoch.

Stevie: In Fribourg, dem sogenannten katholischen Bollwerk der Schweiz, sind tatsächlich in diesem Semester die Katholiken mit 45,5 % in der Mehrheit. Nur 25,8 % sind hingegen Protestanten.

Stoffel: Ich möchte nochmal auf die Variable Geschlecht zurückkommen. Unser Team mit Stefanie, Stevie und Stoffel erscheint mir nun ziemlich untypisch zu sein. Damit wir in unserer Gruppe auf einen Frauenanteil von 84,8 % kämen, müssten wir unsere Stefanie 11,16-mal vervielfältigen.

Stevie: Das könnte dann aber doch des Guten ein wenig zu viel werden.

Stefanies Augen funkeln. Sie greift nach ihrem vollen Glas. Stevie ergreift, aus welchen Gründen auch immer, daraufhin schnell die Flucht.

Stefanie: Stevie, du kleiner Feigling, du kannst gefahrlos zurückkommen. Ich finde, wir sollten uns als nächstes den Grafiken für die Häufigkeiten zuwenden.

Stevie: Zu den Grafiken können wir am einfachsten und am schnellsten kommen, wenn wir bei der Erstellung der Häufigkeitstabellen in der Dialogbox *Häufigkeiten* noch zusätzlich den Button *Diagramme* (rechts) anklicken und dann Balkendiagramme oder Kreisdiagramme auswählen.

Stoffel: Können wir den Ablauf dazu mit den Balken- und Kreisdiagrammen beispielhaft mit der Variablen Geschlecht = x2 durchführen?

Stevie: Natürlich. In unserem Deskriptive Statistiken 2 - SPSS-Schema 3 bleiben in diesem Fall die Schritte 1, 2, und 4 unverändert. Nur der Schritt 3 wird dann verändert (◘ Abb. 4.11).

Stefanie: Unsere Grafiken für die Variable x2 sind in ◘ Abb. 4.12 und ◘ Abb. 4.13 zu sehen.

Stevie: Ich habe mir erlaubt, die Formatierungen (Beschriftungen und Farben) nach meinem Geschmack etwas anschaulicher als die exakten SPSS-Grafiken zu gestalten.

Schritt 3 mit Grafik	
Handlungen:	1) In dem linken Variablenfeld die Variable *x2* (Geschlecht) markieren. Dann den *Pfeil in der Mitte* anklicken, damit die Variable x2 in das rechte Variablenfeld übertragen wird. 2) Den Button Diagramme (rechts) anklicken und dann *Balkendiagramme* **oder** *Kreisdiagramme* auswählen. 3) Den Button *Weiter* (links unten) anklicken.
Auswirkungen:	In der Dialogbox *Deskriptive Statistik* ist die Variable x2 zur weiteren Bearbeitung ausgewählt. Für die Variable x2 wird ein Balkendiagramm **oder** Kreisdiagramm erstellt.

◘ **Abb. 4.11**   Deskriptive Statistiken 2 - SPSS-Teilschema 3 (Grafikvariante)

◘ Abb. 4.12 Balkendiagramm für die Häufigkeiten
zum Geschlecht

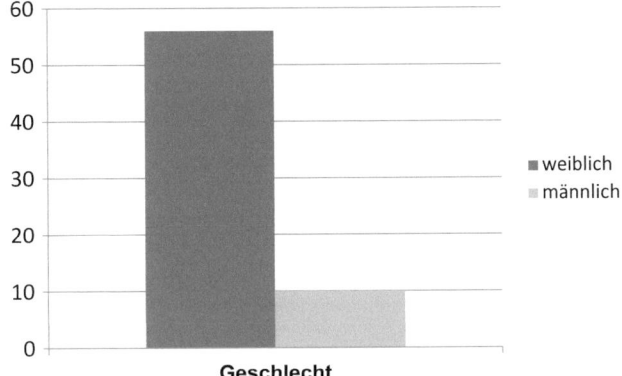

◘ Abb. 4.13 Kreisdia-
gramm für die Häufigkeiten
zum Geschlecht

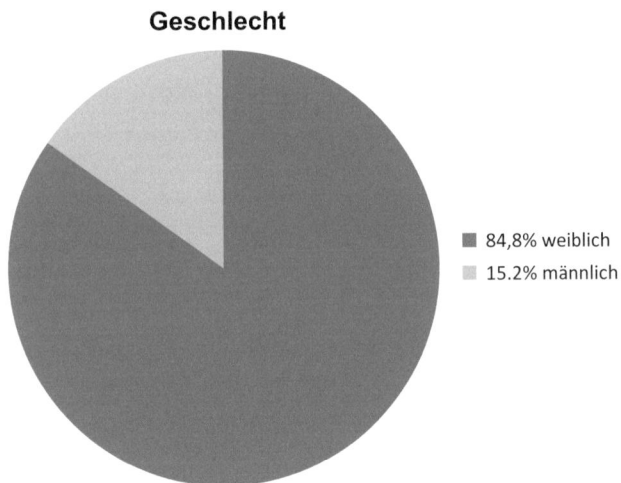

4.3.4 Grafiken für zwei intervallskalierte Merkmale

Stevie: Nun sollten wir noch den Zusammenhang von zwei intervallskalierten Variablen grafisch darstellen (◘ Abb. 4.14, ◘ Abb. 4.15).

Stefanie: Ich vermute, dass es einen positiven Zusammenhang zwischen der körperlichen Entspannung (X6) und der psychischen Entspannung (x7) gibt.

Stoffel: Dann sollten wir schnell die Produkt-Moment-Korrelation (► Abschn. 13.1) ausrechnen, um zu prüfen, ob Stefanie recht hat.

Stevie: Langsam, langsam, lieber Stoffel. Wir sollten besser nicht gleich zu weit in unserer Anleitung nach vorne springen.

Wenn wir die N = 66 Messwertpaare in ein Koordinatensystem mit x6 als Abszisse und x7 als Ordinate einzeichnen, können wir einen ersten Eindruck davon gewinnen, ob Stefanie recht haben könnte:

Wenn es einen positiven Zusammenhang zwischen x6 und x7 gibt, dann sollte der *Schwarm der Messwertpunkte* (die Menge aller Messwertpaare) in dem Koordinatensystem tendenziell von links unten nach rechts oben verlaufen.

4

Schritt 1	
Handlungen:	Die SPSS-Datei mit dem Dateinamen *Fragebogen* starten.
Auswirkungen:	SPSS-Bildschirm: *Datenansicht* mit der Datentabelle (N = 66 für x1 bis x11) ist reaktiviert.

Schritt 2	
Handlungen:	1) In der Menüleiste *Grafik* anklicken.
	2) In dem dadurch entstandenen ersten Untermenü *Alte Dialogfelder* anvisieren und in dem zweiten entstandenen Untermenü *Streu-/Punktdiagramm...* anklicken.
Auswirkungen:	Eine Dialogbox *Streu-/Punktdiagramm* hat sich geöffnet.

Schritt 3	
Handlungen:	1) In der Dialogbox *Streu-/Punktdiagramm* wird *Einfaches Streudiagramm* (links oben) angeklickt.
	2) Den Button *Definieren* (links unten) anklicken.
Auswirkungen:	Eine Dialogbox *Einfaches Streudiagramm* hat sich geöffnet.

Schritt 4	
Handlungen:	1) In dem linken Variablenfeld die Variable *x6* (körperliche Entspannung) markieren. Dann den *Pfeil in der Mitte* (links neben dem Feld x-Achse) anklicken, damit die Variable x6 in das Feld *x-Achse* übertragen wird.
	2) In dem linken Variablenfeld die Variable *x7* (psychische Entspannung) markieren. Dann den *Pfeil in der Mitte* (links neben dem Feld y-Achse) anklicken, damit die Variable x7 in das Feld *y-Achse* übertragen wird.
Auswirkungen:	Die Variable x6 wurde für die Grafik als Abszisse und die Variable x7 als Ordinate festgelegt.

Schritt 5	
Handlungen:	Den *OK-Button* links unten, innerhalb der Dialogbox *Einfaches Streudiagramm*, anklicken.
Auswirkungen:	Das Ausgabefenster mit der Ergebnisgrafik wird angezeigt.

◘ **Abb. 4.14**   Deskriptive Statistiken 3 - SPSS-Schema 4

Stoffel: Bitte "Speichern und Drucken" nicht vergessen.

Stefanie: Ich bin zufrieden. Die Grafik entspricht in etwa meinen Erwartungen. Wir können deutlich einen positiven Zusammenhang zwischen x6 und x7 erkennen. Es gibt nur zwei Messwertpaare (x6 = 10 und x7 = 80) und (x6 = 40 und x7 = 90), die nicht ganz im Trend liegen.

Stoffel ist ein bisschen nervös.

■ Abb. 4.15 Darstellung des Zusammenhangs der Variablen x6 und x7

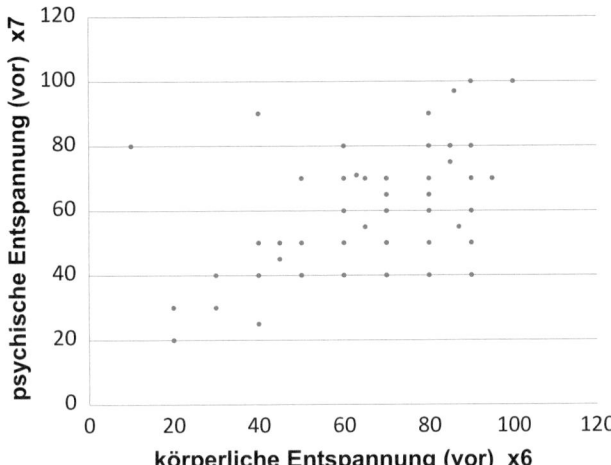

Stoffel: Ich habe da ein ziemliches Problem. Ich habe nur mal so zum Spaß die Anzahl der Messwertpunkte in der Grafik nachgezählt und bin nur auf 46 Punkte gekommen. Dabei haben wir doch die Messwertpaare von N = 66 Personen in unserer Datentabelle vorliegen. Es fehlen 20 Messwertpunkte! Hat das SPSS irgendwie Mist gebaut?

Stevie: Stoffel, du kannst dich wieder beruhigen. Es ist alles im grünen Bereich. Das SPSS funktioniert einwandfrei und fehlerlos. Es gibt ganz einfach einige Messwertpaare, die in unserem Datensatz mehrfach vorkommen. Das Messwertpaar (x6 = 80 und x7 = 70) kommt zum Beispiel insgesamt fünfmal vor (Personen 22, 28, 31, 39 und 55). Da diese Punkte dann in der Grafik genau aufeinander liegen, ist es nicht zu erkennen, dass es sich dabei um mehrere Messwertpunkte handelt.

SPSS: Datenbearbeitung

© Springer-Verlag GmbH Deutschland, ein Teil von Springer Nature 2018
E. Kuhlmei, *Lerne mit uns Statistik!*, Springer-Lehrbuch, https://doi.org/10.1007/978-3-662-56082-2_5

5.1   Neue Variablen aus vorhandenen Variablen erzeugen

Stevie liegt vollkommen entspannt auf der Wiese im Regina Mundi Garten.

Stoffel: Na, Stevie, bist du am relaxen?

Stevie: Mmm, ich bin so müde. Lass mich bitte einfach in Ruhe weiter schlafen.

Stoffel: Sofort. Sag mir aber vorher bitte noch, ob du mehr körperlich oder eher psychisch entspannt bist.

Stevie: Oh, du nervst. Also gut, körperlich bin ich zu 80 % und psychisch zu 90 % und insgesamt bin ich zu 100 % entspannt. Kannst du mich nun endlich in Ruhe lassen?

Stoffel: Das ist aber Quatsch. Deine Gesamtentspannung, der Durchschnittswert aus körperlicher und psychischer Entspannung, sollte dann 85 % (und nicht 100 %) betragen.

Stevie: Einverstanden, darf ich jetzt endlich weiter schlafen?

Stevie schläft sofort wieder ein. Stefanie kommt dazu und Stoffel legt seinen Finger auf den Mund, um ihr anzuzeigen, dass Stevie nicht gestört werden möchte. Beide flüstern nun aus Rücksicht auf Stevie.

Stoffel: Wenn wir für unsere N = 66 Personen die *Gesamtentspannung* (den Durchschnittswert aus körperlicher (x6) und psychischer (x7) Entspannung) berechnen wollen, müssen wir dann 66-mal den Mittelwert aus x6 und x7 berechnen?

Stefanie: Zum Glück nicht. Hierfür gibt es die angenehme und hilfreiche SPSS-Prozedur *Variable berechnen* (◘ Abb. 5.1). Damit können vorhandene Variablen, fast beliebig miteinander kombiniert, zu einer neuen Variablen zusammengefügt werden. Es gibt hier eine riesige Anzahl von Berechnungsmöglichkeiten.

Die Formeln für die neu zu erzeugenden Variablen können dabei direkt mit der Tastatur eingetippt werden. Alternativ können die Formeln auch durch das Anklicken von Variablenbezeichnungen (links in der Mitte), von arithmetischen Funktionsbuttons (mitten in der Mitte) und von Funktionen (rechts in der Mitte, unter Funktionsgruppe) erstellt werden.

Wir beschränken uns hier mal wieder ganz extrem, indem wir nur die Mittelwertberechnungen von x6 und x7 erläutern.

Stevie brummelt im Schlaf vor sich hin.

Stevie: Stoffel, nicht vergessen die SPSS - Ergebnisse zu speichern und zu drucken.

Stefanie: Die Eingabe im Schritt 3 sollte im Prinzip so aussehen:

Zielvariable:		Numerischer Ausdruck:
x21	=	(x6+x7)/2

Stoffel: Wir haben doch bislang die Variablenkürzel x1 bis x11 verwendet. Warum benutzen wir nicht logischerweise x12 als Variablenkürzel für die Gesamtentspannung (vor)?

Stefanie: Weil wir die Abkürzungen x12 bis x20 besser für die Variablen von der Rückseite des Fragebogens (▶ Kap. 6) verwenden.

Stevie schreckt aus dem Schlaf hoch.

Schritt 1	
Handlungen:	Die SPSS-Datei mit dem Dateinamen *Fragebogen* starten.
Auswirkungen:	SPSS-Bildschirm: *Datenansicht* mit der Datentabelle (N = 66 für x1 bis x11) ist reaktiviert.

Schritt 2	
Handlungen:	1) In der Menüleiste *Transformieren* anklicken. 2) In dem dadurch entstandenen Untermenü *Variable berechnen...* anklicken.
Auswirkungen:	Eine Dialogbox *Variable berechnen* hat sich geöffnet.

Schritt 3	
Handlungen:	1) In dem Feld *Zielvariable* (links oben) wird der Name der neu zu erzeugenden Variablen eingetragen: "x21" (Gesamtentspannung (vor)). (Hinweis: Dieser Name darf nicht für eine bereits vorhandene Variable benutzt worden sein.) 2) In das Feld *Numerischer Ausdruck* (rechts oben) wird die Formel "(x6 + x7) / 2" eingetragen. (Hinweis: Hier dürfen nur bereits vorhandene Variablen miteinander kombiniert werden.)
Auswirkungen:	Damit ist die neue Variable x21 (Gesamtentspannung (vor)) als Mittelwert aus den vorhandenen Variablen x6 und x7 definiert worden.

Schritt 4	
Handlungen:	Den *OK-Button* links unten, innerhalb der Dialogbox *Variable berechnen*, anklicken. Hinweis: Das Ausgabefenster schließen.
Auswirkungen:	SPSS-Bildschirm: *Datenansicht* ist aktiviert. Zu den elf Spalten mit den Variablen x1 bis x11 ist eine weitere Spalte hinzugekommen: x21 (Gesamtentspannung (vor)) mit den 66 berechneten Mittelwerten aus körperlicher (x6) und psychischer (x7) Entspannung.

◻ **Abb. 5.1**   Variablen berechnen - SPSS-Schema 5

Stevie: Ich hatte eben einen Albtraum. Dabei fing es zunächst sehr schön an. Ich war auf einer einsamen sonnigen Südseeinsel und wollte mich von dem anstrengenden letzten Semester erholen. Auf einmal sind Formelmücken aufgetaucht, die mich angegriffen haben. Zum Glück bin ich noch aufgewacht, bevor mich die Formeln verletzen konnten (◻ Abb. 5.2).
Stoffel: Keine Sorge Stevie, Stefanie und ich haben soeben glorreich, ganz ohne deine Hilfe, sehr komplizierte Formeln gebändigt.
Stefanie: Na ja, ganz so kompliziert war es eigentlich nicht.

◘ Abb. 5.2 Stevie träumt süß und wird von Formelmücken angegriffen

5.2 Variablenwerte verändern (umcodieren)

Stefanie: Ich frage mich, ob und wie wir die 66 Studierenden in die beiden Gruppen *niedriger Entspannte* vs. *höher Entspannte* aufteilen können?

Stoffel: Wofür würde uns das denn überhaupt nützlich sein?

Stefanie: Dann könnten wir zum Beispiel die entsprechende neue Variable x22 = *Zweistufige Gesamtentspannung (vor)* als nominalskalierte unabhängige Variable in einem t-Test verwenden (z.B. mit den Werten 1 = *niedriger Entspannte* und 2 = *höher Entspannte*).

Stevie: Was wäre denn dabei die abhängige Variable?

Stefanie: Zum Beispiel die *Zufriedenheit mit dem Psychologiestudium*. Ich könnte mir gut vorstellen, dass bei Studierenden der Psychologie *höher Entspannte* im Vergleich zu *niedriger Entspannten* zufriedener mit ihrem Studium sind.

Stevie: Da haben wir eine wissenschaftliche Hypothese, aus der wir eine statistische Hypothese ableiten können, die wir später im ▶ Abschn. 11.1 tatsächlich prüfen können.

Damit wir die Studierenden hinsichtlich ihrer *Gesamtentspannung* in zwei gleich große Gruppen einteilen können, müssen wir zunächst den Medianwert für diese Variable bestimmen. Bitte erinnert euch daran: 50 % der Messwerte liegen unterhalb und 50 % der Messwerte liegen oberhalb vom Medianwert.

Stefanie: Der Medianwert für die Variable x21 (*Gesamtentspannung* (vor)) ist gleich 66.

Stoffel: Die Anzahl der untersuchten Personen ist auch genau "66". Hat das womöglich damit etwas zu tun?

Stevie: Das ist hier nur reiner Zufall und hat keine tiefere Bedeutung. Wenn wir mit realen Daten arbeiten, können solche kuriosen Übereinstimmungen auftreten.

Stoffel: Wie hast du denn überhaupt den Medianwert bestimmt?

Stefanie: Damit wollen wir uns hier nicht lange aufhalten. Ich werde nur soviel verraten: Ich habe im Wesentlichen das Deskriptive Statistiken 2 - SPSS-Schema 3 angewendet und dabei als Variable nur x21 ausgewählt. Dann habe ich zusätzlich in der Dialogbox *Häufigkeiten* den Button *Statistiken ...* angeklickt und dann in der dadurch aktivierten Dialogbox *Häufigkeiten: Statistik* unter "Lagemaße" das Kästchen beim *Median* angeklickt.

Stevie: Wie die neue Variable x22 erzeugt wird, zeigt ◘ Abb. 5.3.

5.2 · Variablenwerte verändern (umcodieren)

Schritt 1	
Handlungen:	Die SPSS-Datei mit dem Dateinamen *Fragebogen* starten.
Auswirkungen:	SPSS-Bildschirm: *Datenansicht* mit der Datentabelle (N = 66 für x1 bis x11 und x21) ist reaktiviert.

Schritt 2	
Handlungen:	In der Menüleiste *Transformieren* anklicken. In dem dadurch entstandenen Untermenü *Umcodieren in andere Variablen…* anklicken.
Auswirkungen:	Eine Dialogbox *Umcodieren in andere Variablen* hat sich geöffnet.

Schritt 3	
Handlungen:	1) In dem Variablenfeld (links) *x21* markieren und dann den Pfeil anklicken. 2) Im Feld *Ausgabevariable* (rechts oben) unter *Name:* "x22" eintragen und dann den Button *Ändern* anklicken. 3) Den Button *Alte und neue Werte...* anklicken.
Auswirkungen:	1) & 2) In dem mittleren oberen Feld *Numerische Var -> Ausgabevar.* wird *x21 --> x22* festgelegt. 3) Eine Dialogbox *Umcodieren in andere Variablen: Alte und neue Werte* hat sich geöffnet.

Schritt 4	
Handlungen:	1) Links in das Feld *Bereich, KLEINSTER bis Wert:* "66" eintragen, dann rechts oben in das Feld *Neuer Wert:* "1" eintragen, dann den Button *Hinzufügen* (Mitte rechts) anklicken. Hinweis: Vorher den entsprechenden Radio-Button anklicken. 2) Links in das Feld *Bereich, Wert bis GRÖSSTER.* "66" eintragen, dann rechts oben in das Feld *Neuer Wert:* "2" eintragen, dann den Button *Hinzufügen* (Mitte rechts) anklicken. Hinweis: Vorher den entsprechenden Radio-Button anklicken. 3) Den Button *Weiter* (unten links) anklicken.
Auswirkungen:	1) und 2) Im Feld *Alt --> Neu* sind die Definitionen festgelegt worden: Lowest thru 66 --> 1 66 thru Highest --> 2 3) Die Dialogbox *Umcodieren in andere Variablen* ist wieder aktiviert.

Schritt 5	
Handlungen:	Den *OK-Button* (links unten), innerhalb der Dialogbox *Umcodieren in andere Variablen*, anklicken. Hinweis: Das Ausgabefenster schließen.
Auswirkungen:	SPSS-Bildschirm: *Datenansicht* ist aktiviert. Zu den zwölf Spalten mit den Variablen x1 bis x11 und x21 ist eine weitere Spalte hinzugekommen: x22 (Zweistufige Gesamtentspannung (vor)) *mit den 33 Werten "1" (für die niedriger Entspannten) und mit den 33 Werten "2" (für die höher Entspannten).*

◘ **Abb. 5.3** Variablenwerte verändern - SPSS-Schema 6

Stoffel: Das Ganze sollten wir dann natürlich auch wieder speichern und ausdrucken.

Stevie: Glücklicherweise kommt hier in der Variablen x21 der Medianwert "66" selbst nicht vor. Dadurch konnten wir problemlos zwei gleich große Gruppen erzeugen.

Stefanie: Wir haben hier nur einen sehr kleinen Bestandteil der Möglichkeiten, die das SPSS für das Umcodieren von Variablenwerten hat, genutzt. Es ist zum Beispiel zusätzlich möglich, einzelne *alte Werte* in einzelne *neue Werte* umzucodieren oder bestimmte *alte Wertebereiche* in einen *einzelnen neuen Wert* umzucodieren.

Stevie: Es gibt in diesem Kontext noch viel mehr SPSS-Optionen, auf die wir hier aber nicht eingehen wollen.

Stoffel: Einverstanden.

5.3 Datenselektion

Stevie: Es kann vorkommen, dass man eine Fragestellung nur für eine bestimmte Gruppe von Personen (Fälle = Objekte) untersuchen möchte, die eine oder mehrere bestimmte Eigenschaften (z.B. *es sind Frauen* oder *es sind überdurchschnittlich gut entspannte Frauen*) erfüllen. Mit der Prozedur **Fälle auswählen** können die entsprechenden Teilstichproben ausgewählt werden.

Die SPSS-Dialogbox *Fälle auswählen* wird geöffnet, wenn man in der Bildschirmansicht des SPSS in der Menüleiste *Daten* anklickt und dann in dem dadurch entstandenen Untermenü *Fälle auswählen …* anklickt. Es gibt dann eine Vielzahl von Optionen (z.B. können auch Zufallsstichproben gezogen werden), bestimmte Datengruppen auszuwählen.

Man sollte allerdings vorsichtig beim Umgang mit dieser Prozedur sein und besser nicht die Option *Nicht ausgewählte Fälle löschen* verwenden, weil man dabei das Risiko eingeht, einen Teil des gesamten Datensatzes unwiederbringlich zu verlieren.

Stefanie: Ich empfehle, dass man vor der Verwendung dieser Prozedur noch einmal genau prüft, ob man den gesamten Datensatz auf einem externen Speicher (z.B. einem USB-Stick), am besten doppelt, gesichert hat.

Stevie: Da wir hier im Kontext der Fragestellungen die Prozedur *Fälle auswählen* nicht benötigen, verzichten wir hier auf eine eigene Demonstration der Vorgehensweise und begnügen uns mit den folgenden Literaturhinweisen:

In den Büchern von Diehl und Staufenbiel (2007, S. 74-77) und von Bühl (2012, S. 185-200) wird die Prozedur *Fälle auswählen* erläutert.

Stefanie: Ich möchte noch auf die Prozedur **Aufgeteilte Datei…** hinweisen, mit der es möglich ist, die Analysen zu den interessierenden Fragestellungen gleichzeitig für mehrere Untergruppen (z.B. für Frauen und Männer) getrennt durchzuführen.

Die SPSS-Dialogbox *Datei aufteilen* wird geöffnet, wenn man in der Bildschirmansicht des SPSS in der Menüleiste *Daten* anklickt und dann in dem dadurch entstandenen Untermenü *Aufgeteilte Datei…* anklickt.

In den Büchern von Diehl und Staufenbiel (2007, S. 78-82) und von Bühl (2012, S. 201-205) wird die Prozedur *Datei aufteilen* erläutert.

Stevie: Man sollte bitte nicht vergessen, am Ende der entsprechenden Analysen jeweils die *Auswahl der Fälle* oder die *Datei Aufteilung* mit der gleichen SPSS-Prozedur (das Kreis-Kästchen (Radio-Button) für *Alle Fälle analysieren, keine Gruppen bilden* anklicken) wieder rückgängig zu machen.

Inferenzstatistische Verfahren für das Hypothesentesten

Mithilfe der inferenzstatistischen Verfahren wird entschieden, ob in den Stichproben gefundene Zusammenhänge zwischen den Variablen (berechtigt) auf die zugrunde liegenden Populationen übertragen werden können.

Inhaltsverzeichnis

Erweiterung des Datensatzes: Fragebogen (Rückseite)

© Springer-Verlag GmbH Deutschland, ein Teil von Springer Nature 2018
E. Kuhlmei, *Lerne mit uns Statistik!*, Springer-Lehrbuch, https://doi.org/10.1007/978-3-662-56082-2_6

Im Botanischen Garten von Fribourg.

Stevie: Damit wir die verschiedenen inferenzstatistischen Verfahren vorstellen können, benötigen wir den zweiten Teil des Fragebogens, der nach der Entspannungstraumreise ausgefüllt wurde. Unsere SPSS-Datentabelle ist dementsprechend zu ergänzen.

　　Dann können wir zum Beispiel mit dem t-Test für abhängige Stichproben (▶ Abschn. 11.2) die Frage beantworten, ob die Studierenden sich nach der Entspannungstraumreise deutlich besser entspannt haben als vorher.

Stoffel: Fügen wir also einfach die Variablen x12 bis x19 aus dem zweiten Teil des Fragebogens zu unserer alten Datentabelle hinzu.

Stevie: Richtig. Es gibt aber noch eine weitere Messvariable x20, die nicht in dem Fragebogen enthalten ist. Es wurde die Reihenfolge, in der die 66 Fragebögen zurückgegeben wurden, erfasst und die Variable x20 ist *der Rangwert der Abgabe des Fragebogens*. Die Rangwerte gehen von 1 bis 66, wobei der erste Fragebogen den Rangwert 1 und der letzte Fragebogen den Rangwert 66 erhalten haben.

Stefanie: Bitte schön, hier ist die Rückseite des Fragebogens (◘ Abb. 6.1).

6

Fragebogen Datum Statistikveranstaltung zweites Semester
Nach dem Treament (Entspannungstraumreise)

Geben Sie bitte jeweils den Prozentwert (von 0 bis 100) an, wie zutreffend die folgenden Aussagen Ihrer Meinung nach sind:
12) Ich fühle mich im Moment körperlich entspannt:　＿＿＿＿＿＿
13) Ich fühle mich im Moment psychisch entspannt:　＿＿＿＿＿＿

Kreuzen Sie bitte die zutreffende Antwort an:
14) Ich fühle mich im Moment insgesamt entspannt　　Ja:　＿＿＿＿＿＿
　　　　　　　　　　　　　　　　　　　　　　　　　Nein:　＿＿＿＿＿＿

Kreuzen Sie bitte die zutreffende Antwort an:
15) Ich sitze eher in einer der
vorderen (in der Nähe der Tafel) Sitzreihen des Hörsaals:　＿＿＿＿＿＿
hinteren (entfernt von der Tafel) Sitzreihen des Hörsaals:　＿＿＿＿＿＿

Geben Sie bitte jeweils den Prozentwert (von 0 bis 100) an, wie zutreffend die folgenden Aussagen Ihrer Meinung nach sind:
16) Ich bin mit meinem Psychologiestudium zufrieden:　＿＿＿＿＿＿
17) Meine Leistungen im Psychologiestudium sind gut:　＿＿＿＿＿＿
18) Meine späteren beruflichen Möglichkeiten sind gut:　＿＿＿＿＿＿

Kreuzen Sie bitte die zutreffende Antwort an:
19) Psychologie ist in meinem Studium mein
Hauptfach mit 150 ECTS:　＿＿＿＿＿＿
Nebenfach mit 60 ECTS:　＿＿＿＿＿＿
Nebenfach mit 30 ECTS:　＿＿＿＿＿＿

◘ **Abb. 6.1**　Rückseite des Fragebogens

◘ Tab. 6.1 Skalenniveaus der Variablen aus dem zweiten Teil des Fragebogens

Variable	Skalenniveau
12) Körperliche Entspannung (nach) = x12	Intervallskala
13) Psychische Entspannung (nach) = x13	Intervallskala
14)) Entspannung (nach) = x14 Ja = 1, Nein = 2	Nominalskala
15) Sitzposition = x15 vorne = 1, hinten = 2	Nominalskala
16) Studiumzufriedenheit = x16	Intervallskala
17) Leistungszufriedenheit = x17	Intervallskala
18) Berufseinschätzung = x18	Intervallskala
19) Psychologiestudium = x19 150 ECTS = 1, 60 ECTS = 2, 30 ECTS = 3	Nominalskala
Abgabe-Rangwert = x20	Ordinalskala

Stoffel hat für die neuen Variablen die Skalenniveaus bestimmt (◘ Tab. 6.1).

Stevie: Die Codierungen der Variablen x12 bis x20 und die Eingabe der Messwerte erfolgt sinngemäß nach dem Eingabe der Datentabelle - SPSS-Schema 1. Im ersten Schritt wird dabei aber direkt die bereits vorhandene SPSS-Datei *Fragebogen* gestartet (wie im ersten Schritt des SPSS-Schema 2). Statt x1 bis x11 werden nun die Variablen x12 bis x20 mit ihren Messwerten hinzugefügt.

Die Variablen x21 (Gesamtentspannung (vor)) und x22 (Zweistufige Gesamtentspannung (vor)), die wir bereits im ► Kap. 5 erstellt haben, werden ebenfalls in der ◘ Tab. 6.2 aufgelistet.

Die ◘ Tab. 6.2 müsste dann eigentlich rechts neben die ◘ Tab. 4.5 gestellt werden, was aber aus Platzgründen auf einer DIN A4-Seite nicht gut möglich ist.

Leider haben auch hier nicht alle Personen alle Fragen vollständig beantwortet. Die entsprechenden Zellen in der ◘ Tab. 6.2 sind somit leer.

Hinweis: In der ◘ Tab. 6.2 tragen wir bei den Zahlen die zwei Dezimalstellen nach dem Komma, die bei ",00" liegen, nicht ein. Bei der Variablen x21 wird nur die erste Dezimalstelle nach dem Komma angegeben.

6

◘ Tab. 6.2   Datensatz der Variablen aus dem zweiten Teil des Fragebogens

Person	x12	x13	x14	x15	x16	x17	x18	x19	x20	x21	x22
1	80	70	1	1	85	80	85	1	1	67,5	2
2	90	80	1	2	100	100	100	1	2	70,0	2
3	95	85	1	1	98	85	100	1	3	85,0	2
4	70	80	1	2	80	80	80	1	4	60,0	1
5	90	70	1	2	60		50	2	5	80,0	2
6	100	60	1	2	100	90	90	1	6	50,0	1
7	30	40	2	2	70	80	70	1	7	25,0	1
8	60	65	1	1	85	90	90	1	8	45,0	1
9	100	100	1	1	95	100	85	1	9	80,0	2
10	80	40	1	2	20	20	20	3	10	60,0	1
11	80	80	1	2	100	100	70	1	11	65,0	1
12	10	85	1	1	100	80	80	1	12	45,0	1
13	100	90	1	1	80	60	50	1	13	70,0	2
14	75	60	1	2	65	80	50	1	14	60,0	1
15	70	40	1	1	30		50	3	15	50,0	1
16	100	70	1	1				1	16	65,0	1
17	60	60	2	1	30			3	17	50,0	1
18	100	100	1	1	95	80	100	1	18	91,5	2
19	65	70	1	2	77	50	50	1	19	67,5	2
20	100	100	1	2	100			2	20	95,0	2
21	99	90	1	2	100	90	50	1	21	45,0	1
22	90	85	1	1	90	75	85	3	22	75,0	2
23	80	80	1	2	80	60	40	1	23	45,0	1
24	80	80	1	2	70	70	50	1	24	70,0	2
25	90	85	1	2	85	60	85	1	25	67,5	2
26	70	77	1	2	80	78	54	1	26	82,5	2
27	90	65	1	2	60	30	60	2	27	70,0	2
28	90	80	1	1	100	90	100	3	28	75,0	2
29	50	50	1	1	80	60	100	1	29	60,0	1
30	40	40	2	2	50	90	50	1	30	40,0	1

(Fortsetzung)

◨ Tab. 6.2 (Fortsetzung)

Person	x12	x13	x14	x15	x16	x17	x18	x19	x20	x21	x22
31	90	80	1	2	90	70	80	1	31	75,0	2
32	90	90	1	2	100	50	60	1	32	80,0	2
33	50	50	1	1	90	80	70	1	33	35,0	1
34	97	98	1	1	100	55	20	1	34	20,0	1
35	50	60	1	1	80	60	70	1	35	60,0	1
36	90	80	1	1	40	40	50	1	36	65,0	1
37	90	80	1	1	100	80	80	1	37	55,0	1
38	100	100	1	2	50	75	50	1	38	100,0	2
39	80	80	1	2	80	80	80	1	39	75,0	2
40	100	95	1	2	95	85	75	1	40	85,0	2
41	60	60	1	2	40	50	40	2	41	75,0	2
42	60	50	1	2	90	90	80	1	42	45,0	1
43	80	80	1	2	90	70	60	1	43	65,0	1
44	45	22	2	2	80	75	75	3	44	32,5	1
45	55	65	1	1	70	67	80	1	45	47,5	1
46	90	90	1	1	60	70	90	2	46	85,0	2
47	70	60	1	1	60	30	80	1	47	45,0	1
48	80	90	1	1	50	70	75	3	48	70,0	2
49	100	80	1	1	90	90	90	1	49	70,0	2
50	90	80	1	1	80	80	80	1	50	60,0	1
51	80	60	1	1	95	90	90	1	51	65,0	1
52	80	50	1	1	90	98	100	1	52	55,0	1
53	85	85	1	1	80	65	75	2	53	80,0	2
54	98	95	1	1	80	65	80	2	54	82,5	2
55	75	75	1	2	70	50	60	1	55	75,0	2
56	60	70	1	2	80	60	80	1	56	45,0	1
57	89	75	1	1	87	60	100	1	57	71,0	2
58	85	70	1	1	90	70	70	2	58	65,0	1
59	80	80	1	1	80	60	80	1	59	80,0	2
60	50	92	1	2	100	50		1	60	65,0	1

(Fortsetzung)

◪ Tab. 6.2 (Fortsetzung)

Person	x12	x13	x14	x15	x16	x17	x18	x19	x20	x21	x22
61	80	85	1	2	80	70	75	1	61	85,0	2
62	90	80	1	1	95	80	80	1	62	85,0	2
63	80	70	1	1	100	70	90	1	63	45,0	1
64	40	50	2	2	60	30	50	1	64	30,0	1
65	49	53	2	2	80	75	90	1	65	67,0	2
66	80	80	1	2	95	85	60	1	66	72,5	2

6

Auswahl der inferenzstatistischen Verfahren

© Springer-Verlag GmbH Deutschland, ein Teil von Springer Nature 2018
E. Kuhlmei, *Lerne mit uns Statistik!*, Springer-Lehrbuch, https://doi.org/10.1007/978-3-662-56082-2_7

Stevie: Lieber Stoffel, an welche der inferenzstatistischen Verfahren kannst du dich spontan erinnern?

Stoffel: Na ja, da gab es doch den t-Test, die Varianzanalyse, die Regressionsanalyse und dann noch dieses Verfahren, das irgendwie mit dem Skifahren zu tun hatte.

Stefanie: Du meinst vermutlich die chi²-Verfahren. Es gibt übrigens auch mehrere t-Tests, mehrere Varianzanalysen und mehrere Regressionsanalysen.

Stevie: Sehr richtig und es gibt auch noch den U-Test und den Vorzeichen-Test.

Stoffel: Wenn ich für eine bestimmte Fragestellung herausfinden soll, welches statistische Verfahren anzuwenden ist, dann bin ich meistens ziemlich ratlos. Ich weiß dann nicht einmal, wo ich überhaupt anfangen soll. Wie macht ihr das?

Stefanie: Wenn ich die Zuordnung nicht spontan erkennen kann, dann gehe ich meist die verschiedenen inferenzstatistischen Verfahren einzeln durch und checke jeweils ab, ob das Verfahren passt oder nicht passt. Das ist ziemlich aufwendig. Sehr viel schneller geht es, wenn ich einfach den Stevie frage, der ist aber leider nicht immer erreichbar.

Stoffel: Eine Stevie-Hotline, die 24 Stunden lang am Tag eingeschaltet ist, wäre das nicht eine wunderbare Lösung für unser Problem?

Stevie: Im nächsten Kapitel werden wir eine Vorgehensweise präsentieren, durch die sich das zum Glück erübrigen sollte.

7.1   Prozedur für die Auswahl der statistischen Verfahren

7.1.1   Vorbedingungen und Vorarbeit

Die Vermutungen bzw. die Hypothesen in den Fragestellungen müssen zumindest indirekt mit den Häufigkeiten der Kategorien oder Durchschnittswerten (Medianwerte oder arithmetische Mittelwerte) der Variablen zu tun haben. Es gibt eine Ausnahme: Die Hypothesen können sich auch auf die Varianzen der Variablen beziehen. Das wird hier aber nicht behandelt.

Zunächst sind die folgenden beiden Vorarbeiten zu erledigen:

a. Komplexe Hypothesen müssen in ganz konkrete und präzise formulierte einzelne Hypothesen zerlegt werden. Die Bestimmung des geeigneten statistischen Verfahrens wird dann für jede dieser einzelnen Hypothesen getrennt vorgenommen.

b. Alle in der ausgewählten einzelnen Hypothese enthaltenen Variablen werden (z.B. durch Unterstreichen) markiert.

7.1.2   Analyse der inhaltlichen Variablen

Für die so bereits vorbereitete Hypothese sind anschließend die folgenden vier Arbeitsschritte durchzuführen:

a. Bestimme die in der Hypothese insgesamt enthaltene (die Fragestellung betreffend) *inhaltliche Variablenanzahl*. (*Mehr als zwei Variablen* wird in dem Auswahlschema (◘ Abb. 7.1 bis ◘ Abb. 7.3) mit "> 2" abgekürzt dargestellt.)

b. Lege für jede der Variablen fest, über welches *Skalenniveau* sie verfügt. Die *Intervallskala* und die *Verhältnisskala* werden zusammenfassend durch nur die eine Kategorie "Intervallskala" (steht für mindestens Intervallskala) ersetzt. Hinweis: Alternativ hätten wir hier dafür die gültige Bezeichnung *Kardinalskala* verwenden können, verzichten aber lieber auf einen neuen weiteren Begriff.

Hierbei ist auf die bereits im ▶ Abschn. 2.5.1.4 erläutere Besonderheit von dichotomen Variablen zu achten: Wenn zweistufige nominalskalierte Variablen als Prädiktoren (nicht als Kriterium) verwendet werden, dann können und dürfen sie im Rahmen von einigen statistischen Verfahren (Produkt-Moment-Korrelation, Regressionsanalyse, Diskriminanzanalyse usw.) wie intervallskalierte Variablen aufgefasst werden.

Insofern steht in dem folgenden Auswahlschema (◘ Abb. 7.2, ◘ Abb. 7.3) der Begriff „Intervallskala" zum einen für *mindestens intervallskaliert* und zum anderen auch für *dichotome Variablen* (insofern sie nur als Prädiktoren und nicht als Kriterium im Kontext der oben genannten Verfahren verwendet werden).

c. Für jede der nominalskalierten Variablen wird die *Stufenanzahl* festgelegt. (*Mindestens zwei Stufen* wird in dem Auswahlschema (◘ Abb. 7.1 bis ◘ Abb. 7.3) mit "≥ 2" abgekürzt dargestellt.)

d. Für jede der nominalskalierten Variablen wird entschieden, ob eine *Abhängigkeit* (▶ Abschn. 2.5.1.3) vorliegt (Ja) oder nicht vorliegt (Nein).

7.1.3 Verwendung des Auswahlschemas

Jetzt kann das dreiteilige Auswahlschema (◘ Abb. 7.1 bis ◘ Abb. 7.3) jeweils von außen nach innen, durch die abwechselnd "hell- und dunkelgrauen" Felder hindurch, bearbeitet werden.

Mit den soeben in dem vorausgehenden ▶ Abschn. 7.1.2 erarbeiteten korrekten Angaben
- Inhaltliche (die Fragestellung betreffende) Variablenanzahl (1, 2, > 2),
- Skalenniveau (Nominalskala, Ordinalskala, Intervallskala),
- Stufenanzahl (2, ≥ 2) für die nominalskalierten Variablen,
- Abhängigkeit (Nein, Ja) für die nominalskalierten Variablen

sollte dann für jede einzelne Hypothese das jeweilige adäquate statistische Verfahren schnell und zuverlässig in den inneren "weißen" Feldern gefunden werden können.

In den Klammern hinter den statistischen Verfahren ist jeweils das Kapitel angegeben, in dem das Verfahren später genauer beschrieben wird. Die statistischen Verfahren, die in dieser Anleitung dagegen nicht näher betrachtet werden, sind in den ◘ Abb. 7.2 und ◘ Abb. 7.3 mit einem kleineren Schriftgrad versehen.

◘ **Abb. 7.1** Auswahlschema der statistischen Verfahren bei einer Variablen (Teil 1)

Inhaltliche Variablenanzahl: 1
Skalenniveau: Nominalskala
Stufenanzahl: ≥ 2
Abhängigkeit: Nein
Eindimensionaler chi^2-Test (▶ Abschn. 9.1)

7

Inhaltliche Variablenanzahl: 2					
Skalenniveau: Variable 2:		Nominalskala		Ordinalskala	(mindestens) Intervallskala
Variable 1:	**Stufenanzahl:**	2	≥ 2		
	Abhängig-keit: Nein	Nein			
Nominalskala — 2 — Nein		Vier-Felder chi^2-Test (Fisher-Test) (▸ Abschn. 9.2)	---	U-Test (▸ Abschn. 10.1)	t-Test für unabhängige Stichproben (▸ Abschn. 11.1, 11.3)
Nominalskala — 2 — Ja		McNemar chi^2-Test (Binomial-Test) (▸ Abschn. 9.3)	---	Vorzeichen-Test (▸ Abschn. 10.2)	t-Test für abhängige Stichproben (▸ Abschn. 11.2)
Nominalskala — ≥ 2 — Nein		---	K*l chi^2-Test — Kontingenz-Koeffizient C	Kruskal-Wallis-Test	Wilcoxon-Test — Einfaktorielle Varianzanalyse mit unabhängigen Stichproben (▸Abschn. 12.3)
Nominalskala — ≥ 2 — Ja		Cochran Q-Test chi^2-Test	---	Friedman-Test	Einfaktorielle Varianzanalyse mit abhängigen Stichproben (▸Abschn. 12.4)
Ordinalskala		---	---	Kendall's Tau	---
(mindestens) Intervallskala		---	---	---	Produkt-Moment-Korrelation (▸Abschn. 13.1) — Einfache lineare Regression (▸Abschn. 13.2)

◨ **Abb. 7.2**　Auswahlschema der statistischen Verfahren bei zwei Variablen (Teil 2)

Inhaltliche Variablenanzahl: > 2					
Skalenniveau:	Die Variablen 2, 3, 4 ... haben alle eine:		Nominalskala		(mindestens) Intervallskala
Variable 1:	**Stufen- anzahl:**		≥ 2		
		Abhängig- keit:	Nein	Ja	
	2	Nein	---	---	Diskriminanzanalyse Multivariater t-Test mit unabhängigen Stichproben Binäre logistische Regressionsanalyse
		Ja	---	---	Multivariater t-Test mit abhängigen Stichproben
Nominalskala	≥ 2	Nein	---	---	Diskriminanzanalyse Multivariate Varianzanalyse mit unabhängigen Stichproben Logistische Regressionsanalyse
		Ja	---	---	Multivariate Varianzanalyse mit abhängigen Stichproben
(mindestens) Intervallskala			Mehrfaktorielle Varianzanalyse mit unabhängigen Stichproben	Mehrfaktorielle Varianzanalyse mit abhängigen Stichproben	Partialkorrelation Multiple Regressionsanalyse

◘ **Abb. 7.3**   Auswahlschema der statistischen Verfahren bei mehr als zwei Variablen (Teil 3). Hinweis: Diese Verfahren werden der *komplexen Statistik* zugeordnet und deswegen in diesem Basisbuch zur Statistik nicht besprochen

Stoffel: Können wir das Vorgehen bitte an einem konkreten Beispiel etwas transparenter machen?
Stevie: Aber sicher.

7.2 Beispiel für die Auswahl der statistischen Verfahren

Stoffel: Darf ich mit den zu prüfenden Vermutungen beginnen?

Stefanie gibt einen Hinweis auf die Vorbedingungen aus dem ▸ Abschn. 7.1.1:

Stefanie: Natürlich, beziehe dich aber auf die Variablen unseres realen Datensatzes und nimm' bitte nicht den Sonderfall (Varianzen der Variablen). Wie lauten deine Hypothesen?

Stoffel erläutert seine Fragestellungen (▸ Abschn. 7.1.1):

Stoffel: In der Population der Psychologiestudierenden gibt es mehr weibliche als männliche Studierende und die Frauen sind normalerweise psychisch entspannter als die Männer. Aber die Männer sind im Vergleich zu den Frauen körperlich entspannter. Insgesamt hängen die körperliche und die psychische Entspannung eng zusammen. Welches statistische Verfahren sollte ich zur Prüfung dieser Vermutungen einsetzen?

Stefanie zerlegt die Fragestellungen in einzelne Hypothesen und markiert die Variablen (s. die Punkte a) und b) in ▸ Abschn. 7.1.1).

Stefanie: Du hast mal wieder nicht aufgepasst. Ich sehe hier insgesamt vier Hypothesen. Das wird uns wohl nicht zu einem, sondern zu mehreren statistischen Verfahren führen.
  Bei allen vier Hypothesen (H) wird von der gleichen Population, den Psychologiestudierenden, ausgegangen:
- H1) Die Häufigkeit der Frauen ist größer als die Häufigkeit der Männer. Es gibt hier eine Variable: das Geschlecht.
- H2) Frauen sind psychisch entspannter als Männer. Es gibt hier zwei Variablen: das Geschlecht und die psychische Entspannung.
- H3) Männer sind körperlich entspannter als Frauen. Es gibt hier zwei Variablen: das Geschlecht und die körperliche Entspannung.
- H4) Die psychische Entspannung und die körperliche Entspannung hängen zusammen, das sind ebenfalls zwei Variablen.

Stoffel: Oh, ich fühle mich mit meinen Fragestellungen ganz neu sortiert.

Stefanie ist voll in Fahrt. Sie analysiert als nächstes die Variablen (▸ Abschn. 7.1.2) und verwendet das Auswahlschema (◧ Abb. 7.1 bis ◧ Abb. 7.3, ▸ Abschn. 7.1.3), um die statistischen Verfahren festzulegen.

Stefanie:

H1) Die Variablenanzahl ist "1". Dadurch kommen wir zum ersten Teil des Auswahlschemas (◘ Abb. 7.1). Das Geschlecht ist nominalskaliert und hat zwei Stufen. Es sollte keine Abhängigkeit (Nein) vorliegen. Das führt mich zwingend zum *eindimensionalen chi^2-Test*.

H2) Die Variablenanzahl ist "2". Dadurch kommen wir zum zweiten Teil des Auswahlschemas (◘ Abb. 7.2). Die erste Variable Geschlecht ist nominalskaliert und hat zwei Stufen. Es sollte keine Abhängigkeit (Nein) vorliegen. Die zweite Variable psychische Entspannung ist intervallskaliert. Das führt mich zum *t-Test für unabhängige Stichproben*.

Stoffel: Oh je! Wenn ich aber nun als Variable 1 die psychische Entspannung gewählt hätte und als Variable 2 das Geschlecht?

Stevie: Dann hättest du zunächst tatsächlich keine Eintragung gefunden. In einem solchen Fall solltest du die Variable 1 und die Variable 2 einfach mal vertauschen und dann klappt es doch noch. Stefanie, machst du bitte weiter?

Stefanie:

H3) Das ist mit H2 identisch: *t-Test für unabhängige Stichproben*.

H4) Variablenanzahl: "2". Dadurch kommen wir zum zweiten Teil des Auswahlschemas (◘ Abb. 7.2). Beide Variablen, psychische Entspannung und körperliche Entspannung, sind intervallskaliert. Die Produkt-Moment-Korrelation und die einfache lineare Regressionsanalyse können angewendet werden.

7.3 Kritik und Ergänzungen

Stoffels Mund ist ein Stück weit geöffnet.

Stoffel: Jetzt staune ich aber doch ein wenig, wie schnell das gehen kann.

Stefanie: Mir scheint, dass sogar der Stoffel, vorausgesetzt er übt mit uns zusammen ein wenig, mithilfe der hier vorgeschlagenen Prozedur die adäquaten statistischen Verfahren schnell und zuverlässig herausfinden wird. Das könnte dem Stevie und mir einiges an Beratungszeit einsparen helfen.

7.3.1 Unabhängige vs. abhängige Variablen

Stoffel: Aber irgendwie habe ich das Gefühl, dass in der ◘ Abb. 7.2 (Variablenanzahl: "2") noch Informationen über die Variablen zu der Frage fehlen: "Welches ist die Variable 1 und welches ist die Variable 2?"

Stevie: Dein Bauchgefühl stimmt zu 100 %. Die erste Variable kann typischerweise als die *unabhängige Variable* (oder der Prädiktor) und die zweite Variable als die *abhängige Variable* (oder das Kriterium) bezeichnet werden.

Ich habe das weggelassen, weil die bereits gut gefüllte ◘ Abb. 7.2 nicht noch mehr überladen werden sollte. Außerdem ist diese Zuordnung leider auch nicht für alle Verfahren in der ◘ Abb. 7.2 (chi^2-Tests und Rangkorrelation) sinnvoll bzw. korrekt. Wenn es dir hilft, kannst du das trotzdem in deiner ◘ Abb. 7.2 selbst per Hand, vielleicht in Klammern gesetzt, hinzufügen.

Analoge Eintragungen, die deutlich komplizierter wären, könnten auch für den dritten Teil des Auswahlschemas (◘ Abb. 7.3) ergänzend vorgenommen werden.

Stefanie, die das Problem längst durchschaut hatte, lächelt verschmitzt und nickt. Lassen wir das lieber.

7.3.2 Zweistufige nominalskalierte (dichotome) Variablen

Stoffel: Ich erinnere mich noch an die im ▶ Abschn. 2.5.1.4 angesprochene Besonderheit dichotomer (zweistufiger nominalskalierter) Variablen: Sie können und dürfen im Rahmen der Produkt-Moment-Korrelation, der einfachen Regressionsanalyse, der multiplen Regressionsanalyse und der Diskriminanzanalyse, insofern sie als Prädiktoren und nicht als Kriterium eingesetzt werden, wie intervallskalierte Variablen verwendet werden.
Stevie: Das stimmt, aber aus Platz- und Prägnanzgründen haben wir diesen Aspekt in den ◘ Abb. 7.2 und ◘ Abb. 7.3 nicht berücksichtigt. Genau genommen müssten zum Beispiel die *Produkt-Moment-Korrelation* und die *einfache lineare Regression* (nur der Prädiktor darf dichotom sein, das Kriterium muss mindestens intervallskaliert sein) in der ◘ Abb. 7.2 noch in drei weiteren Feldern eingetragen sein: erstens beim Vier-Felder-chi^2-Test (hier nicht die *einfache lineare Regression*), zweitens beim t-Test für unabhängige Stichproben und drittens in dem Feld in der untersten Zeile und der vierten Spalte (Variable 1: Intervallskala, Variable 2: Nominalskala mit zwei Stufen ohne Abhängigkeit).

Entsprechendes gilt analog für die Regressionsanalysen (das Kriterium muss mindestens intervallskaliert sein) und für die Diskriminanzanalysen: Die Prädiktoren müssen eigentlich mindestens intervallskaliert sein, dürfen aber zusätzlich dichotome Variablen sein.

ⓘ Sprungmöglichkeit →

7.3.3 Multivariate Varianzanalysen

Stefanie: Ich habe auch noch etwas zu bemängeln: In der ◘ Abb. 7.3 (Variablenanzahl > 2) wird bei den *multivariaten Varianzanalysen* (mit mehreren intervallskalierten Variablen) nur eine nominalskalierte Variable (mit der Stufenanzahl ≥ 2) genannt. Dabei kann es doch auch mehrere nominalskalierte Variablen (mit der Stufenanzahl ≥ 2) geben. Fehlt das nicht in der ◘ Abb. 7.3?
Stevie: Stefanie, du bist so aufmerksam und hast natürlich recht.

Es war einfach aus Platzgründen in der ◘ Abb. 7.3 nicht mehr gut integrierbar. Da die multivariate Varianzanalyse in dieser Anleitung zugunsten der Diskriminanzanalyse (die mit genau den gleichen Daten arbeitet) nicht weiter betrachtet werden soll, hatte ich gehofft, dass das schon keiner merken wird.

Sollten wir für die multivariate mehrfaktorielle Varianzanalyse wirklich noch extra einen vierten Tabellenteil erstellen?
Stefanie: Ach was, von mir aus können wir uns das schenken.
Stoffel: Stefanie, ich stimme dir zu 100 % zu.

7.3.4 Weitere statistische Verfahren

Stefanie: Ich weiß, ich kann nerven. Aber mir fällt noch auf, dass nicht alle mir bekannten statistischen Verfahren in dem Auswahlschema (◙ Abb. 7.1 bis ◙ Abb. 7.3) berücksichtigt werden. Es fehlen zum Beispiel die *Faktorenanalyse*, die *Clusteranalyse*, die *Multidimensionale Skalierung* und die *Kanonische Korrelationsanalyse*.

Stevie: Da wir in dieser Arbeit in erster Linie die statistischen Verfahren zum *Testen von Hypothesen* darstellen wollen, haben wir ganz bewusst Verfahren, die im Kern eine stärkere *explorative Ausrichtung* haben, weggelassen.

🛈 ← Sprungmöglichkeit

Durchführung der inferenzstatistischen Verfahren

© Springer-Verlag GmbH Deutschland, ein Teil von Springer Nature 2018
E. Kuhlmei, *Lerne mit uns Statistik!*, Springer-Lehrbuch, https://doi.org/10.1007/978-3-662-56082-2_8

8.1   **Ablaufschema**

Stevie: Bevor wir die einzelnen inferenzstatistischen Verfahren näher betrachten, zeigen wir in einer kleinen Übersicht die zehn grundlegenden Bestandteile beim *Hypothesentesten* im Rahmen von wissenschaftlichen Arbeiten. Es ist darauf zu achten, dass die vorgestellte Reihenfolge eingehalten wird.

Das hier vorliegende Schema ist auf einzelne Hypothesen bzw. Hypothesengruppen anzuwenden. Es kann aber natürlich durch Wiederholung oder parallele Verarbeitung, nacheinander oder parallel bearbeitet, auch für mehrere einzelne Hypothesen oder Hypothesengruppen Anwendung finden.

1. Fragestellung

   Komplexere Fragestellungen sind in ihre Bestandteile zu zerlegen (▶ Abschn. 7.1.1) und dann wird festgelegt, welche konkrete einzelne Fragestellung untersucht werden soll.

2. Wissenschaftliche Hypothese (WH)

   Basierend auf dem Studium von Theorien und/oder auf der Analyse von empirischen Studien und/oder auf eigenen theoretischen Überlegungen und/oder auf eigenen empirischen Beobachtungen wird eine theoretische Aussage für die vorliegende Fragestellung aufgestellt. In der wissenschaftlichen Hypothese können drei Arten von Effekten (gerichtete Effekte, ungerichtete Effekte oder kein Effekt) sinnvoll vermutet werden. Die prinzipiell denkbare vierte Variante (es gibt *keinen Effekt oder einen gerichteten Effekt*) halten wir für nicht sinnvoll; daher wird sie hier nicht berücksichtigt.

Stoffel: Ich bitte um veranschaulichende Beispiele dazu.

Stevie: Nehmen wir ein paar ganz einfache wissenschaftliche Hypothesen aus der Thematik "Wirkung von Alkohol auf Menschen".

Gerichtete Effekte können in die eine oder in die andere Richtung weisen:

a. Alkohol verringert die Reaktionsgeschwindigkeit.

b. Alkohol erhöht die Reaktionszeit.

Ungerichtete Effekte sind ohne Festlegung auf eine Richtung:

c. Alkohol verändert (verringert oder erhöht) das psychische Wohlbefinden.

Kein Effekt ist ebenfalls ohne die Festlegung auf eine Richtung:

d. Alkohol hat keine Auswirkung auf die Kreativität.

Stefanie: Dann bewerten wir eine Vermutung der Art (keinen Effekt oder einen gerichteten Effekt) „Alkohol hat keine Auswirkung auf die Kreativität oder die Kreativität wird verringert" als *nicht sinnvoll*.

Stevie: Genau, wir würden uns stattdessen nur auf den *gerichteten Effekt* beschränken: „Alkohol verringert die Kreativität."

3. Statistische Hypothesen (SH)

   Da die statistischen Hypothesen ein zentraler Bestandteil dieser Arbeit sind und die einzelnen Bereiche dazu über die verwendeten konkreten Beispiele hinaus auch möglichst breit erfasst werden sollen, werden sie zu Beginn jedes statistischen Verfahrens, meistens noch vor der Fragestellung, zusätzlich in genereller (ungerichteter) Form präsentiert. Für ein leichteres und flüssigeres Verständnis können diese Abschnitte meist problemlos übersprungen werden und sind mit entsprechenden Hinweisen markiert.

Die statistischen Hypothesen (Alternativhypothese H_1 oder Nullhypothese H_0) werden aus der wissenschaftlichen Hypothese logisch abgeleitet. Sie beziehen sich immer auf die zugrunde liegenden Populationen. Die Nullhypothese enthält immer das *Gleichheitszeichen* ($=, \geq$ oder $\leq$). Die Variablen mit ihren Eigenschaften (z.B. Skalenniveaus) werden bestimmt und die Auswahl des inferenzstatistischen Verfahrens (▶ Kap. 7) wird vorgenommen.

Stoffel: Können wir bitte zu den vier Beispielen a) bis d) aus Punkt 2 die statistischen Hypothesen aufstellen?

Stefanie: Natürlich, aber erst lege ich die beiden Populationen fest: Population 1: Menschen mit Alkoholkonsum, Population 2: Menschen ohne Alkoholkonsum. Es werden dann die folgenden statistischen Hypothesen jeweils abgeleitet:

a. Alternativhypothese (H_1): $\mu_1 < \mu_2$
   (μ = Populationsmittelwert der *Reaktionsgeschwindigkeit*)
b. Alternativhypothese (H_1): $\mu_1 > \mu_2$
   (μ = Populationsmittelwert der *Reaktionszeit*)
c. Alternativhypothese (H_1): $\mu_1 \neq \mu_2$
   (μ = Populationsmittelwert des *psychischen Wohlbefindens*)
d. Nullhypothese (H_0): $\mu_1 = \mu_2$
   (μ = Populationsmittelwert der *Kreativität*)

Stevie: Ich fasse zusammen:

Wenn in der wissenschaftlichen Hypothese ein *gerichteter Effekt* oder ein *ungerichteter Effekt* vermutet wird, dann wird daraus jeweils eine statistische Alternativhypothese (H_1) abgeleitet.

Wenn in der wissenschaftlichen Hypothese dagegen *kein Effekt* vermutet wird, dann wird daraus jeweils eine statistische Nullhypothese (H_0) abgeleitet.

Stoffel: Ich habe noch eine andere für mich sehr wichtige Frage: Wie viele statistische Hypothesen sollte ich in meiner Bachelorarbeit (später Masterarbeit) aufstellen und prüfen?

Stevie: Es gibt leider keine objektiven Kriterien, nach denen wir das festlegen könnten. Als grobe Orientierungshilfe schlagen wir vor, dass man in einer Bachelor- oder Masterarbeit etwa vier bis acht zentrale Hypothesen bzw. Hypothesengruppen aufstellen sollte, die möglichst gut aus wissenschaftlichen Theorien bzw. wissenschaftlichen Hypothesen abgeleitet werden. Wir vertreten dabei das Motto: *Qualität kommt vor Quantität*.

Darüber hinaus kann dann der gesamte Datensatz, je nach Lust und Laune und mehr oder weniger vollständig explorativ durchforstet werden und darauf basierend können dann möglicherweise neue Hypothesen erzeugt werden, die dann aber erst im Kontext von neuen Datensätzen (keinesfalls mit dem gleichen Datensatz) in späteren Untersuchungen geprüft werden können.

4. Versuchsplanung
   Festlegung des Signifikanzniveaus α (für den Fehler erster Art) und der Stichprobengröße N. Für die Festlegung des Signifikanzniveaus α können wir uns an die folgenden Richtlinien halten:
   - Wenn aus der wissenschaftlichen Hypothese die Alternativhypothese H_1 abgeleitet wird, dann sollte für eine strenge Prüfung dieser Hypothese das Signifikanzniveau α auf 5 % und für eine sehr strenge Prüfung α auf 1 % festgelegt werden.
   - Wenn aus der wissenschaftlichen Hypothese die Nullhypothese H_0 abgeleitet wird, dann sollte für eine strenge Prüfung dieser Hypothese das Signifikanzniveau α auf 20 % (oder 25 %) festgelegt werden.

Anschließend werden die experimentellen Effekte bestimmt und die Teststärke-analysen nach Cohen (1988) vorgenommen. In den Büchern von Bortz und Schuster (2010, S. 108-109), Cohen (1988, S. 8-14) und Rasch et al. (2014a, S. 48-54) werden die wichtigen Begriffe „Effektgröße", „empirischer (experimenteller) Effekt" und „Populationseffekt" gut erklärt.

Im ▶ Abschn. 8.1.1 gibt es eine Übersichtstabelle zur Höhe (klein, mittel, groß) der Effektgrößen nach den Konventionen von Cohen (1988).

Grundsätzlich werden wir uns darauf beschränken eine Adjustierung des α-Fehlers vorzunehmen, falls das erforderlich wird. Die mögliche Problematik einer Akkumulierung des β-Fehlers und die gegebenenfalls damit verbundene sinnvolle Adjustierung des β-Fehlers werden wir aus Platz- und Zeitgründen vernachlässigen.

Für eine vertiefende Auseinandersetzung mit dieser Problematik empfehlen wir das Studium des Zeitschriftenartikels *Entscheidung über statistische und wissenschaftliche Hypothesen: Probleme bei mehrfachen Signifikanztests zur Prüfung einer wissenschaftlichen Hypothese* von Hager und Westermann (1983) oder des Kapitels 17.2 („Kumulation von Fehlerwahrscheinlichkeiten") in Westermann (2000, S. 424-430).

5. Datenerhebung und Datentabelle
    Die Untersuchung wird durchgeführt und die Daten werden erhoben. Die Messwerte werden in der SPSS-Datentabelle zusammengestellt.

6. Stichprobenergebnisse bzw. SPSS-Ergebnisse
    Hier sind, je nach Art der Hypothesen, die Mittelwerte, die Standardabweichungen, die Varianzen, die Korrelationen, die Standardfehler usw. zu bestimmen. Die eigentliche Rechenarbeit wird vom SPSS erledigt. Aus praktischen Darstellungsgründen kann es bei den Ergebnistabellen vorkommen, dass bei einigen der statistischen Verfahren (bereits unter diesem Punkt 6) die SPSS-Ergebnisse zu den Voraussetzungen, den Prüfgrößen und der Irrtumswahrscheinlichkeit (die eigentlich erst unter den Punkten 7 und 8 behandelt werden sollten) bereits mit aufgeführt werden.

7. Vorbetrachtung und Betrachtung der Voraussetzungen
    ▬ Vorbetrachtung Es wird geprüft, ob die gefundenen Stichprobenergebnisse (s. Punkt 6) tendenziell für die Alternativhypothese oder für die Nullhypothese sprechen:
    ▬ Wenn die gefundenen Ergebnisse eher für die Nullhypothese sprechen, wird sofort abgebrochen und die Nullhypothese wird dann (vorläufig) beibehalten.
    ▬ Wenn die gefundenen Ergebnisse eher für die Alternativhypothese sprechen, geht es weiter in diesem Ablaufschema (mit dem Punkt 8).

    Nur bei den Varianzanalysen (▶ Kap. 12) kommt jeweils der Overall-F-Test als weitere Vorbetrachtung dazu.
    ▬ Betrachtung der Voraussetzungen
    Die wichtigsten Voraussetzungen (Modellannahmen) der Signifikanztests werden jeweils besprochen und teilweise auch geprüft.
    Bei den parametrischen Signifikanztests (den t-Tests, den Varianzanalysen, den Korrelations- und Regressionsanalysen und den Diskriminanzanalysen) wären prinzipiell insbesondere die *Varianzhomogenitätsannahme* und die *Normalverteilungsannahme* zu prüfen. In den einzelnen Kapiteln der Signifikanztests verzichten wir aber durchgehend auf die Prüfung dieser beiden Voraussetzungen und versuchen das mit den folgenden drei Argumenten möglichst gut zu begründen:
    a. Die parametrischen Signifikanztests reagieren (zumindest bei gleich großen und genügend großen Stichproben, möglichst $N \geq 30$ pro Gruppe) relativ robust auf Verletzungen dieser beiden Annahmen und/oder

b. In den Sozialwissenschaften dominiert weitestgehend die Praxis, diese Prüfungen eher selten durchzuführen und/oder

c. Die Prüfungen für die bivariate und die multivariate Normalverteilungsannahme sind praktisch nur bei sehr großen Stichproben sinnvoll durchführbar.

Den durch diesen Prüfungsverzicht entstehenden Prägnanzgewinn (einfachere und übersichtlichere Darstellungen) und die resultierenden Zeit- und Platzersparnisse möchten wir nur vorsichtig als ein zusätzliches pragmatisches Argument für diese Vorgehensweise erwähnen. Für zwei weitere wichtige Voraussetzungen, bei denen die entsprechenden Signifikanztests bekanntermaßen nicht so robust auf Verletzungen reagieren und bei denen die Prüfungen relativ problemlos mit dem SPSS durchführbar sind, sollten dagegen die Prüfungen jeweils in den entsprechenden Kapiteln beim Punkt 7 des Ablaufschemas durchgeführt werden. Bei den Varianzanalysen mit abhängigen Stichproben wird gefordert, dass die *Varianzhomogenität und die Homogenität der Korrelationen für die verschiedenen Messzeitpunkte* bestehen. Diese Annahme werden wir indirekt (▶ Abschn. 12.4) mit dem Mauchly-Test prüfen. Bei der multiplen Regressionsanalyse wird gefordert, dass *keine Multikolinearität für die Prädiktoren vorliegt*. Mit der Berechnung und der Analyse der Toleranz sollte diese Voraussetzung unbedingt geprüft werden. Das gehört aber zur *komplexen Statistik*, die hier nicht besprochen wird.

8. Empirische Prüfgröße und Irrtumswahrscheinlichkeit p
Die Berechnungen für die Bestimmungen der jeweiligen empirischen (emp) Prüfgröße (z.B. F_{emp} bei der Varianzanalyse usw.) und der Irrtumswahrscheinlichkeit p werden vom SPSS meistens problemlos durchgeführt.

9. Entscheidung
Es wird die folgende Entscheidungsstrategie angewendet:
– Wenn $p < \alpha$, dann wird die Nullhypothese *abgelehnt*.
– Wenn $p \geq \alpha$, dann wird die Nullhypothese *(vorläufig) beibehalten*.

Die Kennzeichnung *(vorläufig)* wird hier als eine Art Vorsichtsmaßnahme in zweifacher Bedeutung verwendet: Erstens kann und soll dadurch ausgedrückt werden, dass Forschungsresultate generell über einen vorläufigen Charakter verfügen, weil Replikationsversuche einer Studie immer auch scheitern können, und zweitens, das das sinnvoll berechtigte *Annehmen* der Nullhypothese voraussetzt, dass in der entsprechenden Studie mit einer hohen Teststärke von $1-\beta = 0,95$ oder besser gearbeitet wurde, was in den meisten Bachelor- und Masterarbeiten wegen zu kleiner Stichprobengrößen nicht sehr oft erfüllbar sein dürfte und wohl kaum global eingefordert werden kann.

Im Rahmen von Studien mit genügend großen Stichproben und damit verbundenen hohen Teststärken könnte unter Verwendung einer entsprechenden Entscheidungsstrategie im Sinne von Neyman und Pearson bei entsprechenden Signifikanztestergebnissen die Kennzeichnung *(vorläufig) beibehalten* durch *angenommen* ersetzt werden (s. Westermann u. Hager, 1982).

10. Ergebnisdarstellungen, Interpretation und Diskussion
Die Ergebnisse und die Hypothesenentscheidung werden dargestellt und erläutert. Wenn die Entscheidung bei den statistischen Hypothesen im Sinne der vertretenen wissenschaftlichen Hypothese ausgefallen ist, dann wird die wissenschaftliche Hypothese als *(vorläufig) bewährt* eingestuft, andernfalls als *(vorläufig) nicht bewährt*. Mit der erneuten Verwendung der Kennzeichnung *(vorläufig)* wollen wir hier wiederum eine

Art Vorsichtsmaßnahme geltend machen und damit andeuten, dass Forschungsresultate generell über einen vorläufigen Charakter verfügen, weil Replikationsversuche einer Studie immer auch scheitern können.

Darüber hinaus soll hier die Kennzeichnung (vorläufig) auch als eine Art Platzhalter verwendet werden, der in Abhängigkeit von den gefundenen experimentellen Effekten entweder *entfallen kann* oder durch den Begriff *bedingt* ersetzt werden kann, wenn man eine komplexere Entscheidungsstrategie mit Berücksichtigung der experimentellen Effekte im Sinne von Westermann und Hager (1982) anwenden möchte:

1. Wenn bei einer vermuteten gerichteten Alternativhypothese eine Art *negativer experimenteller Effekt* vorliegt (die Resultate liegen bereits tendenziell in der Richtung der Nullhypothese), könnte das „*(vorläufig) Nicht-Bewährt*" durch ein einfaches „*Nicht-Bewährt*" ersetzt werden.
2. Wenn bei einer vermuteten gerichteten Alternativhypothese das Resultat in der erwarteten Richtung signifikant wird und zusätzlich ein vorher inhaltlich begründeter Mindesteffekt vorliegt, könnte das *(vorläufig) bewährt* durch ein einfaches *bewährt* ersetzt werden.
3. Wenn weder 1) noch 2) vorliegen, dann würde der Begriff *vorläufig* durch die Kennzeichnung *bedingt* ersetzt werden.

Wer es noch ein wenig anspruchsvoller mag, kann sich auch an den von Westermann (2000, S. 415-430) vorgeschlagenen Entscheidungsstrategien orientieren, bei denen, eingebettet in die strukturalistische Theorienkonzeption, neben den wissenschaftlichen und den statistischen Hypothesen auch noch die sogenannten *empirischen Hypothesen* eine zentrale Rolle einnehmen, die sich dann *eindeutig bewähren, nicht bewähren, eingeschränkt bewähren* oder *überwiegend nicht bewähren* können, je nach den Teststatistiken und den experimentellen Effekten. Ausgehend von den folgenden beiden Annahmen:

1. Eine beachtliche Anzahl der Betreuer von Bachelor- und Masterarbeiten wird vermutlich zur Zeit solchen berechtigten differenzierenden Analysen gegenüber zwar offen eingestellt sein und auch mehr oder weniger streng und genau auf in sich stimmigen Darstellungen dazu bestehen, aber entsprechenden formalanalytischen Darstellungen eher relativ gleichgültig gegenüber eingestellt sein.
2. Komplexere Strategien mit den dazugehörigen formalanalytischen Darstellungen können auf Studierende oft schnell abschreckend wirken.

Deswegen haben wir uns ganz bewusst dafür entschieden, hier eine möglichst einfache Darstellungsart zu verwenden, aber die Möglichkeit für die Anwendung einer komplexeren Entscheidungsstrategie offen zu halten. Nach Möglichkeit wird in unseren Präsentationen deswegen jeweils zusätzlich der Stichprobeneffekt bestimmt und nach den Konventionen von Cohen (1988) auch die Höhe des Stichprobeneffektes beurteilt. Erst am Ende sollte die Interpretation der Resultate in Bezug auf die wissenschaftliche Hypothese stattfinden. Abschließend sollten alle Befunde im Rahmen der verwendeten Theorien diskutiert werden.

🛈 Sprungmöglichkeit→

8.1.1 Übersichtstabelle zu den Effektgrößen

Nach den Konventionen von Cohen (1988) kann ◘ Tab. 8.1 erstellt werden.

In den einzelnen Kapiteln werden wir uns jeweils unter dem Punkt 4 *Versuchsplanung* bei den Teststärkeanalysen auf diese Werte beziehen.

ℹ ←Sprungmöglichkeit

8.1.2 Kritik und Ergänzungen

Einschätzungen zum Ablaufschema

Stoffel: Ich finde das Ablaufschema im ▶ Abschn. 8.1 schön übersichtlich und im Vergleich zu dem im „Bortz" (2005, S. 3, Abb. 1) vorgestellten *Phasenmodell für empirische Forschung* deutlich einfacher.

Stefanie: Dafür ist unser Schema aber auch eindeutig nicht so umfassend wie das Phasenmodell im „Bortz" (2005).

Stevie: Wir wollen uns auf die wichtigsten Bestandteile der statistischen Verfahren beim *Hypothesentesten* konzentrieren. Im Grunde genommen würden da die *Fragestellung* und die *Interpretation und Diskussion* schon gar nicht mehr dazugehören. Der Hinweis auf diesen Gesamtkontext dürfte aber vermutlich für einige Studierende bei der Erstellung ihrer Bachelor- oder Masterarbeit durchaus nützlich sein.

◘ **Tab. 8.1** Konventionen nach Cohen (1988) für die Effektgrößen

Statistisches Verfahren (Hauptkapitel in diesem Buch)	Bezeichnung der Effektgröße (Population)	Konvention für die Höhe der Effektgröße klein – mittel – groß
Eindimensionaler chi^2-Test (▶ Abschn. 9.1) Vier-Felder-chi^2-Test (▶ Abschn. 9.2)	w	0,10 – 0,30 – 0,50
McNemar-chi^2-Test (▶ Abschn. 9.3) Vorzeichen-Test (▶ Abschn. 10.2)	g	0,05 – 0,15 – 0,25
t-Tests (▶ Kap. 11)	d	0,20 – 0,50 – 0,80
Varianzanalysen (▶ Kap. 12)	f	0,10 – 0,25 – 0,40
Produkt-Moment-Korrelation (▶ Abschn. 13.1) Einfache lineare Regression (▶ Abschn. 13.2)	r (oder r^2)	0,10 – 0,30 – 0,50 (0,01 – 0,09 – 0,25)
Partialkorrelation* Multiple Regression* Diskriminanzanalyse*	f^2	0,02 – 0,15 – 0,35

*Verfahren, die der *komplexen Statistik* zugeordnet werden; sie werden hier nicht besprochen.

Exkurs: Statistische Verfahren mit eher explorativem Charakter

Stefanie: Ich bin mir bewusst, dass ich mit der folgenden Frage von unserem eigentlichen Thema ablenke, möchte sie hier aber trotzdem beantwortet bekommen: Welche statistischen Verfahren können beim explorativen Vorgehen, die wir unter Punkt 3 *statistische Hypothesen* erwähnt haben, zur Anwendung kommen?

Stevie: Zunächst möchte ich nochmals festhalten: Beim explorativen Vorgehen werden keine Hypothesen geprüft, es können stattdessen Hypothesen erzeugt werden, die dann aber nicht mit dem gleichen Datensatz geprüft werden dürfen.

Prinzipiell können alle von uns behandelten statistischen Verfahren auch explorativ eingesetzt werden, aber neben der Faktorenanalyse und der Clusteranalyse erfreuen sich die folgenden drei Vorgehensweisen in diesem Kontext besonderer Beliebtheit: Erstens die *Korrelationen* zwischen allen möglichen Variablen berechnen, zweitens mithilfe der *statistischen Methode der multiplen Regressionsanalyse* herausfinden, welche Prädiktoren das Kriterium zusammen am besten vorhersagen können, und drittens die *multivariate Varianzanalyse*, mit der wir herausfinden können, wo es zwischen allen möglichen Gruppen von Stichproben Mittelwertunterschiede auf allen möglichen abhängigen Variablen gibt.

8

Problem der Stichprobengröße, Versuchsplanung

Stoffel: Wie ist das mit der Stichprobengröße N (s.o. bei Punkt 4 *Versuchsplanung*)? Ist das nicht automatisch durch die Anzahl der Personen, die freiwillig an unserer Untersuchung teilnehmen, für uns vorgegeben?

Stevie: Das stimmt im Prinzip. Wenn wir aber zu wenige Personen haben (z.B. beim t-Test für unabhängige Stichproben weniger als fünf Personen pro Gruppe), können wir den entsprechenden Signifikanztest gar nicht mehr sinnvoll durchführen bzw. interpretieren.

In einer perfekten Versuchsplanung und Versuchsdurchführung werden die vier Komponenten Stichprobengröße (N), Wahrscheinlichkeit für den Fehler der ersten Art (α), Wahrscheinlichkeit für den Fehler der zweiten Art (β) und der experimentelle Effekt (w, g, d, f usw.) in Abhängigkeit voneinander bestimmt und festgelegt. Möglicherweise resultiert dabei ein Wert für die Stichprobengröße N mit mehreren hundert Personen. Dann kann die Datenerhebung mit einem entsprechend sehr hohen Kosten- und Zeitaufwand verbunden sein. Wir werden aber, wie bereits oben erwähnt, auf diese Thematik in unserer Anleitung nicht weiter eingehen.

Datensatz und Hypothesenprüfung

Stefanie: Werden bei der Datenerhebung und der Datentabelle (Punkt 5) nur die Messwerte für die Variablen, die in diesem Ablaufschema unter Punkt 3 analysiert werden, berücksichtigt?

Stevie: Das wäre denkbar und auch möglich, aber sehr unpraktisch. Sinnvollerweise werden die Daten von allen untersuchten Fragestellungen und Hypothesen möglichst im gleichen Zeitraum erfasst (Ausnahme sind Langzeitstudien) und dann in möglichst wenigen Arbeitsschritten in einer Datentabelle zusammengestellt.

Bei der Prüfung der einzelnen Hypothesen werden dann aus diesem relativ großen Gesamtdatensatz jeweils nur die relevanten Variablen ausgewählt.

Trennung oder Verbindung der Punkte 7 und 8

Stoffel: Vom SPSS werden doch die Stichprobenergebnisse, die empirische Prüfgröße und die Irrtumswahrscheinlichkeit p gleichzeitig berechnet und angegeben. Sollten deswegen die Punkte 7 und 8 nicht besser zu einem Punkt zusammengefasst werden?

Stefanie: Das stimmt natürlich. Wir haben aber die Bestimmungen dieser Elemente in unserem Schema absichtlich getrennt. Direkt vor der Bewertung der Irrtumswahrscheinlichkeit p sollte die inhaltliche Ausrichtung unserer Stichprobenergebnisse in Bezug auf die Hypothesen in der Vorbetrachtung (Punkt 7) bewertet werden.

Prüfung der Modellannahmen

Stoffel: Ich habe noch eine Frage zu dem Punkt 7: Wird in den Bachelor- und Masterarbeiten überhaupt verlangt, dass die Modellannahmen der Signifikanztests betrachtet, diskutiert und geprüft werden?

Stevie: Ich denke oft nicht oder zumindest nur teilweise. Auch in vielen Zeitschriftenartikeln wird auf die Problematik der zum Teil sehr schwierigen Prüfbarkeit der Modellannahmen bei den Signifikanztests nicht immer sehr ausführlich eingegangen.

Variationen der Hypothesenarten

Stefanie: Wenn ich mich recht erinnere, gibt es beim *Hypothesentesten* jeweils mehrere verschiedene Möglichkeiten. Ich will hier dazu wenigstens auf zwei wichtige Unterscheidungsaspekte hinweisen:

- Wir können eine gerichtete Alternativhypothese, eine ungerichtete Alternativhypothese oder eine ungerichtete Nullhypothese (kein Effekt) vertreten.
- Die vertretenen Hypothesen können bestätigt oder nicht bestätigt werden.

Werden wir bei den verschiedenen statistischen Signifikanztests jeweils alle sechs (= 3 × 2) Kombinationen dieser Möglichkeiten betrachten?

Stevie: Im Grunde wäre es optimal, wenn wir bei jedem statistischen Verfahren systematisch alle diese Variationen vorstellen und durchspielen würden. Dann würde unsere Anleitung aber im Umfang so gewaltig zunehmen, dass das kaum noch vertretbar wäre.

Damit der Vielfalt dieser Möglichkeiten trotzdem Rechnung getragen wird, werden wir im Folgenden versuchen, sowohl innerhalb der einzelnen Kapitel als auch über die verschiedenen Kapitel hinaus die von dir angesprochenen Aspekte möglichst sinnvoll und abwechslungsreich zu variieren mit dem Ziel, dabei möglichst gute hilfreiche Hinweise für alle möglichen Variationen zu liefern.

Stoffel: Lieber weniger als zu viel.

Effektgrößen (Stichprobe vs. Population)

Stevie: Folgendes sollte bitte unbedingt noch beachtet werden:
In den Teststärkeanalysen (Punkt 4 im Ablaufschema) beziehen wir uns auf die normalerweise unbekannten (theoretisch vermuteten) Populationseffektgrößen, die in der ◘ Tab. 8.1 angegeben sind.

Bei den Ergebnisdarstellungen und der Interpretation (Punkt 10 im Ablaufschema) geben wir natürlich die Stichprobeneffektgrößen an. Diese besitzen teilweise andere Bezeichnungen als die Populationseffektgrößen (◘ Tab. 8.1). Bei den Stärkebewertungen (klein, mittel, groß) der Stichprobeneffektgrößen beziehen wir uns dann aber trotzdem auf die Konventionen nach Cohen (1988), die in der ◘ Tab. 8.1 zu finden sind.

8.2   Statistik-Rap von Statz Rappers im YouTube-Video

Stefanie: Auf zu neuen Taten. Es wird Zeit, dass wir in unserer Anleitung mit den Beschreibungen der einzelnen statistischen Verfahren beginnen. Ich denke, wir sollten am besten mit den chi^2-Tests starten.
Stoffel: Liebe Stefanie, meinst du nicht auch, dass wir nach so viel harter Arbeit erst einmal eine kleine Belohnung verdient haben? Außerdem finde ich, dass etwas musikalische Untermalung uns motivational stärken könnte.

Stefanie blickt entsetzt in die Runde.

Stefanie: Stoffel, du wirst doch wohl nicht etwa gleich anfangen wollen zu singen?
Stoffel: Keine Sorge, ich werde nicht selbst singen. Aber ich habe im Internet bei YouTube nachgeschaut und da einen ziemlich gutgemachten, animierten Rap-Song zur Statistik gefunden. Die Videoclipdauer beträgt etwa fünf Minuten (◘ Abb. 8.1).

Mit den folgenden Suchwörtereingaben bei YouTube: *Statz Rappers* und/oder *Statz 4 life* sollte dieser Videoclip problemlos zu finden sein.
Stefanie: Nun gut, ich werde da mal reinschauen.

◘ **Abb. 8.1**   Stoffel als Rapper im Botanischen Garten von Fribourg

8.3 Selektive Gedächtnislöschung

Stevie: Wie sehr seid ihr beeindruckt, wenn ich mich vor einem Wald befinde, mit einem Stein werfe, dabei einen zwanzig Meter weit entfernten Baum treffe und dann jubelnd einen Volltreffer verkünde?

Stoffel: Alle Achtung, dass du so weit werfen kannst. Das hätte ich dir nie zugetraut.

Stefanie: Ich glaube, das war wohl nicht die Frage. Ich wäre nur beeindruckt, wenn du uns *vorher* mitgeteilt hättest, dass du genau diesen Baum treffen wolltest.

Stevie: Genau so ist es auch beim *Hypothesentesten*. Wir müssen unsere Hypothesen aufgestellt haben, *bevor* wir uns die Messwerte und die Ergebnisse anschauen.

Stefanie: Dummerweise haben wir uns nun aber schon im ▶ Kap. 4 im Rahmen der Deskriptiven Statistik die Messwerte und einige Ergebnisse des Fragebogens angesehen. Streng genommen dürften wir nun, basierend auf diesem Datensatz, überhaupt keine inferenzstatistischen Verfahren zum *Hypothesentesten* mehr durchführen.

Stevie: So ist es. Das wäre dann aber das Ende unserer Anleitung. Da das nicht akzeptabel ist, werden wir uns jetzt einer *selektiven Gedächtnislöschung* unterziehen. Wir entfernen also nur die Erinnerung an die Messwerte und die Ergebnisse des Fragebogen aus unserem Gedächtnis (◘ Abb. 8.2).

Stefanie, Stoffel und Stevie vollziehen gemeinsam die selektive Gedächtnislöschung.

In den folgenden Kapiteln können wir davon ausgehen, dass die aufgestellten Hypothesen auf theoretischen Überlegungen und/oder empirischen Betrachtungen basieren und *nicht* aus der Analyse der bereits vorliegenden Daten stammen.

8.4 Übersichtsplan und generelle Empfehlungen zur Durchführung

Stoffee träumt

Stoffel: Wenn, basierend auf den in der ◘ Tab. 8.2 angegebenen Mindeststichprobengrößen, bereits sinnvolle und aussagekräftige Interpretationen der Signifikanztests möglich sind, werde ich mich in meiner Bachelorarbeit mit diesen Stichprobengrößen begnügen.

◘ **Abb. 8.2** Selektive
Gedächtnislöschung

Stefanie: Davon möchte ich dir dringend abraten. Die Interpretationen können aus den folgenden beiden Gründen falsch oder zumindest ausgesprochen problematisch sein:

— Die Modellvoraussetzungen (Varianzhomogenität und Normalverteilung) für die parametrischen Verfahren (t-Tests, Varianzanalysen, Korrelationen, Regressionsanalysen und Diskriminanzanalysen) sind möglicherweise nicht erfüllt und/oder

— die Teststärken fallen extrem schlecht (niedrig) aus.

◘ Tab. 8.2 Statistische Verfahren im Überblick

Statistisches Verfahren	Kap.*	Variablen** und Fragestellung	Mindeststichprobengröße***
chi^2-Tests	9	Nominalskalierte Variablen Vergleich von Häufigkeiten	$N \geq 5$ pro Gruppe
Eindimensionaler chi^2-Test	9.1	Eine nominalskalierte Variable mit mindestens zwei Stufen	$N \geq 10$
Vier-Felder-chi^2-Test	9.2	Zwei zweistufige nominalskalierte Variablen ohne Abhängigkeiten zwischen den Stufen	$N \geq 20$
McNemar-chi^2-Test	9.3	Zwei zweistufige nominalskalierte Variablen mit Abhängigkeit zwischen den Stufen für eine der beiden Variablen	$N \geq 10$
U-Test und Vorzeichen-Test	10	Eine zweistufige nominalskalierte Variable (UV)**** und eine ordinalskalierte Variable (AV)**** Vergleich von zwei Gruppen in der zentralen Tendenz	$N \geq 5$
U-Test	10.1	Keine Abhängigkeit zwischen den beiden Stufen der nominalskalierten Variablen	$N \geq 5$
Vorzeichen-Test	10.2	Abhängigkeit zwischen den beiden Stufen der nominalskalierten Variablen	$N \geq 10$
t-Tests	11	Eine zweistufige nominalskalierte Variable (UV) und eine intervallskalierte Variable (AV) Vergleich von zwei Gruppen in der zentralen Tendenz	$N \geq 10$
t-Test für unabhängige Stichproben	11.1	Keine Abhängigkeit zwischen den beiden Stufen der nominalskalierten Variablen	$N_1 \geq 5$ und $N_2 \geq 5$
t-Test für abhängige Stichproben	11.2	Abhängigkeit zwischen den beiden Stufen der nominalskalierten Variablen	$N \geq 10$

(Fortsetzung)

◘ Tab. 8.2   (Fortsetzung)

Statistisches Verfahren	Kap.*	Variablen** und Fragestellung	Mindeststichproben-größe***
t-Test für den Vergleich einer Stichprobe mit einer Population	11.3	Keine Abhängigkeit zwischen den beiden Stufen der nominalskalierten Variablen Zusätzlich: Der Populationsmittelwert für eine der beiden Gruppen ist bekannt	$N \geq 10$
Einfaktorielle Varianzanalysen	12	Eine zwei- oder mehrstufige nominalskalierte Variable (UV) und eine intervallskalierte Variable (AV) Vergleich der zentralen Tendenz über die Gruppen	$N \geq 5$ pro Gruppe
Einfaktorielle Varianzanalyse mit unabhängigen Stichproben	12.3	Eine zwei- oder mehrstufige nominalskalierte Variable (UV) ohne Abhängigkeiten zwischen den Stufen	$N \geq 5$ pro Gruppe
Einfaktorielle Varianzanalyse mit abhängigen Stichproben	12.4	Eine zwei- oder mehrstufige nominalskalierte Variable (UV) mit Abhängigkeiten zwischen den Stufen	$N \geq 10$
Einfache Zusammenhänge	13	Zwei intervallskalierte Variablen Untersuchung des statistischen Zusammenhangs zwischen den Variablen	$N \geq 10$
Produkt-Moment-Korrelation	13.1	Zwei intervallskalierte Variablen Untersuchung des statistischen Zusammenhangs zwischen den Variablen	$N \geq 10$
Einfache lineare Regression	13.2	Zwei intervallskalierte Variablen Untersuchung des statistischen Zusammenhangs zwischen den Variablen Zusätzlich: Vorhersagegleichung für das Kriterium mithilfe des Prädiktors	$N \geq 10$
Mehrfaktorielle Varianzanalysen***		Mehrere zwei- oder mehrstufige nominalskalierte Variablen (UVn) und eine intervallskalierte Variable (AV) Vergleich der zentralen Tendenz über die Gruppen	$N \geq 5$ pro Gruppe
Mehrfaktorielle Varianzanalyse mit unabhängigen Stichproben		Mehrere zwei- oder mehrstufige nominalskalierte Variablen (UVn) ohne Abhängigkeiten zwischen den Stufen	$N \geq 5$ pro Gruppenkombination
Mehrfaktorielle Varianzanalyse mit abhängigen Stichproben		Mehrere zwei- oder mehrstufige nominalskalierte Variablen (UVn) mit Abhängigkeiten zwischen den Stufen von mindestens einer UV	$N \geq 10$

(Fortsetzung)

8

◻ Tab. 8.2 (Fortsetzung)

Statistisches Verfahren	Kap.*	Variablen** und Fragestellung	Mindeststichproben-größe***
Komplexe Zusammen-hänge***		Es liegen mindestens drei Variablen vor Untersuchung des statistischen Zusammenhangs zwischen den Variablen	N ≥ 10 (mindestens doppelt so groß wie die Anzahl der Prädiktoren)
Partialkorrelation		Mindestens drei intervallskalierte Variablen Untersuchung des statistischen Zusammenhangs zwischen zwei der Variablen unter Konstanthaltung einer oder mehrerer anderer Variablen	N ≥ 10

Multiple Regressions-analyse		Ein intervallskaliertes Kriterium und mindestens zwei intervallskalierte Prädiktoren
		    Untersuchung des statistischen Zusammenhangs zwischen den Prädiktoren und dem Kriterium
		    Zusätzlich: Vorhersagegleichung für das Kriterium mithilfe der Prädiktoren
			N ≥ 10

Diskriminanzanalyse		Ein nominalskaliertes Kriterium und mindestens zwei intervallskalierte Prädiktoren
		    Untersuchung des statistischen Zusammenhangs zwischen den Prädiktoren und dem Kriterium
		    Zusätzlich: Gruppezuordnung mithilfe der Prädiktoren
			N ≥ 10

Vergleich von Varianzen: Levene-Test***		Eine oder mehrere zwei- oder mehrstufige nominalskalierte Variablen (UVn) und eine intervall-skalierte Variable (AV) Vergleich der Varianzen über die Gruppen	N ≥ 5 pro Gruppe
Prüfung der Normal-verteilungsan-nahme***		Eine stetige, intervallskalierte Variable Ist die Variable normalverteilt?	N ≥ 5

*Abschn. = Abschnitt
**Teilweise können dichotome Variablen wie intervallskalierte Variablen verwendet werden (s. folgende Kapitel).
***Die angegebenen Mindeststichprobengrößen N sind so zu verstehen, dass aus unserer Sicht überhaupt erst ab diesen N-Werten halbwegs sinnvolle und aussagekräftige Interpretationen der Signifikanztests resultieren können. Die empfohlenen Stichprobengrößen liegen deutlich höher (s.u.).
****UV = unabhängige Variable, AV = abhängige Variable.
*****Verfahren, die in diesem Buch nicht besprochen werden.

Empfehlungen zu den Stichprobengrößen

Stoffel: Wie groß sollten dann die Stichproben sein?

Stevie: Wenn wir uns gleichzeitig an alle der folgenden empfohlenen fünf Regeln halten (insbesondere an Regel 2: $N \geq 30$ pro Gruppe), dann können wir basierend auf dem zentralen Grenzwertsatz zur Normalverteilungsannahme und den generell bekannten Robustheitseigenschaften der Signifikanztests auf die Prüfungen der Modellvoraussetzungen (Varianzhomogenität und Normalverteilung) verzichten (s. Westermann, 2000, S. 333-334; Bortz, 2005, S. 450) und es sollten außerdem zufriedenstellende, hohe Teststärkewerte erreicht werden.

Generelle Empfehlungen für die Durchführungen von Signifikanztests im Kontext von Bachelor- und Masterarbeiten ohne Prüfungen der Modellvoraussetzungen (Varianzhomogenität und Normalverteilung)

Regel 1

Die Gesamtstichprobe sollte $N > 40$ sein. Es sollte darauf geachtet werden, dass dieser N-Wert auch nach dem Auftreten der sogenannten "missing values" (Ausfall von Versuchspersonen oder Verlusten von einzelnen Messwerten) nicht unterschritten wird.

(Ergänzung: Im Kontext von multiplen Regressionsanalysen werden nicht mehr als neun Prädiktoren verwendet).

Eine Gesamtstichprobengröße von $60 \leq N \leq 100$ könnte vermutlich als realistisch anzustrebendes Ziel für die meisten Bachelor- und Masterarbeiten genannt werden.

Regel 2

Wenn in der wissenschaftlichen Arbeit verschiedene Gruppen (z.B. Frauen vs. Männer) untersucht werden, dann ist darauf zu achten, dass die Gruppengrößen unbedingt gleich groß (oder zumindest annähernd gleich groß) sind und nach Möglichkeit pro Gruppe $N \geq 30$ (aber mindestens $N \geq 5$) beträgt. Auch hier sollte darauf geachtet werden, dass diese N-Werte nach dem Auftreten von "missing values" nicht unterschritten werden.

Regel 3

Im Kontext von Partialkorrelationen, Multiplen Regressionsanalysen und Diskriminanzanalysen muss die Anzahl der untersuchten Personen N ein Vielfaches der Anzahl der Prädiktoren p betragen (mindestens: $N \geq 2 \times p$).

Regel 4

Wenn bei Punkt 9 *Entscheidung* im Ablaufschema (▶ Abschn. 8.1) der p-Wert nur sehr knapp unter dem α-Wert liegt, dann verwerfen wir zwar entsprechend unserer Entscheidungsstrategie die Nullhypothese, aber die Interpretation des entsprechenden Ergebnisses sollte dann im Punkt 10 *Ergebnisdarstellungen, Interpretationen und Diskussion* besonders vorsichtig erfolgen.

Bewertungsregel 5

1. Parametrische Verfahren (t-Tests, Varianzanalysen, Korrelationen, Regressionsanalysen, Diskriminanzanalysen):
   a. Wenn die Regeln 1 bis 3 optimal eingehalten werden können, insbesondere bei Regel 2 $N \geq 30$ pro Gruppe ist und exakt oder fast gleich große Gruppen

vorliegen, dann können die Signifikanztests problemlos ohne die Prüfungen der beiden Modellvoraussetzungen durchgeführt und interpretiert werden (Begründung: Robustheit der Signifikanztests und zentraler Grenzwertsatz für die Normalverteilung).

b. Die Regeln 1 und 3 können optimal, aber die Regel 2 kann nicht ganz optimal eingehalten werden: Wenn $N < 30$ pro Gruppe und/oder nicht gleich große Gruppen liegen vor, aber die Werte N pro Gruppe noch relativ groß sind und die Unterschiedlichkeit der Gruppengrößen nicht zu hoch ausfällt, dann können die Signifikanztests noch relativ problemlos ohne die Prüfungen der beiden Modellvoraussetzungen durchgeführt und interpretiert werden (Begründung: Robustheit der Signifikanztests).

c. Wenn die Regeln 1 bis 3 nicht gut eingehalten werden können, insbesondere wenn bei Regel 2: $N < 30$ pro Gruppe und/oder nicht gleich große Gruppen vorliegen und die Werte N pro Gruppe relativ klein sind und/oder die Unterschiedlichkeit der Gruppengrößen relativ hoch ausfällt, dann könnten die Signifikanztests nur problematisch ohne die Prüfungen der beiden Modellvoraussetzungen durchgeführt und interpretiert werden.

Es wird dann besser entweder auf ein nichtparametrisches Verfahren zurückgegriffen (z.B. statt t-Test für unabhängige Stichproben besser U-Test oder statt t-Test für abhängige Stichproben besser Wilcoxon-Test) oder nur die entsprechende deskriptive Statistik durchgeführt (Begründung: Robustheit der Signifikanztests ist fragwürdig).

d. Wenn die Regeln 1 bis 3 nicht eingehalten werden können, insbesondere wenn bei Regel 2 $N < 5$ pro Gruppe ist, wird nur die entsprechende deskriptive Statistik durchgeführt (Begründung: Robustheit der Signifikanztests ist nicht gegeben).

2. Nicht-parametrische Verfahren (chi^2-Tests, U-Test, Vorzeichen-Test): Wenn die Regel 2 ($N \geq 5$ pro Gruppe) nicht eingehalten werden kann, wird nur die entsprechende deskriptive Statistik durchgeführt (Begründung: Robustheit der Signifikanztests ist nicht gegeben).

Stefanie: Mir fällt auf, dass die Bewertungsregel 5 für die *parametrischen Verfahren* unter den Punkten b) und c) keine eindeutigen Richtwerte festlegt.

Stevie: Das stimmt. Wir können hier im Grunde genommen nur sagen: Mit zunehmender Stichprobengröße N pro Gruppe und mit gleichzeitig zunehmender Übereinstimmung der Gruppengrößen können wir uns zunehmend auf die Robustheit der Signifikanztests verlassen. Für die Entscheidung, ob wir uns auf die Robustheit der Signifikanztests verlassen können und wollen, sollten daher in erster Linie die Stichprobengröße N pro Gruppe und die Unterschiedlichkeit der Gruppengrößen maßgeblich sein. Zusätzlich dürften aber auch die Einschätzungen über das mögliche Ausmaß der Verletzungen der Modellvoraussetzungen (Varianzhomogenität und Normalverteilung) und die möglicherweise stark subjektive Bedeutungsgewichtung dieser möglichen Verletzungen in diese Entscheidung mit einfließen können.

Deswegen empfehlen wir für entsprechende Situationen (Bewertungsregel 5, Punkte b) und c)) im Kontext von Bachelor- und Masterarbeiten *die Einschätzungen und die Bedeutungsgewichtungen möglicher Modellverletzungen* von dem Betreuer bzw. der Betreuerin der Arbeit in Erfahrung zu bringen und sich hierzu insgesamt möglichst gut abzusprechen.

🛈 Sprungmöglichkeit→

Literaturhinweise für den Umgang mit Modellvoraussetzungen

Stefanie: Ich habe noch eine weitere Frage: Was machen wir, wenn die *Bedeutungsgewichtungen möglicher Modellverletzungen* so hoch ausfallen, dass die Prüfungen der Modellvoraussetzungen (Varianzhomogenität und Normalverteilung) von dem Betreuer bzw. der Betreuerin der Bachelorarbeit oder Masterarbeit explizit verlangt wird oder diese Prüfungen im Kontext eines anspruchsvollen Forschungsprojektes zwingend eingefordert werden?

Stevie: Obwohl wir natürlich die von uns vorgeschlagene Strategie präferieren und einige der potenziellen Korrekturstrategien wie die Datentransformationen, die aus unserer Sicht immer stark mit dem *Problem der Interpretierbarkeit der resultierenden Werte* verbunden ist, und die Eliminierung von Ausreißern, bei der wir den Standpunkt vertreten *„Was gemessen wurde, das wurde tatsächlich gemessen und sollte nicht durch das Entfernen von problematischen Messwerten geschönt werden"*, recht kritisch betrachten, möchten wir hier ein paar weiterführende und vertiefende Literaturempfehlungen zu dieser Thematik geben:

— Von Andy Field (2009, S. 131-165) wird im ▶ Kap. 5 (Exploring assumptions) seines Buches *Discovering Statistics* die Durchführung der Modellprüfungen (Varianzhomogenität und Normalverteilung) anschaulich erläutert und es werden mögliche Korrekturstrategien für Modellverletzungen (Umgang mit Ausreißern, Transformation der Daten, usw.) aufgezeigt.

— Was alles mit den erhobenen Datensätzen vor den eigentlichen Hypothesenprüfungen angestellt werden kann (Schätzungen von fehlenden Messwerten, Behandlung von Ausreißermesswerten, Datentransformationen usw.), wird in dem Buch *Using multivariate statistics* von Barbara Tabachnick und Linda Fidell (2007, S. 60-116) im ▶ Kap. 4 (Cleaning up your act: screening data prior to analysis) ambitioniert ausgeführt.

— Im vierten Kapitel (Entdeckung und Beseitigung von Modellverstößen) des Buches *Regressionsanalyse: Theorie, Technik und Anwendung* von Dieter Urban und Jochen Mayerl (2011, S. 177-273) wird die Thematik der Modellvoraussetzungen für die Multiple Regressionsanalyse umfangreich abgehandelt.

— Im Buch *Einführung in die Inferenzstatistik* von Joerg Diehl und Roland Arbinger (2001, S. 369-373) wird anschaulich die begrenzte Prüfbarkeit der bivariaten Normalverteilungsannahme aufgezeigt.

🛈 ←Sprungmöglichkeit

chi²-Tests

© Springer-Verlag GmbH Deutschland, ein Teil von Springer Nature 2018
E. Kuhlmei, *Lerne mit uns Statistik!*, Springer-Lehrbuch, https://doi.org/10.1007/978-3-662-56082-2_9

Die chi²-Tests kommen bei Fragestellungen zur Anwendung, die sich auf *nominalskalierte Variablen* beziehen (◨ Abb. 9.1). Es wird geprüft, ob sich die Häufigkeiten in den verschiedenen Merkmalskategorien (bzw. in den Kombinationen von Merkmalskategorien) voneinander unterscheiden. Die Stichproben (N) müssen zumindest so groß sein, dass die jeweils zu erwarteten Häufigkeiten ≥ 5 (Basisvoraussetzung) sein können. Pro Kategorie (Gruppe) werden daher mindestens fünf Personen benötigt.

Der *eindimensionale chi²-Test* (mindestens $N \geq 10$) wird verwendet, wenn nur eine einzige nominalskalierte Variable mit mindestens zwei Stufen vorliegt und zwischen den Stufen keine Abhängigkeit besteht. Im ▸ Abschn. 9.1.1 ist das die nominalskalierte zweistufige Variable *Geschlecht* (x2). Im ▸ Abschn. 9.1.2 wird die nominalskalierte dreistufige Variable *Religionszugehörigkeit* (x4) verwendet.

Bei kleineren Stichproben ($N \leq 25$) kann im SPSS alternativ zum *eindimensionalen chi²-Test* mit zwei Stufen der *Binomial-Test* mit der Bestimmung der exakten Irrtumswahrscheinlichkeit p angewendet werden. Auf diese Möglichkeit werden wir aber nicht weiter eingehen.

Der *Vier-Felder-chi²-Test* (mindestens $N \geq 20$) kommt zum Einsatz, wenn wir es mit zwei zweistufigen nominalskalierten Variablen, jeweils ohne Abhängigkeit zwischen den beiden Stufen, zu tun haben. Im ▸ Abschn. 9.2.1 sind das die beiden nominalskalierten zweistufigen Variablen *Entspannungsfähigkeit* (x9) und *Sitzposition* (x15). Es wird hier nur das Verfahren verwendet, bei dem die Wahrscheinlichkeiten für die Stufenzugehörigkeiten in den Populationen nicht bekannt sind und diese Wahrscheinlichkeiten, basierend auf den Stichprobendaten, geschätzt werden. Im SPSS wird standardmäßig neben dem chi²-Test der *exakte Test nach Fisher* durchgeführt. Das eröffnet die Möglichkeit, hier stets ohne weiteren Aufwand die exakte Irrtumswahrscheinlichkeit p zu verwenden.

Beim *McNemar-chi²-Test* (mindestens $N \geq 10$) liegen ebenfalls zwei zweistufige nominalskalierte Variablen vor. Im Gegensatz zum Vier-Felder-chi²-Test besteht aber für eine der beiden Variablen eine Abhängigkeit (z.B. durch Messwiederholung) zwischen den beiden Stufen. Im ▸ Abschn. 9.3.1 sind das die beiden nominalskalierten zweistufigen Variablen *Entspannung* (Ja oder Nein) und der *Messzeitpunkt* (vor oder nach dem Treatment). Aus berechnungstechnischen Gründen wird die Information der Variablen *Messzeitpunkt* allerdings auf die folgende Art und Weise mit der Variablen *Entspannung* gekoppelt: Entspannung (vor) = x8 und Entspannung (nach) = x14.

Im SPSS wird unter der Option *McNemar-Test*, der chi²-Test von McNemar gar nicht wirklich durchgeführt, sondern es wird grundsätzlich der Binomial-Test basierend auf der

◨ **Abb. 9.1**   Stoffel mit Ski
zum Quadrat (chi²)

Binomial-Verteilung (auch für große Stichproben) angewendet, der dann allerdings immer zu den exakt berechneten Irrtumswahrscheinlichkeiten führt.

Prüfung der Voraussetzungen bei den chi²-Tests

In den von uns verwendeten Beispielen im ▶ Kap. 9 werden die drei Voraussetzungen der verschiedenen chi²-Tests (s. Bortz u. Schuster, 2010, S. 150)

a. Unabhängigkeit der Messwerte beim eindimensionalen chi²-Test und beim Vier-Felder-chi²-Test
b. nominalskalierte Variablen (das Kategoriensystem ist eindeutig definiert und vollständig, die Kategorien überschneiden sich nicht)
c. die erwarteten Häufigkeiten müssen größer gleich 5 sein

durchgehend erfüllt und werden deswegen in den folgenden Kapiteln (▶ Abschn. 9.1 bis ▶ Abschn. 9.3) jeweils im Punkt 7 des Ablaufplans nicht im Einzelnen besprochen.

9.1 Eindimensionaler chi²-Test

Stevie: Es gibt eine mehrstufige nominalskalierte Variable, durch die $p \geq 2$ verschiedene Gruppen (Gruppe 1, Gruppe 2, …, Gruppe p) ohne Abhängigkeiten festgelegt werden. Wenn $p > 2$ ist, können unmittelbar nur ungerichtete statistische Hypothesen geprüft werden. Nur für den Sonderfall $p = 2$ Gruppen können auch gerichtete Hypothesen direkt geprüft werden (▶ Abschn. 9.1.1).

🛈 Sprungmöglichkeit →

Im Folgenden werden wir hier daher nur die generellen ungerichteten statistischen Hypothesen für den eindimensionalen chi²-Test aufstellen.

Generelle ungerichtete statistische Hypothesen für den eindimensionalen chi²-Test

In der Nullhypothese H_0 wird davon ausgegangen, dass die Populationshäufigkeiten (f = frequency) für alle Gruppen gleich groß sind: $f_{Gruppe\ 1} = f_{Gruppe\ 2} = \ldots = f_{Gruppe\ p}$

Die Alternativhypothese H_1 behauptet dagegen, dass mindestens zwei Gruppen i und j existieren, bei denen sich die Populationshäufigkeiten unterscheiden:

$$f_{Gruppe\ i} \neq f_{Gruppe\ j}$$

🛈 ← Sprungmöglichkeit

9.1.1 Basisablauf

1) Fragestellung

Stoffel: Es geht um die Geschlechterverteilung im Psychologiestudium. Diese Thematik ist so einfach, dass wir sie nicht mehr in einzelne Bestandteile zu zerlegen brauchen.

2) Wissenschaftliche Hypothese (WH)

> **Stefanie:** Ich vermute, dass es insgesamt mehr Frauen (F) als Männer (M) in der Population der Psychologiestudierenden gibt, weil Frauen grundsätzlich sozial engagierter und sozial interessierter als Männer sind.

3) Statistische Hypothesen (SH)

> **Stevie:** Aus dieser wissenschaftlichen Hypothese wird für die Variable *Geschlecht* (x2) die gerichtete Alternativhypothese H_1 abgeleitet: $f_F > f_M$ (f = frequency ist die Populationshäufigkeit). Komplementär zu dieser H_1 lautet die Nullhypothese $H_0 : f_F \leq f_M$.

4) Versuchsplanung

Stefanie: Weil aus der wissenschaftlichen Hypothese die Alternativhypothese abgeleitet wurde, können wir sinnvollerweise ein Signifikanzniveau von $\alpha = 5\% = 0{,}05$ wählen.

Es wurden N = 66 Psychologiestudierende aus dem zweiten Semester in Fribourg untersucht.

ⓘ Sprungmöglichkeit →

Wenn wir nach der Konvention von Cohen (1988, S. 225) von einer mittleren Effektgröße w = 0,3 ausgehen, dann liegt die Teststärke (nach der Interpolation) bei 0,79 (Cohen 1988, S. 242, Tab. 7.3.29).

Hinweis: Wir vertreten hier eine gerichtete Alternativhypothese. In der Tabelle von Cohen wird aber von ungerichteten Hypothesen ausgegangen. Deswegen ist für den Tabellenwert unser α-Wert von 5% auf 10% zu verdoppeln.

Alternativ könnte die Teststärkeanalyse hier auch über den Vorzeichentest durchgeführt werden. Wenn wir dabei nach der Konvention von Cohen (1988, S. 148) von einer mittleren Effektgröße g = 0,15 ausgehen, dann liegt die Teststärke (nach der Interpolation) bei 0,81 (Cohen 1988, S. 155, Tab. 5.3.2).

Hinweis: Die Teststärke fällt hier vergleichsweise etwas höher aus, weil ein etwas höheres α-Niveau (zwischen 0,052 und 0,057) zugrunde gelegt werden muss.

ⓘ ← Sprungmöglichkeit

5) Datenerhebung und Datentabelle

Stevie: Ich hatte es vollkommen vergessen (▶ Abschn. 8.4), dann habe ich aber den ▶ Abschn. 4.3 und das ▶ Kap. 6 unserer Anleitung nochmal durchgelesen. Wir haben dort bereits die Datentabelle erstellt und können nun getrost darauf zurückgreifen.

6) Stichprobenergebnisse bzw. SPSS-Ergebnisse

Stoffel: Im ▶ Abschn. 4.3.3 in ◼ Tab. 4.7 hatten wir bereits die Häufigkeiten bestimmt: Es gibt 10 Männer und 56 Frauen.

7) Vorbetrachtung und Betrachtung der Voraussetzungen

▪▪ Vorbetrachtung

Stefanie: Wenn unsere Nullhypothese gültig wäre, dann würden wir für unsere Stichprobe mindestens 33 Männer und maximal 33 Frauen zu erwarten haben. Die Stichprobenergebnisse (10 Männer und 56 Frauen) 10 < 56 sprechen somit gegen die Nullhypothese und für die Alternativhypothese.

▪▪ Betrachtung der Voraussetzungen

Die Voraussetzungen für den chi²-Test (s.o.) sind erfüllt. Es geht weiter im Ablaufschema.

8) Empirische Prüfgröße und Irrtumswahrscheinlichkeit p

Stevie: Jetzt wird der eindimensionale chi²-Test mit dem SPSS durchgeführt (◘ Abb. 9.2).

Stoffel: Bitte Speichern und Drucken den SPSS - Ergebnisse nicht vergessen.

Stevie: In der ◘ Tab. 9.1 sind die beobachteten und die erwarteten Häufigkeiten (Nullhypothese: Gleichverteilung in den beiden Kategorien) angegeben. Die Differenzen zwischen den beobachteten und den erwarteten Häufigkeiten, die in der SPSS-Ausgabe auch noch angegeben werden, die wir aber nicht benötigen, habe ich weggelassen.

Schritt 1	
Handlungen:	Die SPSS-Datei mit dem Dateinamen *Fragebogen* starten.
Auswirkungen:	SPSS-Bildschirm: *Datenansicht* mit der Datentabelle (N = 66 für x1 bis x22) ist reaktiviert.

Schritt 2	
Handlungen:	1) In der Menüleiste *Analysieren* anklicken. 2) In dem dadurch entstandenen ersten Untermenü *Nichtparametrische Tests* anvisieren, in dem zweiten entstandenen Untermenü *Alte Dialogfelder* anvisieren und in dem nächsten entstandenen Untermenü *Chi-Quadrat...* anklicken.
Auswirkungen:	Eine Dialogbox *Chi-Quadrat-Test* hat sich geöffnet.

Schritt 3	
Handlungen:	1) In dem linken Variablenfeld die Variable *x2* (Geschlecht) markieren. Dann den *Pfeil in der Mitte* anklicken, damit die Variable x2 in das Feld *Testvariablen* übertragen wird. 2) Den *OK-Button* links unten anklicken.
Auswirkungen:	Das Ausgabefenster mit den Ergebnissen wird angezeigt.

◘ **Abb. 9.2** Eindimensionaler chi²-Test - SPSS-Schema 7

◘ Tab. 9.1	Beobachtete und erwartete Häufigkeiten für das Geschlecht	
Geschlecht = x2		
Messwert	**Beobachtete Häufigkeit**	**Erwartete Häufigkeit**
1 = weiblich	56	33
2 = männlich	10	33
Gesamt N:	66	

◘ Tab. 9.2	Prüfgröße, Freiheitsgrad und Irrtumswahrscheinlichkeit für den eindimensionalen chi²-Test
Geschlecht = x2	
Chi-Quadrat	32,061
df	1
Asymptotische Signifikanz (Irrtumswahrscheinlichkeit für ungerichtete Hypothesen)	0,000

9

Stoffel: Das ist jetzt nicht wirklich etwas Neues (◘ Tab. 9.1).

Stefanie: Stimmt. Wir können das aber gut als eine kleine Kontrollmöglichkeit ansehen. Offensichtlich ist alles bestens, die Analyse wird mit den richtigen Daten durchgeführt. Die zweite SPSS-Ergebnisausgabetabelle ist dagegen von entscheidender Bedeutung. In der ◘ Tab. 9.2 haben wir die für uns wichtigen Punkte dazu eingetragen.

Stevie: In der ersten Zeile ist die empirische Prüfgröße chi^2_{emp} = 32,061 angegeben.

Der Freiheitsgrad (df = degree of freedom) = Anzahl der Stufen - 1 = 2 - 1 = 1, wird nicht weiter benötigt.

Da wir hier eine gerichtete Alternativhypothese vertreten, muss der Wert 0,000 (in ◘ Tab. 9.2) noch halbiert werden. Die Irrtumswahrscheinlichkeit für unsere gerichtete Hypothese beträgt somit:

$$p = \frac{0,000}{2} = 0,000.$$

9) Entscheidung

Stefanie: Weil p < α (0,000 < 0,05) ist, wird die Nullhypothese abgelehnt.

10) Ergebnisdarstellungen, Interpretation und Diskussion

Stevie: Die Interpretation unseres Befundes lautet:

Der durchgeführte chi²-Test wurde signifikant (chi^2_{emp} = 32,061, p < 0,000). Damit hat sich unsere Vermutung, dass es mehr Frauen (F) als Männer (M) in der Population der Psychologiestudierenden gibt, (vorläufig) bewährt.

Auf die einzelnen Ergebnisdarstellungen und auf die Diskussion werden wir hier nicht weiter eingehen.

Mit der zusätzlichen Bestimmung und Darstellung des geschätzten Stichprobeneffektes

$$w = \sqrt{\frac{chi^2}{N}} = \sqrt{\frac{32{,}061}{66}} = 0{,}697\,.$$

können wir versuchen, noch etwas mehr Glanz in unseren Interpretationsbefund einzubauen:

Der durchgeführte chi²-Test wurde signifikant (chi²$_{emp}$ = 32,061, p < 0,000). Nach der Konvention von Cohen (1988, S. 225) liegt dabei ein sehr hoher geschätzter Stichprobeneffekt von w = 0,697 vor. Damit hat sich unsere Vermutung, dass es mehr Frauen (F) als Männer (M) in der Population der Psychologiestudierenden gibt, (vorläufig) bewährt.

9.1.2 Ergänzungen

9.1.2.1 Ungerichtete Hypothesen

Stefanie: Wenn wir von der ungerichteten Vermutung (WH), es besteht ein Unterschied in den Häufigkeiten bei den Frauen und den Männern in der Population der Psychologiestudierenden, ausgehen würden, müssten wir folgendes ändern:

a. Alternativhypothese H_1: $f_F \neq f_M$ (f = frequency ist die Populationshäufigkeit) und Nullhypothese H_0: $f_F = f_M$ (Punkt 3).
b. Bei der Versuchsplanung (Punkt 4) verringert sich die Teststärke bei den ansonsten gleichbleibenden Bedingungen (α = 5 %, N = 66 und mittlere Effektgröße w = 0,3) auf den interpolierten Wert von 0,68 (Cohen, 1988, S. 235, Tab. 7.3.15).
c. Bei der Vorbetrachtung (Punkt 7) wird nur noch geprüft, ob sich in der Stichprobe die Anzahl der Männer von der Anzahl der Frauen unterscheidet. Wenn das so wie hier (10 ≠ 56) der Fall ist, spricht das tendenziell gegen die Nullhypothese und das Ablaufschema wird fortgesetzt.
d. Aus ◻ Tab. 9.2 wird direkt die Irrtumswahrscheinlichkeit p = 0,000 entnommen (Punkt 8).

Stevie: Wenn wir von der ungerichteten Vermutung (WH), dass *kein* Unterschied in den Häufigkeiten bei den Frauen und den Männern in der Population der Psychologiestudierenden besteht, ausgehen würden, wäre Folgendes zu adaptieren:

a. Alternativhypothese H1: $f_F \neq f_M$ (f = frequency ist die Populationshäufigkeit) und Nullhypothese H_0: $f_F = f_M$ (Punkt 3).
b. Weil in diesem Fall aus der WH die H_0 abgeleitet wird, müssen wir in der Versuchsplanung (für eine strenge Prüfung) das Signifikanzniveau α auf 20 % (= 0,2) legen (Punkt 4).

🛈 Sprungmöglichkeit →

In den chi^2-Teststärketabellen von Cohen (1988, S. 228-248) fehlen die Angaben für dieses Signifikanzniveau. Da mit höherem α-Niveau unter ansonsten gleichen Bedingungen ($N = 66$ und mittlerer Effektgröße $w = 0,3$) die Teststärke vergleichsweise ansteigt, können wir davon ausgehen, dass in diesem Fall die Teststärke größer als 0,79 ist (Cohen, 1988, S. 242, Tab. 7.3.29).

ⓘ ← Sprungmöglichkeit

c. Bei der Vorbetrachtung (Punkt 7) wird nur noch geprüft, ob sich in der Stichprobe die Anzahl der Männer von der Anzahl der Frauen unterscheidet. Wenn das so wie hier (10 $\neq$ 56) der Fall ist, spricht das tendenziell gegen die Nullhypothese und das Ablaufschema wird fortgesetzt.
d. Aus ◻ Tab. 9.2 wird direkt die Irrtumswahrscheinlichkeit $p = 0,000$ entnommen (Punkt 8).

9.1.2.2 Dreistufige nominalskalierte Variable

Stefanie: Ich werde hier noch kurz ein Beispiel mit einer dreistufigen nominalskalierten Variablen skizzieren.

a. Meine ungerichtete wissenschaftliche Hypothese (Punkt 2) lautet: Es besteht ein Unterschied in den Häufigkeiten bei den drei Religionsgruppen Katholisch (K), Protestantisch (P) und Restkategorie (R) in der Population der Psychologiestudierenden.
b. $H_1: f_K \neq f_P$ oder $f_K \neq f_R$ oder $f_P \neq f_R$ (f = frequency ist die Populationshäufigkeit). $H_0: f_K = f_P = f_R$ (Punkt 3).
c. Weil in diesem Fall aus der WH die H_1 abgeleitet wird, setzen wir in der Versuchsplanung das Signifikanzniveau α auf 5 % = 0,05 (Punkt 4).

ⓘ Sprungmöglichkeit →

Wenn wir nach der Konvention von Cohen (1988, S. 225) von einer großen Effektgröße $w = 0,5$ ausgehen, dann liegt die Teststärke (nach der Interpolation) bei 0,96 (Cohen, 1988, S. 235, Tab. 7.3.16).

Hinweis: Wenn wir nach der Konvention von Cohen (1988, S. 225) von einer mittleren Effektgröße $w = 0,3$ ausgehen würden, dann würde die Teststärke (nach der Interpolation) nur bei 0,58 (Cohen, 1988, S. 235, Tab. 7.3.16) liegen.

ⓘ ← Sprungmöglichkeit

d. Mit dem SPSS bekommen wir die folgenden Ergebnistabellen (Punkte 6 bis 9; ◻ Tab. 9.3, ◻ Tab. 9.4).

e. Die beobachteten Häufigkeiten in ◻ Tab. 9.3 sprechen tendenziell für die H_1 (Punkt 7)

◘ **Tab. 9.3**   Beobachtete und erwartete Häufigkeiten für die Religionszugehörigkeit

Religionszugehörigkeit = x4		
Messwert	Beobachtete Häufigkeit	Erwartete Häufigkeit
1 = Katholisch	30	22
2 = Protestantisch	17	22
3 = Restkategorie	19	22
Gesamt N:	66	

◘ **Tab. 9.4**   Prüfgröße, Freiheitsgrad und Irrtumswahrscheinlichkeit für den eindimensionalen chi²-Test mit einer dreistufigen Variablen

Religionszugehörigkeit = x4	
Chi-Quadrat	4,455
df	2
Asymptotische Signifikanz (Irrtumswahrscheinlichkeit für ungerichtete Hypothesen)	0,108

f. Die Irrtumswahrscheinlichkeit für unsere ungerichtete Hypothese ist p = 0,108. Da p > α (0,108 > 0,05) wird die Nullhypothese (vorläufig) beibehalten (Punkte 8 und 9; ◘ Tab. 9.4).

Mit der zusätzlichen Bestimmung des geschätzten Stichprobeneffektes

$$w = \sqrt{\frac{chi^2}{N}} = \sqrt{\frac{4,455}{66}} = 0,26.$$

erhalten wir hier nach der Konvention von Cohen (1988, S. 225) einen fast mittelgroßen Effekt.

9.2   Vier-Felder-chi²-Test (mit geschätzten Wahrscheinlichkeiten)

Stevie: Es gibt zwei zweistufige nominalskalierte (dichotome) Variablen (jeweils ohne Abhängigkeiten zwischen den beiden Stufen).

Hinweis: Alternativ kann und sollte besser auch der Fisher-Test (► Abschn. 9.2.2) durchgeführt werden.

ⓘ Sprungmöglichkeit →

Generelle ungerichtete statistische Hypothesen für den Vier-Felder-chi^2-Test
In der Nullhypothese H_0 wird davon ausgegangen, dass kein stochastischer Zusammenhang zwischen den beiden dichotomen Variablen in der Population besteht.
Die Alternativhypothese H_1 behauptet dagegen, dass ein stochastischer Zusammenhang zwischen den beiden dichotomen Variablen in der Population besteht.

🛈 ← Sprungmöglichkeit

9.2.1 Basisablauf

1) Fragestellung

Stoffel: Ist euch schon einmal aufgefallen, dass in den verschiedenen Vorlesungen (eines Semesters) immer wieder die gleichen Personen in den vorderen oder in den hinteren Sitzreihen anzutreffen sind? Ich habe mich schon manchmal gefragt: Was sind das für Studierende, die meistens in den vordersten Reihen sitzen, und was charakterisiert die Studierenden, die meistens in den hinteren Sitzreihen zu finden sind?

Stefanie: Das bringt uns zu der folgenden Fragestellung: Gibt es einen Zusammenhang zwischen den von Studierenden gewählten Sitzpositionen im Hörsaal einerseits und dem Alter, der Entspannungsfähigkeit, dem Geschlecht, der Nationalität, der Religionszugehörigkeit usw. der Studierenden andererseits?

Stevie: Ausgezeichnet, aber wir müssen uns an dieser Stelle für eine einzelne Fragestellung aus diesem Komplex entscheiden.

Stoffel: Personen, die sich meistens gut entspannen können, so wie ich, verhalten sich meiner Ansicht nach in vielen Situationen anders als Personen, die das nicht so gut können. Sie sind meistens ruhiger und freundlicher und mir auch viel sympathischer. Vielleicht hat es auch einen Einfluss auf die Wahl der Sitzposition im Hörsaal.

Stefanie: So richtig entspannt bist du doch eigentlich erst nach zwei oder drei Weizenbierchen. Aber gut, beschränken wir uns hier auf die gewählte Sitzposition im Hörsaal und die Entspannungsfähigkeit bei den Psychologiestudierenden.

2) Wissenschaftliche Hypothese (WH)

Stoffel: Ich vermute, dass Personen, die sich, so wie ich, meistens gut entspannen können, eher in eine der hinteren Sitzreihen setzen werden, um dort angstfrei und entspannt die Vorlesungen gut überstehen zu können. Personen, die sich nicht so gut entspannen können, werden vermutlich eher ein wenig ängstlich und angespannt einen Sitzplatz möglichst weit vorne auswählen.

Stefanie: Da bin ich aber absolut anderer Meinung! Ich glaube, entspanntere Personen haben vergleichsweise weniger Mühe und Angst davor, vorne zu sitzen und können besser die gesamte Vorlesung aufmerksam und interessiert verfolgen als weniger entspannte Personen. Was meinst du, Stevie?

Stevie: Ich finde, damit kommen wir ganz klar zu einer *ungerichteten* WH: Wir vermuten, dass es einen Zusammenhang zwischen der Entspannungsfähigkeit (Ja oder Nein) und der Wahl der Sitzposition (vorne oder hinten) für die Population der Psychologiestudierenden gibt. Zur theoretischen Erklärung dieses Zusammenhangs könnten psychologische Konzepte, wie zum Beispiel die Angst und die Leistungsmotivation der Studierenden, herangezogen werden.

3) Statistische Hypothesen (SH)

Stefanie: Aus dieser wissenschaftlichen Hypothese wird die ungerichtete Alternativhypothese H_1 abgeleitet: Zwischen den beiden zweistufigen Variablen Entspannungsfähigkeit (x9) und Sitzposition (x15) besteht ein stochastischer Zusammenhang in der Population der Psychologiestudierenden.

Komplementär zu dieser H_1 lautet die Nullhypothese H_0: Zwischen den beiden zweistufigen Variablen Entspannungsfähigkeit (x9) und Sitzposition (x15) besteht kein stochastischer Zusammenhang in der Population der Psychologiestudierenden.

Die stochastische Unabhängigkeit zwischen den beiden dichotomen Variablen könnte auch ganz präzise mithilfe von mathematischen Gleichungen über die Produkte der Stufenwahrscheinlichkeiten dieser Merkmale dargestellt werden.
Stoffel: Darauf können wir von mir aus verzichten.

4) Versuchsplanung

Stefanie: $\alpha = 5\% = 0{,}05$, weil aus der WH die H_1 folgt.

Es wurden N = 66 Psychologiestudierende aus dem zweiten Semester in Fribourg untersucht. Es liegen bei dieser Fragestellung aber nur die Messwerte für N = 64 Personen vor.

ⓘ Sprungmöglichkeit →

Wenn wir nach der Konvention von Cohen (1988, S. 225) von einer mittleren Effektgröße w = 0,3 ausgehen, dann liegt die (für N = 64) interpolierte Teststärke bei 0,67 (Cohen, 1988, S. 235, Tab. 7.3.15).

ⓘ ← Sprungmöglichkeit

5) Datenerhebung und Datentabelle

In ▶ Abschn. 4.3 und ▶ Kap. 6 haben wir bereits die Datentabelle erstellt, die wir nun verwenden werden.

6) Stichprobenergebnisse bzw. SPSS Ergebnisse

Stevie: Mit dem SPSS-Schema 8 folgt die Erläuterung, wie der Vier-Felder-chi²-Test mit dem SPSS durchgeführt wird (◘ Abb. 9.3).

Schritt 1	
Handlungen:	Die SPSS-Datei mit dem Dateinamen *Fragebogen* starten.
Auswirkungen:	SPSS-Bildschirm: *Datenansicht* mit der Datentabelle (N = 66 für x1 bis x22) ist reaktiviert.

Schritt 2	
Handlungen:	1) In der Menüleiste *Analysieren* anklicken.
	2) In dem dadurch entstandenen ersten Untermenü *Deskriptive Statistiken* anvisieren und in dem zweiten entstandenen Untermenü *Kreuztabellen...* anklicken.
Auswirkungen:	Eine Dialogbox *Kreuztabellen* hat sich geöffnet.

Schritt 3	
Handlungen:	1) In dem linken Variablenfeld die Variable *x9* (Entspannungsfähigkeit) markieren. Dann den *Pfeil* (links neben dem Zeilenfeld) anklicken, damit die Variable x9 in das Feld *Zeile(n)* übertragen wird.
	2) In dem linken Variablenfeld die Variable *x15* (Sitzposition) markieren. Dann den *Pfeil* (links neben dem Spaltenfeld) anklicken, damit die Variable x9 in das Feld *Spalten* übertragen wird.
	3) Den Button *Statistiken...* (rechts oben) anklicken.
Auswirkungen:	1) und 2) In der Dialogbox *Kreuztabellen* sind die Variablen x9 (als Zeilenvariable) und x15 (als Spaltenvariable) zur weiteren Bearbeitung ausgewählt.
	3) Eine Dialogbox *Kreuztabellen: Statistik* hat sich geöffnet.

Schritt 4	
Handlungen:	1) Das Kästchen Chi-Quadrat (links oben) anklicken.
	2) Den Button *Weiter* (unten) anklicken.
Auswirkungen:	1) Der Vier-Felder-chi²-Test wurde ausgewählt.
	2) Die Dialogbox *Kreuztabellen* ist wieder aktiviert.

Schritt 5	
Handlungen:	Den *OK-Button* (links unten) anklicken.
Auswirkungen:	Das Ausgabefenster mit den Ergebnissen wird angezeigt.

◻ **Abb. 9.3**   Vier-Felder-chi²-Test - SPSS-Schema 8

Stoffel: Speichern und Drucken nicht vergessen.

Stevie: Im ersten Teil der SPSS-Ergebnisausgabe erhalten wir zunächst eine Tabelle mit Informationen zu der Anzahl der verarbeiteten Fälle, die wir hier weglassen können.

Dann folgen die relevanten Häufigkeiten der beiden zweistufigen Variablen x9 und x15, die wir in die ◻ Tab. 9.5 eingetragen haben.

◨ **Tab. 9.5**   Beobachtete Häufigkeiten für die Variablen x9 und x15

Beobachtete Häufigkeiten	Sitzposition = x15			
Entspannungsfähigkeit = x9		**1 = vorne**	**2 = hinten**	**Gesamt**
	1 = Ja	29	22	51
	2 = Nein	3	10	13
	Gesamt	32	32	64

Stefanie: Zwei Personen haben bei den Variablen x9 und x15 keine Messwerte angegeben, dementsprechend haben wir insgesamt 64 Messwerte.

51 Personen können sich insgesamt meistens gut entspannen und für nur 13 Personen trifft das nicht zu (Zeilensummen). Das ist doch sehr erfreulich.

Es sitzen 32 Personen vorne und 32 Personen hinten (Spaltensummen). Das ist ja sehr schön gleich verteilt.

Von den 51 Personen, die sich meistens gut entspannen können, sitzen 29 Personen, das ist etwas mehr als die Hälfte, vorne und 22 Personen, das ist etwas weniger als die Hälfte, hinten.

Bei den 13 Personen, die sich meistens nicht gut entspannen können, ist es genau umgekehrt: Es sitzen nur 3 Personen, das ist etwas weniger als die Hälfte, vorne und 10 Personen, das ist etwas mehr als die Hälfte, hinten.

So ein Ergebnis hatte ich im Prinzip erwartet.

Stoffel: Leider entspricht das nicht so ganz meinen Vorstellungen.

7) Vorbetrachtung und Betrachtung der Voraussetzungen

Vorbetrachtung

Stevie: Die erwarteten Häufigkeiten, unter der Annahme der Gültigkeit der Nullhypothese (stochastische Unabhängigkeit zwischen x9 und x15), können ebenfalls mit dem SPSS bestimmt werden.

In dem SPSS-Schema 8 müssen dafür zwischen Schritt 4 und Schritt 5 die Zusatz-Schritte 4a und 4b eingebaut werden (◨ Abb. 9.4).

Stevie: Damit bekommen wir die ◨ Tab. 9.6 mit den beobachteten und den erwarteten Häufigkeiten für x9 und x15. Die Gesamtwerte werden nicht benötigt.

Stevie: Bei *ungerichteten Hypothesen* werden wir praktisch so gut wie nie Ergebnisse erhalten, die exakt mit den erwarteten Werten der Nullhypothese übereinstimmen.

Stefanie: Die beobachteten Häufigkeiten stimmen auch hier nicht genau mit den erwarteten Häufigkeiten über ein. Somit sprechen die Ergebnisse gegen die Nullhypothese und für die Alternativhypothese.

Schritt 4	
Handlungen:	1) Das Kästchen Chi-Quadrat (links oben) anklicken. 2) Den Button *Weiter* (rechts unten) anklicken.
Auswirkungen:	1) Der Vier-Felder-chi²-Test wurde ausgewählt. 2) Die Dialogbox *Kreuztabellen* ist wieder aktiviert.

Schritt 4a	
Handlungen:	Den Button *Zellen...* (rechts oben) anklicken.
Auswirkungen:	3) Eine Dialogbox *Kreuztabellen: Zellen anzeigen* hat sich geöffnet.

Schritt 4b	
Handlungen:	1) Das Kästchen *Erwartet* (unterhalb von Häufigkeiten - Beobachtet) anklicken. 2) Den Button *Weiter* (links unten) anklicken.
Auswirkungen:	1) Es werden zusätzlich die erwarteten Häufigkeiten für die Variablen x9 und x15 ermittelt. 2) Die Dialogbox *Kreuztabellen* ist wieder aktiviert.

Schritt 5	
Handlungen:	Den *OK-Button* (links unten) anklicken.
Auswirkungen:	Das Ausgabefenster mit den Ergebnissen wird angezeigt.

9

◘ **Abb. 9.4**   Vier-Felder-chi²-Test - SPSS-Teilschema 8 (erwartete Häufigkeiten)

◘ **Tab. 9.6**   Beobachtete und erwartete Häufigkeiten für die Variablen x9 und x15

Häufigkeiten	Sitzposition = x15		
Entspannungsfähigkeit = x9	**1 = vorne**	**2 = hinten**	**Gesamt**
1 = Ja			
Beobachtet:	29	22	
Erwartet:	25,5	25,5	
2 = Nein			
Beobachtet:	3	10	
Erwartet:	6,5	6,5	
Gesamt			

◼ **Tab. 9.7** Prüfgröße, Freiheitsgrad und Irrtumswahrscheinlichkeit für den Vier-Felder-chi²-Test

(Entspannungsfähigkeit = x9) × (Sitzposition = x15)	
Chi-Quadrat	4,730
df	1
Asymptotische Signifikanz (Irrtumswahrscheinlichkeit für ungerichtete Hypothesen)	0,030

■ ■ **Betrachtung der Voraussetzungen**

Die Voraussetzungen für den chi²-Test (s.o.) sind erfüllt.

Es geht weiter im Ablaufschema.

8) Empirische Prüfgröße und Irrtumswahrscheinlichkeit p

Stevie: Im dritten Teil der SPSS Ergebnisausgabe, die wir durch die Prozeduren des SPSS-Schema 8 erzeugt haben, werden u.a. die Resultate für den chi²-Test angegeben, auf die wir uns hier zunächst einmal konzentrieren wollen. Bitte unbedingt die Ergänzungen im ▶ Abschn. 9.2.2 beachten, die die mit dieser Vorgehensweise verbundenen, möglicherweise erheblichen Probleme aufzeigen.

Stevie: In der ersten Zeile (◼ Tab. 9.7) ist die empirische Prüfgröße $chi^2_{emp} = 4,730$ angegeben.

Der Freiheitsgrad (df = degree of freedom) = 1 wird nicht weiter benötigt.

Da wir hier eine ungerichtete Alternativhypothese vertreten, können wir die Irrtumswahrscheinlichkeit p = 0,030 direkt aus der ◼ Tab. 9.7 entnehmen.

In der SPSS-Ausgabe steht übrigens in der Ergebnistabelle anstelle von "Irrtumswahrscheinlichkeit für ungerichtete Hypothesen" die Angabe "zweiseitig", was wir hier als gleichwertig auffassen können.

9) Entscheidung

Stefanie: Weil p < α (0,030 < 0,05) ist, wird die Nullhypothese abgelehnt. Hierzu bitte unbedingt ▶ Abschn. 9.2.2 beachten.

10) Ergebnisdarstellungen, Interpretation und Diskussion

Stevie: Die Interpretation unseres Befundes lautet:

Der durchgeführte chi²-Test wurde signifikant ($chi^2_{emp} = 4,730$, p = 0,030). Damit hat sich unsere ungerichtete Vermutung, es gibt einen Zusammenhang zwischen der Entspannungsfähigkeit (Ja oder Nein) und der Wahl der Sitzposition (vorne oder hinten) für die Population der Psychologiestudierenden, (vorläufig) bewährt.

Die Analyse der beobachteten Häufigkeiten zeigt an, dass entspannungsfähigere Personen eher *vorne* sitzen und weniger entspannungsfähige Personen eher *hinten*. In der nächsten Untersuchung (mit einem neuen Datensatz) würden wir hierzu dann entsprechende *gerichtete Hypothesen* aufstellen und prüfen können.

Auf die einzelnen Ergebnisdarstellungen und auf die Diskussion werden wir hier nicht weiter eingehen.

Mit der zusätzlichen Bestimmung und Darstellung des geschätzten Stichprobeneffektes

$$w = \sqrt{\frac{chi^2}{N}} = \sqrt{\frac{4,73}{64}} = 0,27 \, .$$

lautet unser Interpretationsbefund folgendermaßen:

Der durchgeführte chi²-Test wurde signifikant (chi²$_{emp}$ = 4,73, p < 0,030). Nach der Konvention von Cohen (1988, S. 225) liegt dabei ein mittlerer geschätzter Stichprobeneffekt von w = 0,27 vor. Damit hat sich unsere ungerichtete Vermutung, es gibt einen Zusammenhang zwischen der Entspannungsfähigkeit (Ja oder Nein) und der Wahl der Sitzposition (vorne oder hinten) für die Population der Psychologiestudierenden, (vorläufig) bewährt.

9

9.2.2 Ergänzungen

Stefanie: Bei der Angabe der Irrtumswahrscheinlichkeit p finde ich den Begriff „asymptotische Signifikanz" ziemlich beunruhigend. Wenn ich es recht verstehe, erhalten wir nur einen angenäherten Wert an die exakt richtige Irrtumswahrscheinlichkeit. Möglicherweise ist aber dann unsere Entscheidung (bei Punkt 9) eine Fehlentscheidung.

Stoffel: Davon möchte ich lieber nichts hören.

Stevie: Solltest du aber. Stefanie hat vollkommen recht: Der chi²-Test liefert uns nur eine annäherungsweise richtige Irrtumswahrscheinlichkeit. Mit zunehmend großen Stichproben wird die Annäherung an den richtigen Wert allerdings immer besser werden. Wenn wir mehr als 500 Personen haben, werden diese Abweichungen verschwindend klein sein.

Stoffel: Wir haben hier aber nur N = 64 Personen. Was nun?

Stevie: Ich habe folgenden Vorschlag:

a. Wenn wir genügend große Stichproben haben (N > 500), dann können wir genauso, wie wir es im ▶ Abschn. 9.2.1 für den chi²-Test beschrieben haben, vorgehen.

b. Wenn wir eine Fehlentscheidung möglichst sicher vermeiden wollen, dann sollten wir bei kleineren Stichproben immer die ❒ Tab. 9.7 mit der SPSS-Ergebnisausgabe für den *Exakten Test nach Fisher* wie in ❒ Tab. 9.8 ergänzen.

In unserem Anwendungsfall erhalten wir nun eine exakte Irrtumswahrscheinlichkeit p = 0,060 (für unsere ungerichtete Hypothese).

Weil p > α (0,06 > 0,05) ist, wird die Nullhypothese (vorläufig) beibehalten (Punkt 9).

Unsere ungerichtete Vermutung, es gibt einen Zusammenhang zwischen der Entspannungsfähigkeit (Ja oder Nein) und der Wahl der Sitzposition (vorne oder hinten) für die Population der Psychologiestudierenden, hat sich (vorläufig) nicht bewährt (Punkt 10).

Im ▶ Abschn. 9.2.1 kam es also bei den Punkten 9 und 10 zu einer Fehlentscheidung!

❏ **Tab. 9.8** Prüfgröße, Freiheitsgrad und Irrtumswahrscheinlichkeiten für den Vier-Felder-chi²-Test und für den Exakten Test nach Fisher

(Entspannungsfähigkeit = x9) ×(Sitzposition = x15)					
	Wert chi^2_{emp}	df	Asymptotische Signifikanz (Irrtumswahrscheinlichkeit für ungerichtete Hypothesen)	Exakte Signifikanz (Irrtumswahrscheinlichkeit für ungerichtete Hypothesen)	Exakte Signifikanz (Irrtumswahrscheinlichkeit für gerichtete Hypothesen)
Vier-Felder-chi²-Test	4,730	1	0,030		
Exakter Test nach Fisher				0,060	0,030

Stefanie: Ich hatte es geahnt. Da uns das SPSS hier standardmäßig die exakten Irrtums-wahrscheinlichkeiten (nach Fisher) liefert, werde ich diese auch in Zukunft in den entspre-chenden Fällen verwenden.

Stevie: Im Grunde genommen wenden wir dann gar nicht den approximativen *Vier-Felder-chi²-Test* an, sondern den *Exakten Test nach Fisher*.

9.3 McNemar-chi²-Test (Binomial-Test)

Stevie: Es gibt eine zweistufige nominalskalierte (dichotome) Variable 1 (mit Abhängigkeit zwischen den beiden Stufen: Messwiederholung mit den beiden Messzeitpunkten 1 und 2) und eine zweite zweistufige nominalskalierte (dichotome) Variable 2 (ohne Abhängigkeit zwischen den beiden Stufen: Stufe 1 und Stufe 2).

Beim McNemar-Test werden nur die Personen (Objekte) berücksichtigt, bei denen es zu einer *Veränderung* vom ersten Messzeitpunkt zum zweiten Messzeitpunkt (Variable 1) auf der Variablen 2 kommt.

Es gibt zwei *Veränderer*-Gruppen:
- In der Gruppe 1 sind die Personen enthalten, die von Messzeitpunkt 1 zu Messzeitpunkt 2 (Variable 1) von *Stufe 1* nach *Stufe 2* auf der Variablen 2 wechseln.
- In der Gruppe 2 sind die Personen enthalten, die von Messzeitpunkt 1 zu Messzeitpunkt 2 (Variable 1) von *Stufe 2* nach *Stufe 1* auf der Variablen 2 wechseln.

Stefanie: Damit habe ich ziemliche Verständnisschwierigkeiten.

Stevie: Bitte habe etwas Geduld, wir stellen nur noch schnell die generellen statistischen Hypothesen hierzu auf und anschließend wird der ganze Vorgang im ▶ Abschn. 9.3.1 mit einem konkreten Beispiel (mit gerichteten Hypothesen) sofort viel verständlicher.

ⓘ Sprungmöglichkeit →

> **Generelle ungerichtete statistische Hypothesen für den McNemar-chi²-Test (Binomial-Test)**
>
> In der Nullhypothese H_0 wird davon ausgegangen, dass die Populationshäufigkeiten (f = frequency) der beiden Veränderer-Gruppen gleich groß sind: $f_{Gruppe\ 1} = f_{Gruppe\ 2}$
> Die Alternativhypothese H_1 behauptet dagegen, dass die Populationshäufigkeiten (f = frequency) der beiden Veränderer-Gruppen ungleich groß sind: $f_{Gruppe\ 1} \neq f_{Gruppe\ 2}$

ⓘ ← Sprungmöglichkeit

Stoffel: Was mir aber ausgesprochen gut gefällt, ist, dass aus dem *McNemar-Test* im SPSS der *Mäck-Nie-Mehr-Test* wird, weil er tatsächlich gar nicht durchgeführt wird. Wir bekommen unter der Option McNemar-Test nur die exakte Irrtumswahrscheinlichkeit p basierend auf der Binomial-Verteilung (Binomial-Test), geliefert.

Stefanie: Lieber Stoffel, damit du in Übung bleibst, darfst du dann für uns zusätzlich in diesem Kapitel den McNemar-chi²-Test mit dem Taschenrechner durchführen.

Stoffel: Oh je, dieser Schuss ging nach hinten los.

9.3.1 Basisablauf

1) Fragestellung

Stevie: Es geht um die Entspannung der Psychologiestudierenden vor und nach dem Treatment (der Entspannungstraumreise). Diese einfache Fragestellung muss in keine weiteren Bestandteile zerlegt werden.

2) Wissenschaftliche Hypothese (WH)

Stoffel: Ich vermute, dass sich nach dem Treatment insgesamt mehr Personen als entspannt einschätzen (Ja) als vor dem Treatment.

Stefanie: Das ist im Prinzip korrekt. Allerdings werden beim McNemar-Test nur die Personen beachtet, bei denen eine *Veränderung* vom ersten Messzeitpunkt (vor dem Treatment) zum zweiten Messzeitpunkt (nach dem Treatment) auf dem Merkmal (Entspannung: Ja/Nein) vorliegt.
Es können zwei *Veränderer-Gruppen* unterschieden werden:

- In der Gruppe 1 sind die Personen enthalten, die vor dem Treatment nicht entspannt waren und nach dem Treatment entspannt sind: Wechsel von *Nein* nach *Ja*.
- In der Gruppe 2 sind die Personen enthalten, die vor dem Treatment entspannt waren und nach dem Treatment nicht mehr entspannt sind: Wechsel von *Ja* nach *Nein*.

> **Stevie:** Unsere *gerichtete* WH lautet:
> Wir vermuten, dass bei den Psychologiestudierenden die Anzahl bzw. die Häufigkeit der Personen, die, bedingt durch das Treatment, entspannt sind (Gruppe 1: Wechsel von *Nein* nach *Ja*), größer ist als die Anzahl der Personen, die, bedingt durch das

Treatment, nicht entspannt sind (Gruppe 2: Wechsel von *Ja* nach *Nein)*. Diese Vermutung basiert auf den zahlreichen empirischen Befunden zu den verschiedenen Entspannungstechniken.

3) Statistische Hypothesen (SH)

> **Stefanie:** Aus dieser wissenschaftlichen Hypothese wird die gerichtete Alternativhypothese H_1 abgeleitet: $f_1 > f_2$ (f = frequency ist die Populationshäufigkeit).
> Komplementär zu dieser H_1 lautet die Nullhypothese H_0: $f_1 \leq f_2$.

4) Versuchsplanung

Stefanie: $\alpha = 5\% = 0,05$, weil aus der WH die H_1 folgt.

Es wurden N = 66 Psychologiestudierende aus dem zweiten Semester in Fribourg untersucht. Aber nur bei N = 11 Personen gab es einen Wechsel (Veränderung) bei der Entspannung.

ℹ️ Sprungmöglichkeit →

Für die folgende Teststärkeanalyse wird hier der Binomial-Test verwendet (für den chi²-Test beginnen die entsprechenden Tabellen erst ab N = 25). Wenn wir nach der Konvention von Cohen (1988, S. 149) von einem großen Effekt g = 0,25 ausgehen, dann liegt die Teststärke recht niedrig bei nur 0,46 (Cohen, 1988, S. 154, Tab. 5.3.2). Da bei diesem Tabellenwert von einem α von nur 3,3 % (statt α = 5 %) ausgegangen wird, ist davon auszugehen, dass die Teststärke unterschätzt wird.

ℹ️ ← Sprungmöglichkeit

5) Datenerhebung und Datentabelle

In ▶ Abschn. 4.3 und ▶ Kap. 6 haben wir bereits die Datentabelle erstellt, die wir nun verwenden werden.

6) Stichprobenergebnisse bzw. SPSS Ergebnisse

Stevie: Mit dem SPSS-Schema 9 folgt nun die Erläuterung, wie der McNemar-Test mit dem SPSS durchgeführt wird (☐ Abb. 9.5).

Ich weise noch einmal darauf hin, dass hier in Wirklichkeit gar nicht der McNemar-Test durchgeführt wird. Basierend auf der Binomial-Verteilung (Binomial-Test) wird stattdessen die exakte Irrtumswahrscheinlichkeit bestimmt.

Schritt 1	
Handlungen:	Die SPSS-Datei mit dem Dateinamen *Fragebogen* starten.
Auswirkungen:	SPSS-Bildschirm: *Datenansicht* mit der Datentabelle (N = 66 für x1 bis x22) ist reaktiviert.

Schritt 2	
Handlungen:	1) In der Menüleiste *Analysieren* anklicken. 2) In dem dadurch entstandenen ersten Untermenü *Deskriptive Statistiken* anvisieren und in dem zweiten entstandenen Untermenü *Kreuztabellen...* anklicken.
Auswirkungen:	Eine Dialogbox *Kreuztabellen* hat sich geöffnet.

Schritt 3	
Handlungen:	1) In dem linken Variablenfeld die Variable *x8* (Entspannung (vor)) markieren. Dann den *Pfeil* (links neben dem Zeilenfeld) anklicken, damit die Variable x8 in das Feld *Zeile(n)* übertragen wird. 2) In dem linken Variablenfeld die Variable *x14* (Entspannung (nach)) markieren. Dann den *Pfeil* (links neben dem Spaltenfeld) anklicken, damit die Variable x14 in das Feld *Spalten* übertragen wird. 3) Den Button *Statistiken…* (rechts oben) anklicken.
Auswirkungen:	1) & 2) In der Dialogbox *Kreuztabellen* sind die Variablen x8 (als Zeilenvariable) und x14 (als Spaltenvariable) zur weiteren Bearbeitung ausgewählt. 3) Eine Dialogbox *Kreuztabellen: Statistik* hat sich geöffnet.

Schritt 4	
Handlungen:	1) Das Kästchen McNemar (rechts unten) anklicken. 2) Den Button *Weiter* (unten) anklicken.
Auswirkungen:	1) Der McNemar-Test wurde ausgewählt. 2) Die Dialogbox *Kreuztabellen* ist wieder aktiviert.

Schritt 5	
Handlungen:	Den *OK-Button* (links unten) anklicken.
Auswirkungen:	Das Ausgabefenster mit den Ergebnissen wird angezeigt.

◘ **Abb. 9.5** McNemar-Test - SPSS-Schema 9

Stoffel: Speichern und Drucken nicht vergessen.

Stevie: Im ersten Teil der SPSS-Ergebnisausgabe erhalten wir zunächst wieder eine Tabelle mit Informationen zur Anzahl der verarbeiteten Fälle, die wir hier weglassen können.

Dann folgen die relevanten Häufigkeiten der beiden zweistufigen Variablen x8 und x14, die wir in die ◘ Tab. 9.9 eingetragen haben.

▣ Tab. 9.9 Beobachtete Häufigkeiten für die Variablen x8 und x14			
Beobachtete Häufigkeiten	**Entspannung (nach) = x14**		
Entspannung (vor) = x8	**1 = Ja**	**2 = Nein**	**Gesamt**
1 = Ja	49	1	50
2 = Nein	10	5	15
Gesamt	59	6	65

Stefanie: Eine Person hat bei der Variablen x8 keinen Messwert angegeben, dementsprechend haben wir insgesamt nur 65 Messwerte.

49 Personen sind vor und nach dem Treatment entspannt und nur 5 Personen sind vor und nach dem Treatment nicht entspannt. Bei diesen Personen hatte das Treatment also keine erkennbare Auswirkung.

Beim McNemar-chi²-Test interessieren uns hier nur die insgesamt 11 Personen, bei denen es zu einer sichtbaren Veränderung durch das Treatment gekommen ist:

Bei immerhin 10 Personen gibt es einen *positiven* Wechsel von *Nein* zu *Ja* (Gruppe 1) und bei nur einer Person einen *negativen* Wechsel von *Ja* nach *Nein* (Gruppe 2).

So ein Ergebnis hatten wir im Prinzip erwartet.

7) Vorbetrachtung und Betrachtung der Voraussetzungen

Vorbetrachtung

Stoffel: Die erwarteten Häufigkeiten für die beiden Gruppen 1 und 2, wenn das Treatment keine Wirkung hätte, müssen wir selber ausrechnen (nicht mit dem SPSS bestimmen). Wenn das Treatment keine Auswirkung hätte, dann sollten die Häufigkeiten der beiden Veränderer-Gruppen 1 und 2 genau gleich groß sein.

Die insgesamt 11 (10 + 1) Personen mit einer Veränderung sollten sich dann gleichmäßig auf die beiden Gruppen 1 und 2 verteilen:

$$\frac{10+1}{2} = 5,5.$$

Damit können wir die ▣ Tab. 9.10 mit den beobachteten und den erwarteten Häufigkeiten für x8 und x14 erstellen.

Stevie: Gut gemacht, Stoffel. Die beobachteten Häufigkeiten stimmen tendenziell mit unserer Alternativhypothese überein (10 > 1) und sprechen gegen die Nullhypothese.

▪▪ Betrachtung der Voraussetzungen

Die Voraussetzungen für den chi²-Test (s.o.) sind erfüllt.

Es geht weiter im Ablaufschema.

Tab. 9.10 Beobachtete und erwartete Häufigkeiten für die "Veränderer" auf den Variablen x8 und x14

Häufigkeiten	Entspannung (nach) = x14			
Entspannung (vor) = x8		**1 = Ja**	**2 = Nein**	**Gesamt**
	1 = Ja Beobachtet: Erwartet:		Gruppe "2" 1 5,5	
	2 = Nein Beobachtet: Erwartet:	Gruppe "1" 10 5,5		
	Gesamt			

Tab. 9.11 Exakte Irrtumswahrscheinlichkeit für den McNemar-Test (unter Verwendung der Binomial-Verteilung)

Entspannung (vor) = x8 und Entspannung (nach) = x14		
	Wert chi^2_{emp}	**Exakte Signifikanz** **Irrtumswahrscheinlichkeit für ungerichtete Hypothesen**
McNemar-Test		0,012

8) Empirische Prüfgröße und Irrtumswahrscheinlichkeit p

Stevie: Im dritten Teil der SPSS-Ergebnisausgabe, die wir durch die Prozeduren des SPSS-Schema 9 erzeugt haben, wird die exakte Irrtumswahrscheinlichkeit (basierend auf der Binomial-Verteilung) für ungerichtete Hypothesen angegeben (Tab. 9.11).

Stevie: Da wir eine gerichtete Alternativhypothese vertreten, beträgt hier die Irrtumswahrscheinlichkeit

$$p = \frac{0,012}{2} = 0,006.$$

Wir sehen, der chi^2_{emp}-Wert wird nicht angegeben. Stoffel, hast du diesen Wert ausgerechnet? **Stoffel:** Das war einfach: $chi^2_{emp} = 7,36$. Wer unbedingt die von mir dabei verwendete Formel sehen oder anwenden möchte, kann sie im „Bortz und Schuster" (2010) auf der Seite 147 (Formel 9.8) finden (b = 1 und c = 10).

9) Entscheidung

Stefanie: Weil p < α (0,006 < 0,05) ist, wird die Nullhypothese abgelehnt.
Stevie: Wenn wir nur so zum Spaß doch noch den chi²-Test durchführen, kommen wir hier zu der gleichen Entscheidung. Die Nullhypothese wird abgelehnt, weil der empirische

chi²-Wert $= 7,36$ größer als der theoretische kritische chi²-Wert $= 2,71$ (df $= 1$, Fläche von 90 %) ist (s. Bortz u. Schuster, 2010, S. 589, Tab. B).

10) Ergebnisdarstellungen, Interpretation und Diskussion

Stoffel: Die Interpretation unseres Befundes lautet:

Der durchgeführte chi²-Test wurde signifikant (chi²$_{emp}$ $= 7,36$, p $= 0,006$ (exakte Signifikanz nach der Binomial-Verteilung)). Damit hat sich unsere gerichtete Vermutung, die Häufigkeit der Personen, die, bedingt durch das Treatment, entspannt sind (Gruppe 1: Wechsel von *Nein* nach *Ja*), ist größer als die Anzahl der Personen, die, bedingt durch das Treatment, nicht entspannt sind (Gruppe 2: Wechsel von *Ja* nach *Nein*), für die Population der Psychologiestudierenden, (vorläufig) bewährt.

Auf die einzelnen Ergebnisdarstellungen und auf die Diskussion werden wir hier nicht weiter eingehen.

Mit der zusätzlichen Bestimmung und Darstellung des geschätzten Stichprobeneffektes (s. Cohen, 1988, S. 147, Formel 5.2.1)

g $= 0,91 - 0,5 = 0,41$

(0,91 $= 10 / 11 =$ Anzahl der Personen von Gruppe 1 / Anzahl der Personen von Gruppe 1 und 2)

oder

$$w = \sqrt{\frac{chi^2}{N}} = \sqrt{\frac{7,36}{11}} = 0,82 \, .$$

Sieht unser Interpretationsbefund folgendermaßen aus:

Der durchgeführte chi²-Test wurde signifikant (chi²$_{emp}$ $= 7,36$, p $= 0,006$). Nach der Konvention von Cohen (1988, S. 149, 225) liegt dabei ein sehr hoher geschätzter Stichprobeneffekt von g $= 0,41$ oder w $= 0,82$ vor. Damit hat sich unsere gerichtete Vermutung, die Häufigkeit der Personen, die, bedingt durch das Treatment, entspannt sind (Gruppe 1: Wechsel von *Nein* nach *Ja*), ist größer als die Anzahl der Personen, die, bedingt durch das Treatment, nicht entspannt sind (Gruppe 2: Wechsel von *Ja* nach *Nein*), für die Population der Psychologiestudierenden, (vorläufig) bewährt.

9.3.2 Ergänzungen

Stefanie: Im SPSS wird hier die Binomial-Verteilung (Binomial-Test) angewendet und der McNemar-chi²-Test wird gar nicht durchgeführt. Sollten wir dann nicht besser unsere Fragestellung in einem anderen Kapitel mit dem Titel "Binomial-Verteilung" bearbeiten?

Stevie: Im Grunde wäre das korrekt. Ich kann hier zwei Gründe angeben, warum wir das trotzdem nicht getan haben.

a. Die entsprechenden Fragestellungen werden in der einschlägigen Fachliteratur und auch im SPSS durchgängig unter den chi²-Tests behandelt.

b. Wir müssten dann wohl doch etwas mehr auf die mathematischen Hintergründe der Binomial-Verteilung eingehen und das wollen wir in unserer anwendungsorientierten Anleitung ja möglichst vermeiden.

Stoffel: Wenn wir, so wie oben, bei der Irrtumswahrscheinlichkeit p einen Hinweis auf die verwendete Binomial-Verteilung geben und wir dann auch noch zusätzlich den chi^2_{emp} -Wert ausrechnen und angeben, haben wir doch im Grunde nichts falsch gemacht, oder?

Stefanie und Stevie nicken, sehen dabei aber nicht sehr glücklich aus.

9

U-Test und Vorzeichen-Test

© Springer-Verlag GmbH Deutschland, ein Teil von Springer Nature 2018
E. Kuhlmei, *Lerne mit uns Statistik!*, Springer-Lehrbuch, https://doi.org/10.1007/978-3-662-56082-2_10

Stevie: Der U-Test und der Vorzeichen-Test kommen bei Fragestellungen zur Anwendung, bei denen jeweils eine zweistufige *nominalskalierte Variable* (das ist dann normalerweise die unabhängige Variable) und eine *ordinalskalierte Variable* (das ist dann normalerweise die abhängige Variable) vorliegen. Es wird geprüft, ob sich die beiden Gruppen (der nominalskalierten Variablen) in ihrer zentralen Tendenz auf der ordinalskalierten Variablen unterscheiden.

Der *U-Test* wird verwendet, wenn bei der zweistufigen nominalskalierten Variablen keine Abhängigkeit zwischen den beiden Stufen besteht. Im ▶ Abschn. 10.1.1 ist das die nominalskalierte zweistufige Variable *Sitzposition* (x15). Es geht dann für die beiden Gruppen (vorne vs. hinten) um die zentrale Tendenz auf der ordinalskalierten Variablen *Abgabe-Rangwert* (x20).

Beim U-Test sollten mindestens 5 Personen untersucht werden (noch besser wären 5 Personen pro Gruppe). Wenn bei kleinen Stichprobengrößen (N < 40) vom SPSS die exakte Irrtumswahrscheinlichkeit für den U-Test angegeben wird, dann sollte diese natürlich bei der Entscheidung (Punkt 9 im Ablaufschema) verwendet werden.

Auf die Teststärkeanalysen und die Bestimmung der Effektstärke werden wir beim U-Test verzichten. Die Möglichkeit, wie Schätzwerte dazu durch einen Rückgriff auf den t-Test ermittelt werden können, und die damit verbundenen Probleme werden von Rasch et al. (2014b, S. 103-104) erläutert.

Beim *Vorzeichen-Test* liegt für die nominalskalierte Variable eine Abhängigkeit (z. B. durch Messwiederholung) zwischen den beiden Stufen vor. Im ▶ Abschn. 10.2.1 ist das die nominalskalierte zweistufige Variable *Messzeitpunkt* (vor oder nach dem Treatment). Die eigentlich von uns als intervallskaliert eingestufte Variable *körperliche Entspannung* wird hier aus reinen Demonstrationszwecken für den Vorzeichen-Test als eine nur *ordinalskalierte* Variable bewertet. Aus berechnungstechnischen Gründen wird die Information der Variablen *Messzeitpunkt* auf die folgende Art und Weise mit der Variablen *körperliche Entspannung* gekoppelt: *ordinalskalierte körperliche Entspannung* (vor) = x6 und *ordinalskalierte körperliche Entspannung* (nach) = x12.

Beim Vorzeichen-Test sollten insgesamt mindestens 10 Personen untersucht werden.

10

Prüfung der Voraussetzungen für den U-Test und den Vorzeichen-Test

Die zentrale Bedingung, dass die Messwerte (der abhängigen Variablen) mindestens ordinalskaliert sein müssen, ist in den von uns verwendeten Beispielen (▶ Abschn. 10.1, ▶ Abschn. 10.2) durchgehend erfüllt.

Die für den U-Test grundlegend geforderte zweite Bedingung (s. Rasch et al., 2014b, S. 94), *die Versuchspersonen sollten den beiden Bedingungen der unabhängigen Variablen zufällig zugeordnet werden (Randomisierung)*, kann und sollte bei bestimmten Fragestellungen nicht sinnvoll umgesetzt bzw. gefordert werden: Wenn man zum Beispiel den Einfluss der Variablen *Geschlecht* (weiblich vs. männlich) auf die Variable *Einfühlungsvermögen* untersuchen möchte, wird wohl kaum jemand auf die Idee kommen, die Versuchspersonen den beiden Untersuchungsbedingungen *weiblich* und *männlich* zufällig zuordnen zu wollen.

In unserem Beispiel (▶ Abschn. 10.1) mit der unabhängigen Variablen x15 = Sitzposition wäre eine Zufallszuordnung ebenfalls nicht sinnvoll, weil wir im Kontext der verschiedenen Fragestellungen unserer Untersuchung prüfen wollen, ob sich Studierende, die *selbst gewählt* eher vorne sitzen, von den Studierenden unterscheiden, die *selbst gewählt* eher hinten sitzen.

Die Bedingung der Unabhängigkeit der beiden Stichproben dürfen wir im Kontext unseres Beispiels (▶ Abschn. 10.1) sicher als erfüllt betrachten.

Beim Vorzeichen-Test dürfen die gleichen Versuchspersonen jeweils nur ein Messwertpaar in der Stichprobe liefern, in unserem Beispiel (▶ Abschn. 10.2) wird diese Bedingung nicht verletzt.

Somit können wir insgesamt davon ausgehen, dass die sinnvoll geforderten Voraussetzungen der in diesem Kapitel durchgeführten Verfahren nicht verletzt werden und können im Folgenden (▶ Abschn. 10.1, ▶ Abschn. 10.2) darauf verzichten, jeweils im Punkt 7 des Ablaufplans die Voraussetzungen im Einzelnen zu prüfen.

10.1 U-Test

Stevie: Es gibt eine zweistufige nominalskalierte Variable 1, durch die zwei verschiedene Gruppen (Gruppe 1 und Gruppe 2, ohne Abhängigkeiten) festgelegt werden. Dabei ist n1 die Anzahl der Personen (Objekte) in der Population der Gruppe 1 und n2 die Anzahl der Personen (Objekte) in der Population der Gruppe 2. Die Variable 2 ist ordinalskaliert und liefert somit Rangplätze.

Durch die Prüfgröße U wird die Anzahl bestimmt, wie oft die Rangplätze (der Variablen 2) in der Gruppe 1 durch die Rangplätze (der Variablen 2) in der Gruppe 2 überschritten werden. Die Bezeichnung "U" wird dabei für die untersuchte Stichprobe und "μ_U" für die zugrunde liegende Population verwendet.

 Sprungmöglichkeit →

Generelle ungerichtete statistische Hypothesen für den U-Test

In der Nullhypothese H_0 wird davon ausgegangen, dass sich die Rangplätze (der Variablen 2) in den beiden Populationsgruppen 1 und 2 (Variable 1) im Durchschnitt nicht unterscheiden und somit

$$\mu_U = \frac{n1 \times n2}{2} \text{ ist.}$$

Die Alternativhypothese H_1 behauptet dagegen, dass sich die Rangplätze (der Variablen 2) in den beiden Populationsgruppen 1 und 2 (Variable 1) im Durchschnitt unterscheiden:

$$\mu_U \neq \frac{n1 \times n2}{2}.$$

🛈 ← Sprungmöglichkeit

Es können hier auch problemlos gerichtete Hypothesen untersucht werden (▶ Abschn. 10.1.1).

10.1.1 Basisablauf

1) Fragestellung

Stefanie: Ich möchte noch einmal die Thematik mit der Sitzposition der Studierenden im Hörsaal betrachten. Das kann einen Zusammenhang mit vielen Aspekten haben. Studierende, die eher in den vorderen Sitzreihen Platz nehmen (so wie ich), sind meiner Ansicht nach motivierter und stören weniger die Veranstaltung durch Gequatsche. Ich denke, diese Studierenden arbeiten auch konzentrierter und schneller.

Da wir uns aber wieder auf nur einen Aspekt beschränken müssen, möchte ich den folgenden Indikator für das Ensemble Motivation, konzentrierte Mitarbeit und Arbeitsgeschwindigkeit verwenden: die Abgabereihenfolge von am Ende der Veranstaltung verteilten und bearbeiteten Fragebögen.

Dazu habe ich noch den folgenden Hinweis: Die Fragbögen wurden von den 66 Studierenden nach der Bearbeitung am Ende der Vorlesungsstunde vorne auf dem mittleren Pulttisch auf einem gemeinsamen Stapel abgelegt. Der unterste und der somit zuerst abgegebene Fragebogen erhielt den Rangwert "1". Dem zuletzt abgegebenen, obersten Fragebogen wurde der Rangwert "66" zugewiesen.

2) Wissenschaftliche Hypothese (WH)

> **Stefanie:** Ich vermute, dass Studierende, die in den vorderen Sitzreihen Platz nehmen (Gruppe 1), konzentrierter und schneller arbeiten und daher im Vergleich zu Studierenden in den hinteren Sitzreihen (Gruppe 2) zu bearbeitende Fragebögen schneller abgeben. Dementsprechend sollten die mittleren Abgaberangwerte der Personen aus der Gruppe 1 vergleichsweise niedriger sein als die Abgaberangwerte der Personen aus der Gruppe 2.

Stevie: Außerdem ist ja der Weg zu dem Pulttisch für die Gruppe 1 etwas kürzer und allein schon deswegen sollten diese Studierenden ihre Fragebögen schneller abgeben können (◘ Abb. 10.1).

Stoffel: Da bin ich aber ganz anderer Meinung. Ich vermute, dass die Studierenden in den hinteren Sitzreihen vergleichsweise schneller sind, weil sie sich lieber mit anderen wichtigeren Dingen beschäftigen wollen als mit dem langweiligen Ausfüllen von Fragebögen.

Stevie: Ich denke, die Stefanie hat recht. Deswegen werden wir jetzt ihre wissenschaftliche Hypothese prüfen. Stoffel, du darfst natürlich unabhängig davon deine eigenen Analysen durchführen (▶ Abschn. 10.1.2.1).

◘ **Abb. 10.1**   Rangfolge bei der Abgabe von Fragebögen

3) Statistische Hypothesen (SH)

Procedure
Stevie: Beim U-Test von Mann-Whitney wird die folgende Prüfgröße U verwendet:
U ist die Anzahl, wie oft die Rangplätze in der Gruppe 1 durch die Rangplätze in der Gruppe 2 überschritten werden.
Wenn sich die beiden Gruppen hinsichtlich ihrer Rangplätze nicht unterscheiden (die Rangplätze sich in den beiden Gruppen gleich verteilen), dann müsste es genau so viele Überschreitungen wie Unterschreitungen der Rangplätze der Gruppe 1 durch die Gruppe 2 geben, der U-Wert in der Population der Studierenden wäre in diesem Fall genau bei

$$\frac{n1 \times n2}{2}.$$

Dabei ist n1 die Anzahl der Studierenden in der Population der Gruppe 1 und n2 die Anzahl der Studierenden in der Population der Gruppe 2.
Da wir nach der wissenschaftlichen Hypothese von Stefanie in der Gruppe 1 vergleichsweise niedrigere Rangwerte als in der Gruppe 2 zu erwarten haben, müsste es mehr Überschreitungen als Unterschreitungen geben und der U-Wert in der Population (wird als μ_U gekennzeichnet) sollte größer als dieser Gleichverteilungswert von

$$\frac{n1 \times n2}{2}$$

sein.
Aus dieser wissenschaftlichen Hypothese von Stefanie wird dementsprechend die gerichtete Alternativhypothese H_1 abgeleitet:

$$\mu_U > \frac{n1 \times n2}{2}.$$

komplementär zu dieser H_1 lautet die Nullhypothese H_0:

$$\mu_U \leq \frac{n1 \times n2}{2}.$$

4) Versuchsplanung

Beispiel
Stefanie: Aus der wissenschaftlichen Hypothese folgt die Alternativhypothese, dementsprechend wählen wir ein Signifikanzniveau von $\alpha = 5\% = 0{,}05$.
Es wurden N = 66 Psychologiestudierende (zweites Semester in Fribourg) untersucht.
Wie bereits erwähnt (s.o.), wird hier keine Teststärkeanalyse durchgeführt.

5) Datenerhebung und Datentabelle

Siehe ► Abschn. 4.3 und ► Kap. 6 für die Erstellung der Datentabelle.

6) Stichprobenergebnisse bzw. SPSS Ergebnisse

Stefanie: Mit dem SPSS-Schema 10 wird nun die Durchführung des U-Tests mit dem SPSS vorgestellt (◘ Abb. 10.2).

Schritt 1	
Handlungen:	Die SPSS-Datei mit dem Dateinamen *Fragebogen* starten.
Auswirkungen:	SPSS-Bildschirm: *Datenansicht* mit der Datentabelle (N = 66 für x1 bis x22) ist reaktiviert.

Schritt 2	
Handlungen:	1) In der Menüleiste *Analysieren* anklicken.
	2) In dem dadurch entstandenen ersten Untermenü *Nichtparametrische Tests* anvisieren, dann in dem neu entstandenen zweiten Untermenü *Alte Dialogfelder* anvisieren und in dem nächsten entstandenen Untermenü *Zwei unabhängige Stichproben...* anklicken.
Auswirkungen:	Eine Dialogbox *Tests bei zwei unabhängigen Stichproben* hat sich geöffnet.

Schritt 3	
Handlungen:	1) In dem linken Variablenfeld die Variable *x20* (Abgabe-Rangwert) markieren. Dann den *Pfeil* (links neben dem Testvariablenfeld) anklicken, damit die Variable x20 in das Feld T*estVariablen* übertragen wird.
	2) In dem linken Variablenfeld die Variable *x15* (Sitzposition) markieren. Dann den *Pfeil* (links neben dem Gruppenvariablenfeld) anklicken, damit die Variable x15 in das Feld *Gruppenvariable* übertragen wird.
	3) Den Button *Gruppen def. ...* (unter dem Gruppenvariablenfeld) anklicken.
Auswirkungen:	1) und 2) In der Dialogbox *Tests bei zwei unabhängigen Stichproben* sind die Variablen x15 (als Gruppenvariable) und x20 (als Testvariable) zur weiteren Bearbeitung ausgewählt.
	3) Öffnung der Dialogbox: *Zwei unabhängige Stichproben: G ...*

Schritt 4	
Handlungen:	1) In dem Feld für Gruppe 1 den Wert "1" eintragen und in dem Feld für Gruppe 2 den Wert "2" eintragen.
	2) Den Button *Weiter* (links unten) anklicken.
Auswirkungen:	1) Die beiden Gruppen der Variablen x15 sind festgelegt.
	2) Die Dialogbox *Tests bei zwei unabhängigen Stichproben* ist aktiviert.

Schritt 5	
Handlungen:	Den *OK-Button* (links unten) anklicken.
Auswirkungen:	Das Ausgabefenster mit den Ergebnissen wird angezeigt.

◼ **Abb. 10.2**   U-Test - SPSS-Schema 10

Stoffel: Speichern und Drucken der SPSS - Ergebnisse nicht vergessen.

Stevie: Im ersten Teil der SPSS-Ergebnisausgabe erhalten wir eine Tabelle mit den Informationen zur Anzahl der verarbeiteten Fälle N (33 Studierende mit Sitzposition vorne und 33 Studierende mit Sitzposition hinten). Die Summe aller Rangplätze beträgt für die Gruppe 1

◩ Tab. 10.1 Anzahl der Personen, mittlere Rangwerte und Rangsummen für die unabhängige Variable x15 auf der abhängigen Variablen x20

Ränge	Abgabe-Rangwert = x20			
Sitzposition = x15		**N**	**Mittlerer Rang**	**Rangsumme**
	1 = vorne	33	35,15	1160,00
	2 = hinten	33	31,85	1051,00
	Gesamt	66		

(vorne) 1160 und für die Gruppe 2 (hinten) 1051. Die durchschnittlichen Rangplätze liegen bei 35,15 für die Gruppe 1 und bei 31,85 für die Gruppe 2 (◩ Tab. 10.1).

7) Vorbetrachtung und Betrachtung der Voraussetzungen

■■ Vorbetrachtung

Stefanie: Wenn meine wissenschaftliche Hypothese stimmen würde, dann müsste auch in dieser Stichprobe der mittlere Rangwert für Gruppe 1 (vorne) kleiner sein als der mittlere Rangwert für die Gruppe 2 (hinten). Das ist hier aber offensichtlich nicht der Fall: 35,15 > 31,85. Das Stichprobenergebnis spricht damit bereits in der Tendenz für die Nullhypothese und gegen die Alternativhypothese. Die weiteren Analyseschritte des Signifikanztests werden abgebrochen und die Nullhypothese wird (vorläufig) beibehalten.

■■ Betrachtung der Voraussetzungen
Die Betrachtung der Voraussetzungen entfällt hier, weil kein Signifikanztest durchgeführt wird.

8) Empirische Prüfgröße und Irrtumswahrscheinlichkeit p

Entfällt (s.o. bei Punkt 7).

9) Entscheidung

Stefanie: Die Nullhypothese wird (vorläufig) beibehalten.
Wenn das Stichprobenergebnis tendenziell für die Nullhypothese spricht, dann ist die Irrtumswahrscheinlichkeit $p \geq 0,5$ (und damit ist $p > \alpha$).

10) Ergebnisdarstellungen, Interpretation und Diskussion

Stevie: Die Interpretation unseres Befundes lautet:
Der Vergleich der mittleren Rangwerte 35,15 (Gruppe 1, vorne) > 31,85 (Gruppe 2, hinten) spricht tendenziell gegen unsere Vermutung. Damit hat sich unsere Vermutung, Studierende, die in den vorderen Reihen sitzen, geben im Vergleich zu den Studierenden aus den hinteren Sitzreihen zu bearbeitende Fragebögen im Durchschnitt früher ab, (vorläufig) nicht bewährt.

Da hier für eine gerichtete Hypothese praktisch eine Art *negativer experimenteller Effekt* vorliegt, könnte man hier im Sinne der von Westermann und Hager (1982) vorgeschlagenen Entscheidungsstrategie das „*(vorläufig) Nicht-Bewährt*" durch ein einfaches „*Nicht-Bewährt*" ersetzen.

Auf die einzelnen Ergebnisdarstellungen und auf die Diskussion werden wir hier nicht weiter eingehen.

Damit haben wir den U-Test schön schnell und einfach abgehandelt.

Stefanie: Moment bitte. So können wir dieses Kapitel doch nicht beenden. Die Bestimmung der Prüfgröße und der Irrtumswahrscheinlichkeit mithilfe des SPSS-Programms (Punkt 8 im Ablaufschema) für den U-Test würde dann in unserer Anleitung komplett fehlen.

Stevie: Da hast du recht. Zum Glück haben wir ja noch unseren Stoffel. Mal sehen, was seine Analysen dazu so alles hergeben.

10.1.2 Ergänzungen

10.1.2.1 Basisablauf für Stoffels gerichtete Hypothese

Stoffel, der das Gespräch heimlich belauscht hat, kommt triumphierend zurück.

Stoffel: Wenn ihr mich nicht hättet! Lasst uns die gesamte Analyse für den U-Test mit meiner Vermutung (WH) durchführen. Bei den Ablaufpunkten und Aspekten, die wir schon besprochen haben oder die bei mir und Stefanie gleich sind (Fragestellung, Versuchsplanung, Datenerhebung und Datentabelle, Stichprobenergebnisse, SPSS-Schema 10), verweisen wir jeweils auf unsere im ▶ Abschn. 10.1.1 erbrachten Bearbeitungen.

1) Fragestellung

Siehe ▶ Abschn. 10.1.1.

2) Wissenschaftliche Hypothese (WH)

> Es wird vermutet, dass Studierende, die in den hinteren Reihen sitzen (Gruppe 2) im Vergleich zu den Studierenden aus den vorderen Sitzreihen (Gruppe 1) zu bearbeitende Fragebögen früher abgeben, weil sie sich am Ende der Stunde möglichst bald mit anderen und interessanteren Dingen beschäftigen wollen.

3) Statistische Hypothesen (SH)

Da wir nach der wissenschaftlichen Hypothese in der Gruppe 1 vergleichsweise höhere Rangwerte als in der Gruppe 2 zu erwarten haben, müsste es weniger Überschreitungen als Unterschreitungen geben und der U-Wert in der Population (wird als μ_U gekennzeichnet) sollte kleiner als der Gleichverteilungswert von

$$\frac{n1 \times n2}{2}$$

sein.

Aus dieser wissenschaftlichen Hypothese wird dementsprechend die gerichtete Alternativhypothese H_1 abgeleitet:

$$\mu_U < \frac{n1 \times n2}{2}.$$

Komplementär zu dieser H$_1$ lautet die Nullhypothese H$_0$:

$$\mu_U \geq \frac{n1 \times n2}{2}.$$

4) Versuchsplanung, 5) Datenerhebung und Datentabelle, 6) Stichprobenergebnisse bzw. SPSS Ergebnisse

Siehe jeweils ▶ Abschn. 10.1.1.

7) Vorbetrachtung und Betrachtung der Voraussetzungen

■■ **Vorbetrachtung**

Wenn die wissenschaftliche Hypothese stimmen würde, dann müsste in dieser Stichprobe der mittlere Rangwert für die Gruppe 2 (hinten) kleiner sein als der mittlere Rangwert für die Gruppe 1 (vorne). Das ist hier tatsächlich der Fall: 31,85 < 35,15. Das Stichprobenergebnis spricht damit tendenziell für die Alternativhypothese.

■■ **Betrachtung der Voraussetzungen**

Die Voraussetzungen für den U-Test (s. den Abschnitt *Prüfungen der Voraussetzungen für den U-Test und den Vorzeichen-Test* zu Beginn von ▶ Kap. 10) sind erfüllt.

Die weiteren Analyseschritte des Signifikanztests können sinnvoll durchgeführt werden.

8) Empirische Prüfgröße und Irrtumswahrscheinlichkeit p

Im zweiten Teil der SPSS-Ergebnisausgabe (durch das SPSS-Schema 10 erzeugt) finden wir in der ◘ Tab. 10.2 die benötigten weiteren Befunde für den U-Test.

Stefanie: Damit hatte ich ein paar Schwierigkeiten: Was bedeuten der Wilcoxon-W-Wert und der z-Wert? Warum haben wir hier wieder nur eine asymptotische Signifikanz?
Stevie: Sehen wir uns diese Tabelle am besten Schritt für Schritt an:

Zunächst finden wir den Mann-Whitney-U-Wert (den empirischen U-Wert), der hier 490 beträgt. SPSS führt diese recht aufwendige Berechnung praktischerweise für uns standardmäßig durch. Wir müssen hier aber höllisch aufpassen, weil dieser U-Wert nur dann stimmt, wenn der mittlere Rangwert der Gruppe 1 größer als der mittlere Rangwert der Gruppe 2 ist (was hier tatsächlich genau so ist).

◘ **Tab. 10.2** Prüfwerte und Irrtumswahrscheinlichkeit für den U-Test

Abgabe-Rangwert = x20	
a) Mann-Whitney-U	490,00
b) Wilcoxon-W	1051,00
c) z	-0,699
d) Asymptotische Signifikanz (für ungerichtete Hypothesen)	0,485

Wenn dagegen der mittlere Rangwert der Gruppe 1 kleiner als der mittlere Rangwert der Gruppe 2 ist, dann stimmt dieser Wert nicht. Glücklicherweise lässt sich der korrekte U-Wert in diesem Fall sehr leicht bestimmen:

U(korrekt) = $N_1 \times N_2$ - Mann-Whitney-U (SPSS).

N_1 und N_2 sind hier die Stichprobengrößen für die Gruppen 1 und 2.

Stoffel: Kannst du das bitte genauer anhand eines Beispiels erklären?

Stevie: Wenn wir für die Variable x15 (Sitzposition) die beiden Gruppen genau anders herum definiert hätten, dann hätten wir den Personen, die hinten sitzen, den Wert "1" zugeordnet (Gruppe 1) und den Personen, die vorne sitzen, den Wert "2" (Gruppe 2).

Die wissenschaftlichen und statistischen Hypothesen müssten dann natürlich entsprechend verändert werden (Umkehrung der Größer-kleiner-Relationen).

Die ◘ Tab. 10.1 - mit vertauschten Gruppen 1 und 2 - würde dann als ◘ Tab. 10.3 die entsprechenden Änderungen beinhalten.

Bitte beachte: Der mittlere Rangwert der Gruppe 1 ist jetzt kleiner als der mittlere Rangwert der Gruppe 2.

Aber die zweite Zeile der ◘ Tab. 10.2 - mit vertauschten Gruppen 1 und 2 - würde dann unverändert immer noch den gleichen, jetzt falschen, Mann-Whitney-U-Wert von "490" anzeigen.

Der richtige U-Wert wäre dann:

U(korrekt) = $N_1 \times N_2$ - Mann-Whitney-U (SPSS) = 33×33 - 490 = 599.

10

Stoffel: Müssen wir diese Geschichte mit dem U-Wert wirklich zwingend beachten und gegebenenfalls auch so korrigieren?

Stevie: Wenn du dich an unser Ablaufschema (mit der Vorbetrachtung) hältst und den empirischen U-Wert bei den *Ergebnisdarstellungen, der Interpretation und der Diskussion* (Punkt 10) nicht angibst, dann kannst du diese Problematik getrost ignorieren.

Kommen wir zu der nächsten Zeile der ◘ Tab. 10.2:

Den Wilcoxon-W-Wert können wir vollkommen unbeachtet lassen.

Wenn die Gesamtstichprobe N (= $N_1 + N_2$) ≤ 40 ist, wird vom SPSS der exakte U-Test mit der exakten Irrtumswahrscheinlichkeit berechnet. Dieser Wert sollte dann bei der Entscheidung (Ablaufpunkt 9) verwendet werden.

Wenn N > 40 ist (wie in unserem Fall N = 66), dann wird vom SPSS ein z-Test durchgeführt, der eine annähernd richtige Irrtumswahrscheinlichkeit für ungerichtete Hypothesen (wird im SPSS als "2-seitig" bezeichnet) liefert (hier: 0,485).

◘ **Tab. 10.3** Anzahl der Personen, mittlere Rangwerte und Rangsummen für die unabhängige Variable x15 auf der abhängigen Variablen x20

Ränge	Abgabe-Rangwert = x20			
Sitzposition = x15		**N**	**Mittlerer Rang**	**Rangsumme**
	1 = hinten	33	31,85	1051,00
	2 = vorne	33	35,15	1160,00
	Gesamt	66		

Die angenähert richtige Irrtumswahrscheinlichkeit für deine gerichtete Alternativhypothese ist dann

$$p = \frac{0,485}{2} = 0,2425.$$

9) Entscheidung

Stoffel: Vielen Dank, jetzt kann ich die letzten beiden Ablaufschritte beim U-Test durchführen. Weil p > α (0,24 > 0,05) ist, wird die Nullhypothese (vorläufig) beibehalten.

10) Ergebnisdarstellungen, Interpretation und Diskussion

Stoffel: Die Interpretation meines Befundes lautet:
Der durchgeführte U-Test wurde nicht signifikant (p = 0,24). Damit hat sich die Vermutung, Studierende, die in den hinteren Reihen sitzen, geben im Vergleich zu den Studierenden aus den vorderen Sitzreihen zu bearbeitende Fragebögen im Durchschnitt früher ab, (vorläufig) nicht bewährt.
Auf die einzelnen Ergebnisdarstellungen und auf die Diskussion werden wir hier nicht weiter eingehen.

10.1.2.2 Ungerichtete Hypothesen

Stefanie: Wenn wir von der ungerichteten Vermutung (WH) ausgehen, dass Studierende, die in den vorderen Reihen sitzen (Gruppe 1), im Vergleich zu den Studierenden aus den hinteren Sitzreihen (Gruppe 2) zu bearbeitende Fragebögen insgesamt *früher oder später* abgeben, müssten wir Folgendes ändern:

a. Aus dieser wissenschaftlichen Hypothese von Stefanie wird die ungerichtete Alternativhypothese H_1 abgeleitet: $\mu_U \neq \frac{n1 \times n2}{2}$. Komplementär zu dieser H_1 lautet die Nullhypothese H_0: $\mu_U = \frac{n1 \times n2}{2}$ (Punkt 3).
b. Bei der Vorbetrachtung (Punkt 7) wird nur noch geprüft, ob sich in der Stichprobe die mittleren Ränge von Gruppe 1 (vorne) und Gruppe 2 (hinten) unterscheiden. Wenn das so wie hier (35,15 ≠ 31,85) der Fall ist, spricht das tendenziell gegen die Nullhypothese und das Ablaufschema wird fortgesetzt.
c. Aus der ◻ Tab. 10.2 kann direkt die asymptotische Irrtumswahrscheinlichkeit mit p = 0,485 entnommen werden (Punkt 8).

Stevie: Wenn wir von der ungerichteten Vermutung (WH) ausgehen, dass Studierende, die in den vorderen Reihen sitzen (Gruppe 1), im Vergleich zu den Studierenden aus den hinteren Sitzreihen (Gruppe 2) zu bearbeitende Fragebögen insgesamt *zur gleichen Zeit* abgeben, müssten wir Folgendes ändern:

a. Die Alternativhypothese H_1 ist: $\mu_U \neq \frac{n1 \times n2}{2}$. Komplementär zu dieser H_1 lautet die Nullhypothese H_0: $\mu_U = \frac{n1 \times n2}{2}$ (Punkt 3).

b. Weil in diesem Fall aus der wissenschaftlichen Hypothese die Nullhypothese folgt, müssen wir in der Versuchsplanung (für eine strenge Prüfung unserer Vermutung) das Signifikanzniveau α auf 20 % = 0,2 setzten (Punkt 4).

c. Bei der Vorbetrachtung (Punkt 7) wird nur noch geprüft, ob sich in der Stichprobe die mittleren Ränge von Gruppe 1 (vorne) und Gruppe 2 (hinten) unterscheiden. Wenn das so wie hier (35,15 ≠ 31,85) der Fall ist, spricht das tendenziell gegen die Nullhypothese und das Ablaufschema wird fortgesetzt.

d. Aus der ◘ Tab. 10.2 kann direkt die asymptotische Irrtumswahrscheinlichkeit mit p = 0,485 entnommen werden (Punkt 8).

10.1.2.3 Rangbindungen und Skalenniveaus

Stevie: Ich habe noch zwei abschließende Bemerkungen zum U-Test:

Die von uns vorgestellte Ablaufprozedur ist auch unter der Bedingung, dass verbundene Rangplätze (sog. "ties") vorliegen, anwendbar.

Wenn anstelle der ordinalskalierten Messwerte (auf der abhängigen Variablen) ein höheres Skalenniveau (Intervall- oder sogar Verhältnisskala) vorliegen sollte, dann kann auch damit der U-Test durchgeführt werden. Allerdings wäre dann normalerweise der t-Test für unabhängige Stichproben (angenommen, die entsprechenden Voraussetzungen sind erfüllt) angemessener.

10

10.2 Vorzeichen-Test

Stevie: Es gibt eine zweistufige nominalskalierte Variable 1, durch die zwei verschiedene Gruppen (Gruppe 1 und Gruppe 2) mit Abhängigkeiten festgelegt werden.

Die Variable 2 ist ordinalskaliert. Die basierend auf der Variablen 1 einander zugehörigen Messwertpaare der Variablen 2 können eine positive Differenz oder eine negative Differenz aufweisen (Nulldifferenzen bleiben unberücksichtigt).

ℹ Sprungmöglichkeit →

> **Generelle ungerichtete statistische Hypothesen für den Vorzeichen-Test**
> In der Nullhypothese H_0 wird davon ausgegangen, dass die Populationshäufigkeiten (f = frequency) der positiven (1) und der negativen (2) Differenzen gleich groß sind: $f_1 = f_2$.
>
> Die Alternativhypothese H_1 behauptet dagegen, dass die Populationshäufigkeiten (f = frequency) der positiven (1) und der negativen (2) Differenzen nicht gleich groß sind: $f_1 \neq f_2$.

ℹ ← Sprungmöglichkeit

Es können hier auch problemlos gerichtete Hypothesen untersucht werden (▶ Abschn. 10.2.1).

10.2.1 Basisablauf

1) Fragestellung

Stefanie: Die Effekte von Entspannungstechniken wie dem Autogenen Training nach Schultz, der Progressiven Muskelentspannung nach Jacobson, von meditativen Verfahren, von imaginativen Verfahren usw. sind umfangreich und vielfältig untersucht worden (s. Vaitl u. Petermann, 2000).

Wenn auch der Nachweis von langfristigen positiven Auswirkungen dieser Verfahren zum Teil immer noch heftig umstritten ist und die verschiedenen aufgestellten Erklärungsansätze teilweise kontrovers diskutiert werden, besteht doch bereits seit Jahrzehnten eine starke Einigkeit darüber, dass bei den meisten Menschen zuverlässig direkt nach der Anwendung eine deutlich spürbare, allerdings zeitlich begrenzte Verbesserung des körperlichen und psychischen Wohlbefindens eintritt.

Beschränken wir uns in unserer Fragestellung auf die Veränderung des körperlichen Wohlbefindens vor und nach der Durchführung der Entspannungstraumreise.

Stoffel: Welche Entspannungstraumreise war das denn genau? Kann ich die auch durchführen?

Stevie: Der Dozent hat nach einer kurzen vorbereitenden Einführung die Geschichte "Duft der Orangen" aus dem Buch *Duft der Orangen* von Else Müller (1998, S. 61) vorgelesen. Die Studierenden haben dabei mit geschlossenen Augen und möglichst bequemer Sitzhaltung zugehört. Die gesamte Übung hat etwa zehn Minuten gedauert.

Wenn du daran interessiert bist, kann ich dir gerne einmal die gleichnamige CD mit den von Else Müller vorgelesenen Geschichten ausleihen. Nach jeder Geschichte gibt es auf der CD eine mehrminütige Phase mit Musik zum Träumen, mehr oder weniger passend zu der vorangegangenen Geschichte.

2) Wissenschaftliche Hypothese (WH)

Stefanie: Wollen wir weiterarbeiten?

Ich vermute, dass Studierende nach der Entspannungstraumreise im Durchschnitt körperlich entspannter sind als vorher.

Stoffel: Diesmal bin ich ganz deiner Meinung. Dazu werden wir die beiden Variablen x6 = körperliche Entspannung (vor) und x12 = körperliche Entspannung (nach) verwenden.

Stevie: Allerdings gehen wir jetzt beim Vorzeichentest von der Annahme aus, dass das Skalenniveau dieser beiden Variablen nur *ordinalskaliert* wäre.

Beim t-Test für abhängige Stichproben später im ▶ Abschn. 11.2 werden wir von der vergleichsweise strengeren Annahme ausgehen, dass diese beiden Variablen intervallskaliert sind. Auch unter dieser Annahme könnte und dürfte der Vorzeichen-Test durchgeführt werden, der t-Test für abhängige Stichproben ist dann aber der angemessenere Signifikanztest.

Stefanie: Wenn für jede Person die beiden ordinalskalierten Messwerte von x6 und x12 miteinander verglichen werden, gibt es jeweils drei Möglichkeiten:

- In der Gruppe 1 sind die Personen enthalten, die vor dem Treatment (x6) weniger entspannt sind als nach dem Treatment (x12). Für diese Personen ergibt sich eine positive Differenz für die Berechnung von x12 - x6 (nur die Richtung "positiv", nicht der genaue Wert ist dabei von Bedeutung).
- In der Gruppe 2 sind die Personen enthalten, die vor dem Treatment (x6) stärker entspannt sind als nach dem Treatment (x12). Für diese Personen ergibt sich eine negative

Differenz für die Berechnung von x12 - x6 (nur die Richtung "negativ", nicht der genaue Wert ist dabei von Bedeutung).

— In der Gruppe 3 sind die Personen enthalten, die vor dem Treatment (x6) genauso entspannt sind wie nach dem Treatment (x12). Für diese Personen ergibt sich eine Differenz von Null für die Berechnung von x12 - x6.

Im Vorzeichentest werden nur die beiden Gruppen 1 und 2, bei denen sich die Variable (Entspannung) verändert hat, berücksichtigt. Die Personen der Gruppe 3 bleiben bei der Analyse unberücksichtigt.

> **Stevie:** Aus unserer Vermutung (s. o.) können wir nun die für den Vorzeichentest abgeleitete *gerichtete* WH aufstellen:
>
> Wir vermuten, dass bei den Psychologiestudierenden die Anzahl bzw. die Häufigkeit der Personen, die, bedingt durch das Treatment, entspannter geworden sind (Gruppe 1: positive Differenz für x12 - x6), größer ist als die Anzahl bzw. die Häufigkeit der Personen, die, bedingt durch das Treatment, weniger entspannt geworden sind (Gruppe 2: negative Differenz für x12 - x6). Diese Vermutung basiert auf zahlreichen empirischen Befunden zu verschiedenen Entspannungstechniken.

3) Statistische Hypothesen (SH)

> **Stefanie:** Aus dieser wissenschaftlichen Hypothese wird die gerichtete Alternativhypothese H_1 abgeleitet: $f_1 > f_2$ (f = frequency ist die Populationshäufigkeit). Komplementär zu dieser H_1 lautet die Nullhypothese H_0: $f_1 \leq f_2$.

4) Versuchsplanung

Stefanie: Weil aus der wissenschaftlichen Hypothese die Alternativhypothese abgeleitet wurde und wir hier ein in der Vergangenheit schon gut bestätigtes Phänomen untersuchen, wählen wir diesmal eine sehr strenge Prüfung mit $\alpha = 1\% = 0{,}01$.

Es wurden N = 66 Psychologiestudierende aus dem zweiten Semester in Fribourg untersucht. Aber bei nur N = 50 Personen kam es zu einer Entspannungsveränderung (Gruppe 1 oder Gruppe 2).

🛈 Sprungmöglichkeit →

Wenn wir nach der Konvention von Cohen (1988, S. 149) von einem großen Effekt g = 0,25 ausgehen, dann liegt die Teststärke recht hoch bei 0,90 (Cohen, 1988, S. 153, Tab. 5.3.1). Da bei diesem Tabellenwert von einem α von nur 0,8 % (statt $\alpha = 1\%$) ausgegangen wird, ist davon auszugehen, dass die Teststärke dabei sogar noch unterschätzt wird.

🛈 ← Sprungmöglichkeit

5) Datenerhebung und Datentabelle

In ▶ Abschn. 4.3 und ▶ Kap. 6 wurde die Datentabelle erstellt, in der auch die Variablen x6 und x12 enthalten sind.

6) Stichprobenergebnisse bzw. SPSS Ergebnisse

Stefanie: Mit dem SPSS-Schema 11 wird nun die Durchführung des Vorzeichen-Tests mit dem SPSS vorgestellt.

Schritt 1	
Handlungen:	Die SPSS-Datei mit dem Dateinamen *Fragebogen* starten.
Auswirkungen:	SPSS-Bildschirm: *Datenansicht* mit der Datentabelle (N = 66 für x1 bis x22) ist aktiviert.

Schritt 2	
Handlungen:	1) In der Menüleiste *Analysieren* anklicken.
	2) In dem dadurch entstandenen ersten Untermenü *Nichtparametrische Tests* anvisieren, dann in dem neu entstandenen Untermenü *Alte Dialogfelder* anvisieren und dann in dem nächsten entstandenen Untermenü *Zwei verbundene Stichproben...* anklicken.
Auswirkungen:	Eine Dialogbox *Tests bei zwei verbundenen Stichproben* hat sich geöffnet.

Schritt 3	
Handlungen:	1) In dem linken Variablenfeld die Variable *x6* (körperliche Entspannung (vor)) markieren. Dann den *Pfeil* (links neben dem Testpaarefeld) anklicken, damit die Variable x6 in das Feld Testpaare übertragen wird.
	2) In dem linken Variablenfeld die Variable *x12* (körperliche Entspannung (nach)) markieren. Dann den *Pfeil* (links neben dem Testpaarefeld) anklicken, damit die Variable x12 in das Feld *Testpaare* übertragen wird.
	3) Unter der Fragestellung: *Welche Tests durchführen?* Das Kästchen bei *Wilcoxon* löschen (durch Anklicken des markierten Kästchens) und das Kästchen bei *Vorzeichen* anklicken.
	4) Den Button *Exakt* (rechts oben) anklicken, in dem dabei entstandenen Fenster *Exakte Tests* das Kreiskästchen (Radio-Button) für *Exakt* anklicken, dann den Button *Weiter* (links unten) anklicken.
Auswirkungen:	1) und 2) In der Dialogbox *Tests bei zwei verbundenen Stichproben* sind die Variablen x6 und x12 als Testpaare zur weiteren Bearbeitung ausgewählt.
	3) Der Vorzeichen-Test wurde ausgewählt.
	4) Neben der asymptotischen Irrtumswahrscheinlichkeit für ungerichtete Hypothesen werden nun auch noch die exakten Irrtumswahrscheinlichkeiten für gerichtete und ungerichtete Hypothesen angegeben.

Schritt 4	
Handlungen:	Den *OK-Button* (links unten) anklicken.
Auswirkungen:	Das Ausgabefenster mit den Ergebnissen wird angezeigt.

◻ **Abb. 10.3**   Vorzeichen-Test - SPSS-Schema 11

◘ Tab. 10.4 Anzahl der Personen für die drei Differenzgruppen von x12 - x6		
Häufigkeiten		
x12 - x6		**N**
	Negative Differenzen	6
	Positive Differenzen	44
	Bindungen **(Differenz = 0)**	16
	Gesamt	66

Stoffel: Speichern und Drucken der SPSS - Ergebnisse nicht vergessen.

Stevie: Im ersten Teil der SPSS-Ergebnisausgabe erhalten wir die ◘ Tab. 10.4, der wir u.a. entnehmen können, dass insgesamt N = 66 Personen untersucht wurden. Bei 6 von diesen Personen (negative Differenzen = Gruppe "2") kam es zu einer Verschlechterung des körperlichen Wohlbefindens nach der Entspannungstraumreise, bei 44 Personen (positive Differenzen = Gruppe "1") zu einer Verbesserung und bei 16 Personen (Bindungen = Gruppe "3") gab es keine Veränderung.

Die Anzahl der Bindungen wird bei den weiteren Analysen nicht berücksichtigt.

7) Vorbetrachtung und Betrachtung der Voraussetzungen

▪▪ Vorbetrachtung

Stefanie: Das Stichprobenergebnis spricht zumindest tendenziell für die Alternativhypothese: 44 (Gruppe "1") > 6 (Gruppe "2")

▪▪ Betrachtung der Voraussetzungen

Die Voraussetzungen für den Vorzeichen-Test (s. den Abschnitt *Prüfungen der Voraussetzungen für den U-Test und den Vorzeichen-Test* zu Beginn des ▶ Kap. 10) sind erfüllt.
   Die weiteren Analyseschritte des Signifikanztests werden absolviert.

8) Irrtumswahrscheinlichkeit p

Stevie: Im zweiten Teil der SPSS-Ergebnisausgabe (durch das SPSS-Schema 11 erzeugt) finden wir in der vierten Zeile die von uns benötigte exakte Irrtumswahrscheinlichkeit *für gerichtete Hypothesen* (im SPSS wird dazu die Angabe *1-seitig* gemacht), die wir in der ◘ Tab. 10.5 aufführen. Die weiteren Befunde für den Vorzeichen-Test (den Z-Wert, die asymptotische Signifikanz, die exakte Signifikanz für ungerichtete Hypothesen und die Punktwahrscheinlichkeit) benötigen wir hier nicht.

9) Entscheidung

Stefanie: Die Nullhypothese wird abgelehnt, weil $p < \alpha$ (0,000 < 0,01) ist.

☑ Tab. 10.5	Irrtumswahrscheinlichkeit für den Vorzeichen-Test	
x12 - x6		
Exakte Signifikanz (für gerichtete Hypothesen)		0,000

10) Ergebnisdarstellungen, Interpretation und Diskussion

Stoffel: Die Interpretation unseres Befundes lautet:

Der durchgeführte Vorzeichen-Test wurde signifikant (p < 0,01). Damit hat sich unsere gerichtete Vermutung, dass bei den Psychologiestudierenden die Anzahl bzw. die Häufigkeit der Personen, die, bedingt durch das Treatment, entspannter geworden sind (Gruppe 1: positive Differenz für x12 - x6), größer ist als die Anzahl bzw. die Häufigkeit der Personen, die bedingt durch das Treatment weniger entspannt geworden sind (Gruppe 2: negative Differenz für x12 - x6), (vorläufig) bewährt.

Auf die einzelnen Ergebnisdarstellungen und auf die Diskussion werden wir hier nicht weiter eingehen.

Mit der zusätzlichen Bestimmung und Darstellung des Stichprobeneffektes (s. Cohen, 1988, S. 147, Formel 5.2.1)

g = 0,88 - 0,5 = 0,38

(0,88 = 44 / 50 = Anzahl der Personen von Gruppe 1 / Anzahl der Personen von Gruppe 1 und 2)

sieht unser Interpretationsbefund folgendermaßen aus:

Der durchgeführte Vorzeichen-Test wurde signifikant (p < 0,01). Nach der Konvention von Cohen (1988, S. 149) liegt ein großer Stichprobeneffekt von g = 0,38 vor. Damit hat sich unsere gerichtete Vermutung, dass bei den Psychologiestudierenden die Anzahl bzw. die Häufigkeit der Personen, die bedingt durch das Treatment entspannter geworden sind (Gruppe 1: positive Differenz für x12 - x6), größer ist als die Anzahl bzw. die Häufigkeit der Personen, die bedingt durch das Treatment weniger entspannt geworden sind (Gruppe 2: negative Differenz für x12 - x6), (vorläufig) bewährt.

10.2.2 Ergänzungen

Stoffel: Ich bin etwas verwirrt. Ich hatte es so verstanden, dass für den Binomial-Test im ▶ Abschn. 9.3 die Messwerte nur auf dem Nominalskalenniveau liegen müssen.

Jetzt wird im ▶ Abschn. 10.2 für den Vorzeichen-Test, der von den Hypothesen und den durchzuführenden Analysen offensichtlich grundsätzlich mit dem Binomial-Test übereinstimmt, aber auf einmal das Ordinalskalenniveau verlangt. Wie ist dieser Widerspruch zu verstehen?

Stevie: Das wirkt nur auf den ersten Blick widersprüchlich:

Beim **Binomial-Test** (McNemar-chi^2-Test) im ▶ Abschn. 9.3 liegen die grundlegenden Messwerte der *Ausgangsvariablen* auf dem Nominalskalenniveau. Dann wird für jede Person ermittelt, ob eine Veränderung erfolgt ist, und wenn ja, in welche Richtung. Darauf basierend werden dann die Häufigkeiten für die zweistufige nominalskalierte *Berechnungsvariable* Gruppe 1 (Wechsel von *Nein* nach *Ja*) vs. Gruppe 2 (Wechsel von *Ja* nach *Nein*) ermittelt.

Beachte bitte: Für eine sinnvolle Entscheidung, ob die Veränderung von *Ja* nach *Nein* oder von *Nein* nach *Ja* erfolgt, müssen diese beiden *Ausgangsvariablen* nur mindestens nominalskaliert sein.

Hier werden also die Informationen von zwei dichotomen nominalskalierten *Ausgangsvariablen* so verarbeitet, dass eine zweistufige nominalskalierte *Berechnungsvariable* (Gruppe 1 vs. 2) resultiert, für die dann die Hypothesen aufgestellt werden und die Analysen des Signifikanztests durchgeführt werden.

Dagegen werden beim **Vorzeichentest** im ▶ Abschn. 10.2 die Messwerte auf dem Ordinalskalenniveau erfasst. Anschließend wird dann aber für jedes Messwertpaar die Differenz dieser ordinalskalierten Messwerte berechnet und dann wird nur noch die Information berücksichtigt, ob diese Differenz *positiv* (Gruppe 1) oder *negativ* (Gruppe 2) ist.

Beachte bitte: Für eine sinnvolle Entscheidung, ob die Differenz *positiv* oder *negativ* ist, müssen die beiden *Ausgangsvariablen* mindestens ordinalskaliert sein.

Die ursprünglich ordinalskalierten Messinformationen werden somit auf eine zweistufige nominalskalierte *Berechnungsvariable* (Gruppe 1 vs. 2) herunter transformiert.

Die Hypothesen zu den Häufigkeiten und die Auswertungen des Vorzeichentests (▶ Abschn. 10.2) beziehen sich dann in strenger Analogie zum Binomial-Test (▶ Abschn. 9.3) ebenfalls auf eine zweistufige nominalskalierte *Berechnungsvariable*.

Stoffel: Aha, und wie verhält es sich mit dem **Binomial-Test**, der anstelle des eindimensionalen chi^2-Tests durchgeführt werden könnte, wie es in der Übersicht zu Beginn von ▶ Kap. 9 erwähnt wird?

Stefanie: Im ▶ Abschn. 9.1.1 haben wir den eindimensionalen chi^2-Test mit einer zweistufigen nominalskalierten *Ausgangsvariablen* angewendet. Wenn wir alternativ mit dem Binomial-Test die exakte Irrtumswahrscheinlichkeit für diese Hypothesenprüfung bestimmen, dann werden die beiden Gruppen 1 und 2 und die Häufigkeiten dazu bereits durch diese dichotome nominalskalierte *Ausgangsvariable* festgelegt und es wird keine weitere *Berechnungsvariable* (wie in ▶ Abschn. 9.3 und ▶ Abschn. 10.2) benötigt.

10

t-Tests

© Springer-Verlag GmbH Deutschland, ein Teil von Springer Nature 2018

E. Kuhlmei, *Lerne mit uns Statistik!*, Springer-Lehrbuch, https://doi.org/10.1007/978-3-662-56082-2_11

Die t-Tests kommen bei Fragestellungen zur Anwendung, bei denen jeweils eine zweistufige *nominalskalierte Variable* (das ist dann normalerweise die unabhängige Variable) und eine *intervallskalierte Variable* (das ist dann normalerweise die abhängige Variable) vorliegen. Es wird geprüft, ob sich die beiden Gruppen der nominalskalierten Variablen in ihrer zentralen Tendenz auf der intervallskalierten Variablen unterscheiden.

Der *t-Test* für unabhängige Stichproben wird verwendet, wenn bei der zweistufigen nominalskalierten Variablen keine Abhängigkeit (▶ Abschn. 2.5.1.3) zwischen den beiden Stufen besteht. Im ▶ Abschn. 11.1.1 ist das die nominalskalierte zweistufige Variable *Sitzposition* (x15). Es geht dann für die beiden Gruppen (vorne vs. hinten) um die zentrale Tendenz auf der intervallskalierten Variablen *Berufseinschätzung* (x18).

Beim t-Test für unabhängige Stichproben sollten pro Gruppe mindestens fünf Personen untersucht werden. Nach Möglichkeit sollten die beiden Stichproben gleich groß ($N_1 = N_2$) und jeweils größer gleich 30 ($N_1 \geq 30$ und $N_2 \geq 30$) sein.

Beim *t-Test* für abhängige Stichproben liegt für die nominalskalierte Variable eine Abhängigkeit (▶ Abschn. 2.5.1.3) zwischen den beiden Stufen vor. Im ▶ Abschn. 11.2.1 verwenden wir eine Messwiederholung mit der nominalskalierten zweistufigen Variablen *Messzeitpunkt* (vor oder nach dem Treatment). Die intervallskalierte Variable ist hier die *körperliche Entspannung*. Aus berechnungstechnischen Gründen wird die Information der Variablen *Messzeitpunkt* auf die folgende Art und Weise mit der Variablen *körperliche Entspannung* gekoppelt: *intervallskalierte körperliche Entspannung* (vor) = x6 und *intervallskalierte körperliche Entspannung* (nach) = x12.

Beim t-Test für abhängige Stichproben sollten insgesamt mindestens zehn Personen untersucht werden. Nach Möglichkeit sollte die Stichprobe aber aus mindestens 30 Personen ($N \geq 30$) bestehen.

Im ▶ Abschn. 11.3 wird erläutert, wie der t-Test abläuft, wenn der eher selten auftretende Fall vorliegt, dass für eine der beiden untersuchten Gruppen (wird als Referenzgruppe bzw. Referenzpopulation "0" bezeichnet) der nominalskalierten Variablen (unabhängige Variable) der Populationsmittelwert (μ_0) bekannt ist. Im ▶ Abschn. 11.3.1 verwenden wir dabei die Variable *Studiumzufriedenheit* (x16).

Bei diesem t-Test, bei dem der Vergleich einer Stichprobe mit einer Population durchgeführt wird, sollten insgesamt mindestens zehn Personen untersucht werden. Nach Möglichkeit sollte die Stichprobe aber aus mindestens 30 Personen ($N \geq 30$) bestehen.

> **Prüfung der Voraussetzungen zu den t-Tests**
> In ▶ Abschn. 11.1.3, ▶ Abschn. 11.2.3 und ▶ Abschn. 11.3.2 werden die Bedingungen der t-Tests besprochen und mögliche alternative Verfahren genannt.
> Insgesamt können wir für die von uns im Kap. 11 verwendeten Beispiele Folgendes feststellen: Die Stichprobengrößen liegen ohne Ausnahme über 30 und sind beim t-Test für unabhängige Stichproben (▶ Abschn. 11.1) gleich groß ($N_1 = N_2 = 31$). Somit können wir jeweils den t-Test *problemlos* ohne die Prüfung seiner Voraussetzungen anwenden. Begründung: Robustheit der Signifikanztests und zentraler Grenzwertsatz für die Normalverteilung (❏ Abb. 11.1).

11.1   t-Test für unabhängige Stichproben

Stevie: Es gibt eine zweistufige nominalskalierte Variable 1, durch die zwei verschiedene Gruppen (Gruppe 1 und Gruppe 2, ohne Abhängigkeiten) festgelegt werden. Die Variable 2 ist (mindestens) intervallskaliert.

Abb. 11.1 Stefanie beim Testen verschiedener Teesorten (t-Test)

ℹ Sprungmöglichkeit →

Generelle ungerichtete statistische Hypothesen für den t-Test für unabhängige Stichproben

In der Nullhypothese H_0 wird davon ausgegangen, dass sich die arithmetischen Populationsmittelwerte µ (der Variablen 2) für die beiden Gruppen 1 und 2 (Variable 1) nicht unterscheiden: $\mu_{\text{Gruppe 1}} = \mu_{\text{Gruppe 2}}$.

Die Alternativhypothese H_1 behauptet dagegen, dass sich die arithmetischen Populationsmittelwerte µ (der Variablen 2) für die beiden Gruppen 1 und 2 (Variable 1) unterscheiden: $\mu_{\text{Gruppe 1}} \neq \mu_{\text{Gruppe 2}}$.

ℹ ← Sprungmöglichkeit

Es können hier auch problemlos gerichtete Hypothesen untersucht werden (▶ Abschn. 11.1.1).

11.1.1 Basisablauf

1) Fragestellung

Stefanie: Ich hoffe, ihr könnt es ertragen, wenn ich erneut die Thematik der Sitzposition der Studierenden im Hörsaal betrachte.
Stevie: Nichts lieber als das.
Stefanie: Es könnte jeweils einen Zusammenhang zwischen der Sitzposition der Studierenden mit den selbst eingeschätzten späteren Berufsmöglichkeiten, der selbst eingeschätzten Geselligkeit und der selbst eingeschätzten Zurückhaltung geben.
Stevie: Warum nicht? Aber damit hast du gleich drei Fragestellungen aufgezählt. Könntest du dich bitte zunächst auf die Fragestellung mit den Berufsmöglichkeiten beschränken und dann noch die Art des vermuteten Zusammenhangs präzisieren? Die anderen beiden Fragestellungen können wir im nächsten Abschnitt bei den Ergänzungen (▶ Abschn. 11.1.2) bearbeiten.

2) Wissenschaftliche Hypothese (WH)

> **Stefanie:** Ich vermute, dass Studierende, die in den vorderen Sitzreihen Platz nehmen (Gruppe 1), im Vergleich zu den Studierenden aus den hinteren Sitzreihen (Gruppe 2) ihre späteren Berufsmöglichkeiten vergleichsweise höher einschätzen, weil diese Studierenden motivierter, engagierter und insgesamt positiver eingestellt sind.

Stoffel: Es wundert mich nicht, so eine theoretische Erklärung von Stefanie zu hören, unserer kleinen Streberin, die immer in der ersten Reihe sitzt. Ich möchte betonen, dass die von Stefanie verwendeten Konzepte der Motivation, des Engagements und der positiven Einstellung hier von rein theoretischer Natur sind und von uns nicht geprüft werden.
Stevie: Wir können das hier auch gar nicht prüfen, weil in dem verwendeten Fragebogen dazu keine Variablen erhoben wurden.
Stefanie: Vielleicht werde ich später in meiner Masterarbeit diese Themen vertiefend bearbeiten und dann auch dazu entsprechende Variablen erfassen.
Stevie: Schön, schön, nun sollten wir unsere statistischen Hypothesen aufstellen.

3) Statistische Hypothesen (SH)

> **Stefanie:** Aus der gerichteten wissenschaftlichen Hypothese wird die gerichtete Alternativhypothese H_1 abgeleitet: $\mu_1 > \mu_2$ (μ = Populationsmittelwert auf der Variablen Berufsmöglichkeiten).
>   Komplementär zu dieser H_1 lautet die Nullhypothese H_0: $\mu_1 \leq \mu_2$.

11

4) Versuchsplanung

Stefanie: Aus der wissenschaftlichen Hypothese folgt die Alternativhypothese, dementsprechend wählen wir ein Signifikanzniveau von $\alpha = 5\% = 0{,}05$.
    Es wurden N = 66 Psychologiestudierende (zweites Semester in Fribourg) untersucht. Bei dieser Fragestellung liegen insgesamt die Messwerte von N = 62 Personen vor. Dabei ist N_1 (Gruppe 1, vorne) = N_2 (Gruppe 2, hinten) = 31 (◘ Tab. 11.1).

ℹ️ Sprungmöglichkeit →

Wenn wir nach der Konvention von Cohen (1988, S. 26) von einer mittleren Effektgröße d = 0,5 ausgehen, dann liegt die Teststärke bei 0,62. Würden wir von einer großen Effektgröße d = 0,8 ausgehen, dann würde die Teststärke bei 0,93 liegen (Cohen, 1988, S. 30, Tab. 2.3.2). Hinweis: Cohen (1988, S. 27) bezeichnet diesen Fall der Tabellenanwendung (unabhängige, gleich große Stichproben und Varianzgleichheit) als *„case 0"*.

ℹ️ ← Sprungmöglichkeit

◘ **Tab. 11.1**   Anzahl der Personen, Mittelwerte, Standardabweichungen für die unabhängige Variable x15 auf der abhängigen Variablen x18

Gruppenstatistiken	Berufsmöglichkeit = x18			
Sitzposition = x15		**N**	**Mittelwert**	**Standardabweichung**
	1 = vorne	31	79,84	17,91
	2 = hinten	31	64,00	17,93

5) Datenerhebung und Datentabelle

Siehe ► Abschn. 4.3 und ► Kap. 6 für die Erstellung der Datentabelle.

6) Stichprobenergebnisse bzw. SPSS Ergebnisse

Stefanie: Mit dem SPSS-Schema 12 wird nun die Durchführung des t-Tests für unabhängige Stichproben mit dem SPSS vorgestellt (◘ Abb. 11.2).

Stoffel: Speichern und Drucken bitte der SPSS - Ergebnisse nicht vergessen.

Stevie: Im ersten Teil der SPSS-Ergebnisausgabe erhalten wir eine Tabelle (◘ Tab. 11.1) mit den Informationen zur Anzahl der verarbeiteten Fälle N: 31 Studierende mit Sitzposition vorne und 31 Studierende mit Sitzposition hinten. Also haben insgesamt vier Studierende keine Angaben auf der Variablen x18 (Berufsmöglichkeiten) gemacht. Der Mittelwert für die Gruppe 1 (vorne) beträgt 79,84 und für die Gruppe 2 (hinten) beträgt er 64,00. Die Standardabweichungen liegen bei 17,91 für die Gruppe 1 und bei 17,93 für die Gruppe 2. Die weitere SPSS-Angabe zu den Standardfehlern der Mittelwerte benötigen wir hier nicht.

7) Vorbetrachtung und Betrachtung der Voraussetzungen

▪▪ **Vorbetrachtung**
Stefanie: Wenn meine wissenschaftliche Hypothese stimmen würde, dann müsste auch in dieser Stichprobe der Mittelwert für Gruppe 1 (vorne) größer sein als der Mittelwert für die Gruppe 2 (hinten). Das ist hier offensichtlich der Fall: 79,84 > 64,00. Das Stichprobenergebnis spricht damit in der Tendenz für die Alternativhypothese.

▪▪ **Betrachtung der Voraussetzungen**
Weil hier mit $N_1 = N_2 = 31$ gleich große Stichproben vorliegen, die jeweils größer als 30 sind, kann der t-Test *problemlos* ohne die Prüfung seiner Voraussetzungen (Varianzhomogenität und Normalverteilung) angewendet werden.
   Begründung: Robustheit des Signifikanztests und zentraler Grenzwertsatz für die Normalverteilung.
   Die weiteren Analyseschritte des Signifikanztests werden absolviert.

8) Empirische Prüfgröße und Irrtumswahrscheinlichkeit p

Stevie: Im zweiten Teil der SPSS-Ergebnisausgabe (durch das SPSS-Schema 12 erzeugt) finden wir in der ◘ Tab. 11.2 die weiteren Befunde für den t-Test für unabhängige Stichproben.

Schritt 1	
Handlungen:	Die SPSS-Datei mit dem Dateinamen *Fragebogen* starten.
Auswirkungen:	SPSS-Bildschirm: *Datenansicht* mit der Datentabelle (N = 66 für x1 bis x22) ist reaktiviert.

Schritt 2	
Handlungen:	1) In der Menüleiste *Analysieren* anklicken. 2) In dem dadurch entstandenen ersten Untermenü *Mittelwerte vergleichen* anvisieren und in dem zweiten entstandenen Untermenü *T-Test bei unabhängigen Stichproben...* anklicken.
Auswirkungen:	Eine Dialogbox *T-Test bei unabhängigen Stichproben* hat sich geöffnet.

Schritt 3	
Handlungen:	1) In dem linken Variablenfeld die Variable *x18* (Berufseinschätzung) markieren. Dann den *Pfeil* (links neben dem Testvariablenfeld) anklicken, damit die Variable x18 in das Feld T*estvariablen* übertragen wird. 2) In dem linken Variablenfeld die Variable *x15* (Sitzposition) markieren. Dann den *Pfeil* (links neben dem Gruppenvariablenfeld) anklicken, damit die Variable x15 in das Feld *Gruppenvariable* übertragen wird. 3) Den Button *Gruppen def. ...* (unter dem Gruppenvariablenfeld) anklicken.
Auswirkungen:	1) und 2) In der Dialogbox T*ests bei zwei unabhängigen Stichproben* sind die Variablen x15 (als Gruppenvariable) und x18 (als Testvariable) zur weiteren Bearbeitung ausgewählt. 3) Öffnung der Dialogbox: *Gruppen definieren*

Schritt 4	
Handlungen:	1) In dem Feld für Gruppe 1 den Wert "1" eintragen und in dem Feld für Gruppe 2 den Wert "2" eintragen. 2) Den Button *Weiter* (links unten) anklicken.
Auswirkungen:	Die Dialogbox T-*Test bei unabhängigen Stichproben* ist aktiviert und die beiden Gruppen der Variablen x15 sind festgelegt.

Schritt 5	
Handlungen:	Den *OK-Button* (links unten) anklicken.
Auswirkungen:	Das Ausgabefenster mit den Ergebnissen wird angezeigt.

◘ Abb. 11.2   t-Test für unabhängige Stichproben - SPSS-Schema 12

Wir werden hier nur die für uns wichtigen Resultate zum t-Test aus dem mittleren Teil dieser SPSS-Ergebnisausgabe verwenden. Im vorderen Teil der SPSS-Ausgabe werden die Ergebnisse zum Levene-Test (Prüfung der Varianzhomogenität) aufgelistet. Die mittlere Differenz, die Standardfehler der Differenzen und die Angaben zu den Konfidenzintervallen aus dem hinteren SPSS-Ergebnisausgabeteil werden hier nicht benötigt.

Da wir hier den t-Test durchführen, bei dem von der Varianzhomogenität ausgegangen wird, verwenden wir dabei nur die obere SPSS-Ergebniszeile (Varianzen sind gleich).

> ☐ **Tab. 11.2** Prüfgröße, Freiheitsgrad und Irrtumswahrscheinlichkeit für den t-Test für unabhängige Stichproben (mit der abhängigen Variablen x18)

Berufseinschätzung = x18	
t	3,48
df	60
Signifikanz (für ungerichtete Hypothesen)	0,001

Hinweis: Der Levene-Test mit einer Irrtumswahrscheinlichkeit über 0,2 (hier: 0,309) spricht nicht gegen diese Varianzhomogenitätsvermutung.

Stoffel: In der zweiten Zeile ist die empirische Prüfgröße t_{emp} = 3,48 (im SPSS mit dem Buchstaben "T" gekennzeichnet) angegeben.

Der Freiheitsgrad (df = degree of freedom) = N_1 + N_2 - 2 = 31 + 31 - 2 = 60 wird bei der Bestimmung der Stichprobeneffektgröße (s.u.) benötigt.

Da wir hier eine gerichtete Alternativhypothese vertreten, muss der Wert 0,001 (vierte Zeile der ☐ Tab. 11.2) halbiert werden (die SPSS-Angabe "2-seitig" ist hier gleichbedeutend mit ungerichteter Hypothese). Die Irrtumswahrscheinlichkeit ist

$$p = \frac{0,001}{2} = 0,0005.$$

9) Entscheidung

Stoffel: Weil p < α (0,0005 < 0,05) ist, wird die Nullhypothese abgelehnt.

10) Ergebnisdarstellungen, Interpretation und Diskussion

Stoffel: Die Interpretation unseres Befundes lautet:

Der durchgeführte t-Test wurde signifikant (t_{emp} = 3,48, p = 0,0005). Damit hat sich unsere Vermutung, Studierende, die in den vorderen Reihen sitzen, schätzen im Vergleich zu den Studierenden aus den hinteren Sitzreihen ihre späteren Berufsmöglichkeiten im Durchschnitt höher ein, (vorläufig) bewährt.

Auf die einzelnen Ergebnisdarstellungen und auf die Diskussion werden wir hier nicht weiter eingehen.

Stevie: Das ist soweit in Ordnung. Wir könnten es prinzipiell dabei belassen. Wenn du dich aber ganz besonders positiv hervorheben möchtest, lieber Stoffel, dann kannst du bei der Interpretation auch noch die geschätzte Effektgröße relativ leicht berechnen. Das wird im SPSS leider nicht bestimmt und angeben.

Stoffel: Natürlich möchte ich gerne glänzend dastehen. Aber worum geht es dabei eigentlich?

Stevie: Mit der Stichprobeneffektgröße η^2 = eta² (s. Rasch et al., 2014a, S. 53-54), deren Berechnung ich gleich aufzeige, kann man ausdrücken, wie viel Prozent der Stichprobenvarianz der untersuchten abhängigen Variablen (hier x18 = Berufsmöglichkeiten) auf die unabhängige Variable (hier x15 = Sitzposition) zurückgeführt werden kann:

$$\eta^2 = \frac{\dfrac{t^2}{df}}{1+\dfrac{t^2}{df}} = \frac{\dfrac{(3,48)^2}{60}}{1+\dfrac{(3,48)^2}{60}} = 0,17 = 17\%.$$

Unsere Interpretation sieht dann so aus:

Der durchgeführte t-Test wurde signifikant ($t_{emp} = 3,48$, p = 0,0005). 17 % ($\eta^2 = 0,17$) der Stichprobenvarianz der abhängigen Variablen Berufsmöglichkeiten (x18) sind auf die unabhängige Variable Sitzposition (x15) zurückzuführen. Damit hat sich unsere Vermutung, dass Studierende, die in den vorderen Reihen sitzen, im Vergleich zu den Studierenden aus den hinteren Sitzreihen ihre späteren Berufsmöglichkeiten im Durchschnitt höher einschätzen, (vorläufig) bewährt.

Stefanie: Ich sehe mir den Abschn. 3.3 im Buch von Rasch et al. (2014a, S. 48-54) dazu noch genauer an.

Stoffel: Ich werde das einfach so machen, auch wenn ich es noch nicht so ganz verstanden habe.

11.1.2 Ergänzungen

11.1.2.1 Gerichtete Hypothesen

1) Fragestellung

Stefanie: Kommen wir zu der nächsten Fragestellung über den Zusammenhang zwischen der Sitzposition der Studierenden (x15) mit der selbst eingeschätzten Zurückhaltung (x11).

11

2) Wissenschaftliche Hypothese (WH)

> **Stefanie:** Ich vermute, dass Studierende, die in den vorderen Sitzreihen Platz nehmen (Gruppe 1), im Vergleich zu den Studierenden aus den hinteren Sitzreihen (Gruppe 2) sich selber vergleichsweise als weniger zurückhaltend einschätzen, weil das Platz-Nehmen in den vorderen Sitzreihen auf eine gewisse Art eine stärkere Beteiligung ausdrückt.

3) Statistische Hypothesen (SH)

> **Stefanie:** Aus der gerichteten wissenschaftlichen Hypothese wird die gerichtete Alternativhypothese H_1 abgeleitet: $\mu_1 < \mu_2$ (μ = Populationsmittelwert auf der Variablen Zurückhaltend).
> Komplementär zu dieser H_1 lautet die Nullhypothese H_0: $\mu_1 \geq \mu_2$.

4) Versuchsplanung

Stefanie: Aus der wissenschaftlichen Hypothese folgt die Alternativhypothese. Dementsprechend wählen wir ein Signifikanzniveau von $\alpha = 5\% = 0,05$.

Es wurden N = 66 Psychologiestudierende (zweites Semester in Fribourg) untersucht. Bei dieser Fragestellung liegen insgesamt die Messwerte von N = 62 Personen vor. Dabei ist N_1 (Gruppe 1, vorne) = N_2 (Gruppe 2, hinten) = 31 (◘ Tab. 11.1).

❶ Sprungmöglichkeit →

Wenn wir nach der Konvention von Cohen (1988, S. 26) von einer mittleren Effektgröße d = 0,5 ausgehen, dann liegt die Teststärke bei 0,62. Würden wir von einer großen Effektgröße d = 0,8 ausgehen, dann würde die Teststärke bei 0,93 liegen (Cohen, 1988, S. 30, Tab. 2.3.2). Hinweis: Cohen (1988, S. 27) bezeichnet diesen Fall der Tabellenanwendung (unabhängige, gleich große Stichproben und Varianzgleichheit) als „*case 0*".

❶ ← Sprungmöglichkeit

5) Datenerhebung und Datentabelle

Siehe ▶ Abschn. 4.3 und ▶ Kap. 6 für die Erstellung der Datentabelle.

6) Stichprobenergebnisse bzw. SPSS Ergebnisse

Stefanie: Mit dem SPSS-Schema 12 (▶ Abschn. 11.1.1) kann nun wieder der t-Test für unabhängige Stichproben durchgeführt werden.

Stevie: Im ersten Teil der SPSS-Ergebnisausgabe erhalten wir die Informationen zu der Anzahl der verarbeiteten Fälle N: 31 Studierende mit Sitzposition vorne und 31 Studierende mit Sitzposition hinten. Also haben insgesamt vier Studierende keine Angaben auf der Variablen x11 (Zurückhaltend) gemacht. Der Mittelwert für die Gruppe 1 (vorne) beträgt 36,39 und für die Gruppe 2 (hinten) 36,03. Die Standardabweichungen liegen bei 19,19 für die Gruppe 1 und bei 20,35 für die Gruppe 2 (◘ Tab. 11.3).

7) Vorbetrachtung und Betrachtung der Voraussetzungen

■■ **Vorbetrachtung**
Stefanie: Wenn meine wissenschaftliche Hypothese stimmen würde, dann müsste auch in dieser Stichprobe der Mittelwert für Gruppe 1 (vorne) kleiner sein als der Mittelwert für die Gruppe 2 (hinten). Das ist hier offensichtlich nicht der Fall: 36,39 > 36,03. Das Stichprobenergebnis spricht damit bereits in der Tendenz für die Nullhypothese. Die weiteren Analyseschritte des Signifikanztests (Punkt 8) werden abgebrochen und die Nullhypothese wird (vorläufig) beibehalten.

◘ **Tab. 11.3** Anzahl der Personen, Mittelwerte, Standardabweichungen für die unabhängige Variable x15 auf der abhängigen Variablen x11

Gruppenstatistiken	Zurückhaltend = x11			
Sitzposition = x15		**N**	**Mittelwert**	**Standardabweichung**
	1 = vorne	31	36,39	19,19
	2 = hinten	31	36,03	20,35

■■ **Betrachtung der Voraussetzungen**

Die Betrachtung der Voraussetzungen entfällt, weil kein Signifikanztest durchgeführt wird.

8) Empirische Prüfgröße und Irrtumswahrscheinlichkeit p

Entfällt (kein Signifikanztest durchgeführt).

9) Entscheidung

Weil $p > 0,5$ (damit ist $p > \alpha$) wird die Nullhypothese (vorläufig) beibehalten.

10) Ergebnisdarstellungen, Interpretation und Diskussion

Die Interpretation unseres Befundes lautet:
  Der Vergleich der Mittelwerte 36,39 (Gruppe 1, vorne) > 36,03 (Gruppe 2, hinten) spricht tendenziell gegen unsere Vermutung. Damit hat sich unsere Vermutung, Studierende, die in den vorderen Reihen sitzen, schätzen sich im Vergleich zu den Studierenden aus den hinteren Sitzreihen durchschnittlich als weniger zurückhaltend ein, (vorläufig) nicht bewährt.

Stevie: Da hier für eine gerichtete Hypothese praktisch eine Art *negativer experimenteller Effekt* vorliegt, könnte man hier im Sinne der von Westermann und Hager (1982) vorgeschlagenen Entscheidungsstrategie das *„(vorläufig) Nicht-Bewährt"* durch ein einfaches *„Nicht-Bewährt"* ersetzen.
  Auf die einzelnen Ergebnisdarstellungen und auf die Diskussion werden wir hier nicht weiter eingehen.
  Die Bestimmung der Stichprobeneffektgröße eta^2 ist hier nicht sinnvoll.

11.1.2.2   Ungerichtete Hypothesen

1) Fragestellung

Stefanie: Es bleibt noch die dritte Fragestellung über den Zusammenhang zwischen der Sitzposition der Studierenden (x15) mit der selbst eingeschätzten Geselligkeit (x10) zu bearbeiten. Ich denke, die Studierenden, die weiter vorne sitzen, sind vergleichsweise geselliger.
Stoffel: Ich vermute das genaue Gegenteil: In den hinteren Sitzreihen ist es meistens schön gemütlich und auch gesellig, davon bekommt Stefanie nur nie etwas mit.
Stevie: Prima, dann werden wir jetzt noch eine ungerichtete Vermutung überprüfen.

2) Wissenschaftliche Hypothese (WH)

> **Stevie:** Ich vermute, dass Studierende, die in den vorderen Sitzreihen Platz nehmen (Gruppe 1), im Vergleich zu den Studierenden aus den hinteren Sitzreihen (Gruppe 2) ihre Geselligkeit vergleichsweise *niedriger oder höher* einschätzen. Hinter dieser Vermutung steckt die theoretische Annahme, dass sich verschiedene Ausprägungen auf dem Persönlichkeitsfaktor "Geselligkeit" in konkretem Verhalten, wie z.B. der Auswahl der Sitzposition in einem Hörsaal, niederschlagen.

11

3) Statistische Hypothesen (SH)

> **Stevie:** Aus der ungerichteten wissenschaftlichen Hypothese wird die ungerichtete Alternativhypothese H_1 abgeleitet: $\mu_1 \neq \mu_2$ (μ = Populationsmittelwert auf der Variablen Geselligkeit).
> Komplementär zu dieser H_1 lautet die Nullhypothese H_0: $\mu_1 = \mu_2$.

4) Versuchsplanung

Stevie: Aus der wissenschaftlichen Hypothese folgt die Alternativhypothese. Dementsprechend wählen wir ein Signifikanzniveau von $\alpha = 5\% = 0{,}05$.
Es wurden N = 66 Psychologiestudierende (zweites Semester in Fribourg) untersucht. Bei dieser Fragestellung liegen insgesamt die Messwerte von N = 62 Personen vor. Dabei ist N_1 (Gruppe 1, vorne) = N_2 (Gruppe 2, hinten) = 31 (◘ Tab. 11.1).

ℹ️ Sprungmöglichkeit →

Wenn wir nach der Konvention von Cohen (1988, S. 26) von einer mittleren Effektgröße d = 0,5 ausgehen, dann liegt die Teststärke bei 0,49. Würden wir von einer großen Effektgröße d = 0,8 ausgehen, dann würde die Teststärke bei 0,87 liegen (Cohen, 1988, S. 36, Tab. 2.3.5). Hinweis: Cohen (1988, S. 27) bezeichnet diesen Fall der Tabellenanwendung (unabhängige, gleich große Stichproben und Varianzgleichheit) als *„case 0"*.

ℹ️ ← Sprungmöglichkeit

5) Datenerhebung und Datentabelle

Siehe ▶ Abschn. 4.3 und ▶ Kap. 6 für die Erstellung der Datentabelle.

6) Stichprobenergebnisse bzw. SPSS Ergebnisse

Stevie: Mit dem SPSS-Schema 12 (▶ Abschn. 11.1.1) kann erneut die Durchführung des t-Tests für unabhängige Stichproben mit dem SPSS ablaufen.
Im ersten Teil der SPSS-Ergebnisausgabe erhalten wir die Informationen zur Anzahl der verarbeiteten Fälle N: 31 Studierende mit Sitzposition vorne und 31 Studierende mit Sitzposition hinten. Also haben insgesamt vier Studierende keine Angaben auf der Variablen x10 (Geselligkeit) gemacht. Der Mittelwert für die Gruppe 1 (vorne) beträgt 72,48 und für die Gruppe 2 (hinten) beträgt er 73,77. Die Standardabweichungen liegen bei 14,54 für die Gruppe 1 und bei 16,06 für die Gruppe 2 (◘ Tab. 11.4).

7) Vorbetrachtung und Betrachtung der Voraussetzungen

▪▪ **Vorbetrachtung**

Stevie: Wenn meine wissenschaftliche Hypothese stimmen würde, dann müsste sich auch in dieser Stichprobe der Mittelwert für die Gruppe 1 (vorne) vom Mittelwert für die Gruppe 2 (hinten) unterscheiden. Das ist hier offensichtlich der Fall (72,48 ≠ 73,77). Das Stichprobenergebnis spricht damit in der Tendenz für die Alternativhypothese.

◘ Tab. 11.4 Anzahl der Personen, Mittelwerte, Standardabweichungen für die unabhängige Variable x15 auf der abhängigen Variablen x10

Gruppenstatistiken	Geselligkeit = x10			
Sitzposition = x15		**N**	**Mittelwert**	**Standardabweichung**
	1 = vorne	31	72,48	14,54
	2 = hinten	31	73,77	16,06

▪▪ Betrachtung der Voraussetzungen

Weil hier mit $N_1 = N_2 = 31$ gleich große Stichproben vorliegen, die jeweils größer als 30 sind, kann der t-Test *problemlos* ohne die Prüfung seiner Voraussetzungen (Varianzhomogenität und Normalverteilung) angewendet werden. Begründung: Robustheit der Signifikanztests und zentraler Grenzwertsatz für die Normalverteilung.

Wir können sinnvoll den nächsten Ablaufschritt des Signifikanztests durchführen.

8) Empirische Prüfgröße und Irrtumswahrscheinlichkeit p

Stevie: Im zweiten Teil der SPSS-Ergebnisausgabe (durch das SPSS-Schema 12 erzeugt) finden wir wieder sehr viele Resultate. Die zur Durchführung des t-Tests benötigten Informationen sind in der ◘ Tab. 11.5 eingetragen.

Stoffel: In der zweiten Zeile ist die empirische Prüfgröße t_{emp} = -0,332 (im SPSS mit dem Buchstaben "T" gekennzeichnet) angegeben.

Der Freiheitsgrad (df = degree of freedom) = $N_1 + N_2 - 2$ = 31 + 31 - 2 = 60 könnte erneut bei der Bestimmung der Stichprobeneffektgröße verwendet werden.

Da wir hier eine ungerichtete Alternativhypothese vertreten (die SPSS-Angabe "2-seitig" ist hier gleichbedeutend mit ungerichteter Hypothese), können wir unmittelbar die Irrtumswahrscheinlichkeit p = 0,741 verwenden.

9) Entscheidung

Stoffel: Weil p > α (0,741 > 0,05) wird die Nullhypothese (vorläufig) beibehalten.

◘ Tab. 11.5 Prüfgröße, Freiheitsgrad und Irrtumswahrscheinlichkeit für den t-Test für unabhängige Stichproben (mit der abhängigen Variablen x10)

Geselligkeit = x10	
t	-0,332
df	60
Signifikanz (für ungerichtete Hypothesen)	0,741

10) Ergebnisdarstellungen, Interpretation und Diskussion

Stoffel: Die Interpretation unseres Befundes lautet:

Der durchgeführte t-Test wurde nicht signifikant (t_{emp} = - 0,332, p = 0,741). Damit hat sich unsere Vermutung, dass Studierende, die in den vorderen Reihen sitzen, im Vergleich zu den Studierenden aus den hinteren Sitzreihen ihre Geselligkeit im Durchschnitt als niedriger oder höher einschätzen, (vorläufig) nicht bewährt.

Auf die einzelnen Ergebnisdarstellungen und auf die Diskussion werden wir hier nicht weiter eingehen.

Wenn es gewünscht wird, könnte hier nach der gleichen Formel wie im ▶ Abschn. 11.1.1 zusätzlich die voraussichtlich sehr kleine Stichprobeneffektgröße eta^2 ermittelt und angegeben werden.

11.1.2.3 Populationsmittelwertunterschiede, die von Null abweichen sollen

1) Fragestellung

Stefanie: Ich komme noch einmal auf meine Fragestellung aus dem ▶ Abschn. 11.1.1 zurück: Gibt es einen Zusammenhang zwischen der Sitzposition der Studierenden und den selbst eingeschätzten späteren Berufsmöglichkeiten?

Dabei hatte ich vermutet, dass es einen gerichteten Unterschied zwischen den beiden Gruppen (vordere und hintere Sitzreihen) gibt, aber über die Höhe der Differenz hatte ich keine Vermutungen aufgestellt.

Wie müssten wir vorgehen, wenn wir gut begründet, basierend auf früheren empirischen Befunden oder auf präziseren theoretischen Annahmen, eine bestimmte Abweichung, zum Beispiel von zehn Maßeinheiten auf der Skala von 0 bis 100, erwarten würden?

Stoffel: Oh je, es war dir wohl bislang in diesem Kapitel noch nicht kompliziert genug?

Stevie: Mit einem kleinen Trick kann auch diese Problematik bearbeitet und gelöst werden. Gehen wir einfach einmal die verschiedenen Ablaufschritte dazu durch.

2) Wissenschaftliche Hypothese (WH)

> **Stefanie:** Ich vermute, dass Studierende, die in den vorderen Sitzreihen Platz nehmen (Gruppe 1), im Vergleich zu Studierenden aus den hinteren Sitzreihen (Gruppe 2) ihre späteren Berufsmöglichkeiten im Durchschnitt um zehn Maßeinheiten (auf einer Skala von 0 bis 100) vergleichsweise höher einschätzen.

3) Statistische Hypothesen (SH)

> **Stefanie:** Aus der wissenschaftlichen Hypothese wird die gerichtete Alternativhypothese H_1 abgeleitet: $\mu_1 > \mu_2 + 10$ (μ = Populationsmittelwert auf der Variablen Berufsmöglichkeiten).
> Komplementär zu dieser H_1 lautet die Nullhypothese H_0: $\mu_1 \leq \mu_2 + 10$.

4) Versuchsplanung

Stefanie: Aus der wissenschaftlichen Hypothese folgt die Alternativhypothese. Dementsprechend wählen wir ein Signifikanzniveau von $\alpha = 5\,\% = 0{,}05$.

Es wurden N = 66 Psychologiestudierende (zweites Semester in Fribourg) untersucht. Bei dieser Fragestellung liegen insgesamt die Messwerte von N = 62 Personen vor. Dabei ist N_1 (Gruppe 1, vorne) = N_2 (Gruppe 2, hinten) = 31 (◘ Tab. 11.1).

ⓘ Sprungmöglichkeit →

Wenn wir nach der Konvention von Cohen (1988, S. 26) von einer mittleren Effektgröße d = 0,5 ausgehen, dann liegt die Teststärke bei 0,62. Würden wir von einer großen Effektgröße d = 0,8 ausgehen, dann würde die Teststärke bei 0,93 liegen (Cohen, 1988, S. 30, Tab. 2.3.2). Hinweis: Cohen (1988, S. 27) bezeichnet diesen Fall der Tabellenanwendung (unabhängige, gleich große Stichproben und Varianzgleichheit) als „*case 0*".

ⓘ ← Sprungmöglichkeit

5) Datenerhebung und Datentabelle

Siehe ► Abschn. 4.3 und ► Kap. 6 für die Erstellung der Datentabelle.

Stevie: Nun muss der kleine Trick angewendet werden. Mithilfe des SPSS-Befehls *Bedingte Generierung von Variablen* erzeugen wir die neue Variable x18plus. Dabei wird nur den Studierenden, die in den hinteren Sitzreihen Platz genommen haben (Gruppe 2), auf der Variablen x18 der Wert "10" dazu addiert. Der SPSS-Syntaxbefehl (über die Menübefehle: *Datei Neu Syntax* zu aktivieren) dazu lautet:

```
IF (x15 = 1) x18plus = x18.
IF (x15 = 2) x18plus = x18 + 10.
EXECUTE.
```

Bitte beachten: Unbedingt die Punkte „." am Ende jeder der drei Zeilen eintippen.

Hinweis: Damit das funktionieren kann, müssen die Variablen x15 und x18 natürlich so wie hier (► Kap. 6) bereits im Datensatz enthalten sein. Die drei Befehlszeilen sind dann gemeinsam zu markieren und anschließend auszuführen (Mitte oben im Syntaxeditor-Fenster: *Grünes Dreieck* anklicken).

Stefanie: Ich übersetzte das mal:

Wenn einer der Studierenden in den vorderen Sitzreihen Platz genommen hat (Gruppe 1, also x15 = 1), dann wird bei dieser Person auf der Variablen x18 (Berufseinschätzung) keine Veränderung vorgenommen.

Wenn einer der Studierenden in den hinteren Sitzreihen Platz genommen hat (Gruppe 2, also x15 = 2), dann wird dieser Person auf der Variablen x18 (Berufseinschätzung) ein Wert von "10" dazu addiert.

Die dabei resultierende neue Variable bekommt die Bezeichnung x18plus.

Stoffel: Ich verstehe: In der neuen Variablen x18plus haben nun alle Studierenden der Gruppe 2 (hinten) einen um zehn Maßeinheiten erhöhten Wert, bei den Studierenden der Gruppe 1 (vorne) hat sich aber nichts geändert.

Stevie: Wir sollten uns darüber im Klaren sein, dass die neue Variable x18plus nur eine rechentechnische Hilfsvariable ist und keine echten Messwerte mehr angibt.

Wenn wir dann aber im Folgenden bei der Durchführung des t-Tests die Variable x15 als unabhängige Variable verwenden und x18plus als abhängige Variable, können wir die SPSS-Ergebnisse so wie im ▶ Abschn. 11.1.1 (mit $H_1: \mu_1 > \mu_2$) verwenden, obwohl wir hier jetzt die $H_1: \mu_1 > \mu_2 + 10$ prüfen.

6) Stichprobenergebnisse bzw. SPSS Ergebnisse

Stefanie: Mit dem SPSS-Schema 12 (▶ Abschn. 11.1.1) erfolgt nun wieder die Durchführung des t-Tests für unabhängige Stichproben mit dem SPSS.

Dabei wird dann aber beim ersten Punkt von Schritt 3 anstelle der Variablen x18 die neue Variable x18plus markiert und in das Testvariablenfeld übertragen.

Stevie: Im ersten Teil der SPSS-Ergebnisausgabe erhalten wir eine Tabelle mit den Informationen zur Anzahl der verarbeiteten Fälle N: 31 Studierende mit Sitzposition vorne und 31 Studierende mit Sitzposition hinten. Der Mittelwert für die Gruppe 1 (vorne) beträgt, wie zu erwarten war, unverändert 79,84. Für die Gruppe 2 (hinten) erhöht sich der Wert erwartungsgemäß auf 74,00 (64,00 + 10). Die Standardabweichungen liegen unverändert bei 17,91 für die Gruppe 1 und bei 17,93 für die Gruppe 2 (❏ Tab. 11.6).

7) Vorbetrachtung und Betrachtung der Voraussetzungen

Vorbetrachtung

Stefanie: Wenn meine wissenschaftliche Hypothese stimmen würde, dann müsste in dieser Stichprobe der Mittelwert für Gruppe 1 (vorne) größer sein als der Mittelwert für die Gruppe 2 (hinten). Das ist hier offensichtlich der Fall: 79,84 > 74,00 (64,00 + 10).

Das Stichprobenergebnis spricht damit in der Tendenz für die Alternativhypothese.

▪▪ Betrachtung der Voraussetzungen

Weil hier mit $N_1 = N_2 = 31$ gleich große Stichproben vorliegen, die jeweils größer als 30 sind, kann der t-Test *problemlos* ohne die Prüfung seiner Voraussetzungen (Varianzhomogenität und Normalverteilung) angewendet werden. Begründung: Robustheit des Signifikanztests und zentraler Grenzwertsatz für die Normalverteilung.

❏ **Tab. 11.6** Anzahl der Personen, Mittelwerte, Standardabweichungen für die unabhängige Variable x15 auf der abhängigen Variablen x18plus

Gruppenstatistiken	x18plus			
Sitzposition = x15		N	Mittelwert	Standardabweichung
	1 = vorne	31	79,84	17,91
	2 = hinten	31	74,00	17,93

◘ **Tab. 11.7**   Prüfgröße, Freiheitsgrad und Irrtumswahrscheinlichkeit für den t-Test für unabhängige Stichproben (mit der abhängigen Variablen x18plus)

x18plus	
t	1,28
df	60
Signifikanz (für ungerichtete Hypothesen)	0,204

8) Empirische Prüfgröße und Irrtumswahrscheinlichkeit p

Stevie: Im zweiten Teil der SPSS-Ergebnisausgabe (durch das SPSS-Schema 12 erzeugt) finden wir in der ◘ Tab. 11.7 die weiteren Befunde für den t-Test für unabhängige Stichproben.

Stoffel: In der zweiten Zeile ist die empirische Prüfgröße t_{emp} = 1,28 (im SPSS mit dem Buchstaben "T" gekennzeichnet) angegeben.

Der Freiheitsgrad (df = degree of freedom) = $N_1 + N_2 - 2$ = 31 + 31 - 2 = 60 könnte bei der Bestimmung der Stichprobeneffektgröße verwendet werden.

Da wir hier eine gerichtete Alternativhypothese vertreten, muss der Wert 0,204 (vierte Zeile in ◘ Tab. 11.7) halbiert werden (die SPSS-Angabe "2-seitig" ist hier gleichbedeutend mit ungerichteter Hypothese). Die Irrtumswahrscheinlichkeit ist

$$p = \frac{0,204}{2} = 0,102.$$

9) Entscheidung

Stoffel: Weil p > α (0,102 > 0,05) ist, wird die Nullhypothese (vorläufig) beibehalten.

10) Ergebnisdarstellungen, Interpretation und Diskussion

Stoffel: Die Interpretation unseres Befundes lautet:

Der durchgeführte t-Test wurde nicht signifikant (t_{emp} = 1,28, p = 0,102). Unsere Vermutung, Studierende, die in den vorderen Reihen sitzen, schätzen im Vergleich zu den Studierenden aus den hinteren Sitzreihen ihre späteren Berufsmöglichkeiten im Durchschnitt um zehn Maßeinheiten höher ein, hat sich (vorläufig) nicht bewährt.

Auf die einzelnen Ergebnisdarstellungen und auf die Diskussion werden wir hier nicht weiter eingehen.

Wenn es gewünscht wird, könnte hier nach der gleichen Formel wie im ▶ Abschn. 11.1.1 zusätzlich die Stichprobeneffektgröße eta^2 ermittelt und angegeben werden.

ⓘ Sprungmöglichkeit →

11

11.1.3 Anwendungsbedingungen des t-Tests und Alternativen

Stevie: Wir möchten hier ergänzend zu der von uns im ▶ Abschn. 8.4 vorgeschlagenen Strategie (Durchführung der Signifikanztests ohne Prüfungen der Modellvoraussetzungen) noch eine alternative Vorgehensweise vorstellen, bei der die Prüfungen der Modellvoraussetzungen teilweise erforderlich sind, aber auf die Annahme der Robustheit des t-Tests bei kleineren Stichproben (N < 30 pro Gruppe) verzichtet werden kann.

Für die folgenden Entscheidungsvorschläge zur Verwendung des t-Tests, der Prüfung seiner Voraussetzungen und der Auswahl bzw. Verwendung alternativer Verfahren (Welch-Test und U-Test) orientieren wir uns an den Büchern von Bortz und Schuster (2010, S. 122), Diehl und Arbinger (2001, S. 145-147), Rasch et al. (2014a, S. 43-44) und Westermann (2000, S. 333-334). Wir haben versucht, die insgesamt recht komplizierten und teilweise etwas unübersichtlich dargestellten Zusammenhänge in zwei möglichst einfachen Regeln zusammenzufassen.

Auf die insbesondere von Diehl und Arbinger (2001) angesprochene mögliche Verwendung des z-Tests in dem hier betrachteten Kontext, der Prüfung von Mittelwertunterschieden, gehen wir nicht ein, weil dazu kein Signifikanztest im SPSS angeboten wird.

Bedienungs- und Auswahlregeln: Der t-Test für unabhängige Stichproben und seine Alternativen, mit Prüfungen der Voraussetzungen

Regel 1: Anwendung des t-Tests

Wenn die beiden Stichproben gleich groß ($N_1 = N_2$) und jeweils größer als 30 ($N_1 > 30$ und $N_2 > 30$) sind, wird der t-Test *problemlos* ohne die Prüfung seiner Voraussetzungen (Varianzhomogenität und Normalverteilung) angewendet. Begründung: Robustheit des Signifikanztests und zentraler Grenzwertsatz für die Normalverteilung.

Regel 2: t-Test, Welch-Test oder U-Test?

Wenn die beiden Stichproben nicht gleich groß ($N_1 \neq N_2$) und/oder nicht jeweils größer als 30 sind ($N_1 \leq 30$ und/oder $N_2 \leq 30$), werden die beiden Voraussetzungen (Varianzhomogenität und Normalverteilung) geprüft:

a. **Anwendung des t-Tests**

Wenn beide Voraussetzungen (Varianzhomogenität und Normalverteilung) als erfüllt (nicht verletzt) eingestuft werden, wird der t-Test verwendet.

b. **Anwendung des Welch-Tests**

Wenn die Varianzhomogenitätsannahme (Levene-Test im SPSS bei Verwendung des t-Tests) als verletzt und die Normalverteilungsannahme als erfüllt (nicht verletzt) eingestuft werden, wird der Welch-Test verwendet.

c. **Anwendung des U-Tests**

Wenn die Normalverteilungsannahme als verletzt eingestuft wird (die Varianzhomogenitätsannahme kann als erfüllt oder verletzt bewertet werden), wird der U-Test verwendet.

Stefanie: Bei Regel 1 ist zu beachten, dass knappe Signifikanztestentscheidungen (die Irrtumswahrscheinlichkeit p und das Signifikanzniveau α liegen nah beieinander) nur mit besonderer Vorsicht zu verwenden sind (Westermann, 2000, S. 334).

Stoffel: Ich möchte darauf hinweisen, dass die Ergebnisse des *Welch-Tests* (s. Regel 2b) standardmäßig im zweiten Teil der SPSS-Ergebnisausgabe beim t-Test für unabhängige Stichproben in der unteren Zeile (Varianzen sind nicht gleich) mitgeliefert werden (▶ Abschn. 11.1.1, Punkt 8 im Ablaufschema).

Stevie: In den diversen Statistikbüchern wird die Notwendigkeit der Prüfung der *Normalverteilungsannahme* bei den verschiedenen parametrischen Signifikanztests unterschiedlich bewertet. Einigkeit besteht weitestgehend darüber, dass die möglichen Prüfungsverfahren bei den *visuellen Analysen* nur subjektive, nicht genügend eindeutige Bewertungen erlauben und bei den *Signifikanztests* bei kleineren Stichproben in ihrer Teststärke eher zu schwach und bei größeren Stichproben in ihrer Sensibilität eher zu hoch sind.

ⓘ ← Sprungmöglichkeit

11.2   t-Test für abhängige Stichproben

Stevie: Es gibt eine zweistufige nominalskalierte Variable 1, durch die zwei verschiedene Gruppen (Gruppe 1 und Gruppe 2) mit Abhängigkeiten festgelegt werden.

Die Variable 2 ist (mindestens) intervallskaliert. Für die, basierend auf der Variablen 1, einander zugehörigen Messwertpaare der Variablen 2 werden die Differenzen d berechnet.

ⓘ Sprungmöglichkeit →

> **Generelle ungerichtete statistische Hypothesen für den t-Test für abhängige Stichproben**
> In der Nullhypothese H_0 wird davon ausgegangen, dass die Differenzen d (auf der Variablen 2) in der Population einen Mittelwert (μ) von Null haben: $\mu_d = 0$.
> Die Alternativhypothese H_1 behauptet dagegen, dass die Differenzen d (auf der Variablen 2) in der Population einen Mittelwert (μ) von ungleich Null haben: $\mu_d \neq 0$.

ⓘ ← Sprungmöglichkeit

Es können hier auch problemlos gerichtete Hypothesen untersucht werden (▶ Abschn. 11.2.1).

11.2.1   Basisablauf

1) Fragestellung

Stefanie: Jetzt komme ich noch mal auf die Fragestellung von ▶ Abschn. 10.2 zurück. Wir hatten dort bereits vermutet, dass Studierende nach der Entspannungstraumreise im Durchschnitt körperlich entspannter sind als vorher und Stoffel wollte das dann mit den beiden intervallskalierten Variablen x6 (körperliche Entspannung vor) und x12 (körperliche Entspannung nach) untersuchen.

Stevie: Jetzt ist es an der Zeit, beim t-Test für abhängige Stichproben das tatsächlich durchzuführen.

Wir müssen beachten, dass bei diesem Signifikanztest immer nur die Differenzen der zu bearbeitenden Messwertpaare analysiert werden. In unserem Fall werden dementsprechend die Differenzen d = x6 - x12 von insgesamt N = 66 Studierenden untersucht.

2) Wissenschaftliche Hypothese (WH)

Stefanie: Wir vermuten, dass Studierende nach der Entspannungstraumreise vergleichsweise körperlich entspannter sind als vorher. Diese Vermutung basiert auf zahlreichen empirischen Befunden zu verschiedenen Entspannungstechniken.

3) Statistische Hypothesen (SH)

Stefanie: Wenn wir die Differenzen d = x6 - x12 verwenden, müssen wir entsprechend unserer Vermutung (x12 hat im Durchschnitt höhere Werte als x6) mit einem durchschnittlich negativen Populationsmittelwert für die Differenzen (wird als μ_d gekennzeichnet) rechnen.

Die statistische Alternativhypothese H_1 lautet: $\mu_d < 0$.

Komplementär zu dieser H_1 lautet die Nullhypothese H_0: $\mu_d \geq 0$.

4) Versuchsplanung

Stefanie: Weil aus der wissenschaftlichen Hypothese die Alternativhypothese abgeleitet wurde und wir hier ein in der Vergangenheit schon gut bestätigtes Phänomen untersuchen, wählen wir $\alpha = 1\% = 0,01$ (sehr strenge Prüfung).

Es wurden N = 66 Psychologiestudierende aus dem zweiten Semester in Fribourg untersucht.

ⓘ Sprungmöglichkeit →

Den Fall der Tabellenanwendung bei der Teststärkeanalyse für den t-Test mit abhängigen Stichproben bezeichnet Cohen (1988, S. 48) als „*case 4*". Wenn von einer bestimmten Effektgröße (wird als $d_4{'}$ bezeichnet) ausgegangen werden soll, dann muss zunächst nach der Anpassungsformel 2.3.9 (Cohen, 1988, S. 49) die tatsächlich zu verwendende Effektgröße d (Hinweis: Das ist ein ganz anderes "d" als die Differenz d = x6 - x12 (s.o.) ermittelt werden:

$$d = \frac{d_4{'}}{\sqrt{1-r}}.$$

Dabei ist r die Stichprobenkorrelation.

Wenn wir nach der Konvention von Cohen (1988, S. 26) von einer mittleren Effektgröße d_4‘ von 0,5 ausgehen, dann ergibt sich nach dieser Formel in unserem Beispiel mit einer Stichprobenkorrelation von 0,67 (■ Tab. 11.8) eine Effektgröße von

$$d = \frac{d_4'}{\sqrt{1-r}} = \frac{0,5}{\sqrt{1-0,67}} = 0,87.$$

In der Tab. 2.3.1 von Cohen (1988, S. 29) ist bei N = 64 und N = 68 für d > 0,8 kein Wert mehr angegeben, aber die interpolierte Teststärke für d = 0,8 liegt bereits bei dem sehr hohen Wert von 0,985 und wäre für d = 0,87 noch größer.

ⓘ ← Sprungmöglichkeit

5) Datenerhebung und Datentabelle

In ► Abschn. 4.3 und ► Kap. 6 wurde die Datentabelle erstellt, in der auch die Variablen x6 und x12 enthalten sind.

6) Stichprobenergebnisse bzw. SPSS Ergebnisse

Stefanie: Mit dem SPSS-Schema 13 wird nun die Durchführung des t-Tests für abhängige Stichproben mit dem SPSS vorgestellt (■ Abb. 11.3).

11

Stoffel: Speichern und Drucken der SPSS - Ergebnisse nicht vergessen.
Stevie: Die Resultate aus dem gesamten ersten Teil der SPSS-Ergebnisausgabe (Statistik bei gepaarten Stichproben) können wir hier unberücksichtigt lassen. Aus den nächsten Teilen der SPSS-Ergebnisausgabe können wir für die ■ Tab. 11.8 die folgenden relevanten Informationen übertragen:

Insgesamt wurden die Messwertpaare von N = 66 Personen untersucht.

Die Produkt-Moment-Korrelation zwischen x6 und x12 ist positiv und liegt bei 0,671.

Der Stichprobenmittelwert der Differenzen liegt bei $\overline{x}_d$ = -10,32 (wird in der SPSS-Ausgabe einfach nur als Mittelwert für die Zeile *Paaren 1 x6 - x12* gekennzeichnet).

Die Standardabweichung der Differenzen s_d beträgt 16,40.

■ **Tab. 11.8** Deskriptive Ergebnisse für das Variablenpaar x6 und x12

Korrelationen bei gepaarten Stichproben und Test bei gepaarten Stichproben			
x6 - x12	**N**	**Korrelation**	
	66	0,671	
	N	**Mittelwert der Differenzen d**	**Standardabweichungen der Differenzen d**
	66	-10,32	16,40

Schritt 1	
Handlungen:	Die SPSS-Datei mit dem Dateinamen *Fragebogen* starten.
Auswirkungen:	SPSS-Bildschirm: *Datenansicht* mit der Datentabelle (N = 66 für x1 bis x22) ist reaktiviert.

Schritt 2	
Handlungen:	1) In der Menüleiste *Analysieren* anklicken.
	2) In dem dadurch entstandenen ersten Untermenü *Mittelwerte vergleichen* anvisieren und in dem zweiten entstandenen Untermenü *T-Test bei verbundenen Stichproben...* anklicken.
Auswirkungen:	Eine Dialogbox *T-Test bei Stichproben mit paarigen Werten* hat sich geöffnet.

Schritt 3	
Handlungen:	1) In dem linken Variablenfeld die Variable *x6* (körperliche Entspannung (vor)) markieren. Dann den *Pfeil* (links neben dem Paarige Variablen-Feld) anklicken, damit die Variable x6 in das Feld *Paarige Variablen* übertragen wird.
	2) In dem linken Variablenfeld die Variable *x12* (körperliche Entspannung (nach)) markieren. Dann den *Pfeil* (links neben dem Paarige Variablen-Feld) anklicken, damit die Variable x12 in das Feld *Paarige Variablen* übertragen wird.
Auswirkungen:	1) und 2) In der Dialogbox *T-Test bei Stichproben mit paarigen Werten* sind die Variablen x6 und x12 als Paar 1 zur weiteren Bearbeitung ausgewählt.

Schritt 4	
Handlungen:	Den *OK-Button* (links unten) anklicken.
Auswirkungen:	Das Ausgabefenster mit den Ergebnissen wird angezeigt.

☐ **Abb. 11.3**   t-Test für abhängige Stichproben - SPSS-Schema 13

7) Vorbetrachtung und Betrachtung der Voraussetzungen

Vorbetrachtung

Stefanie: Wenn unsere Alternativhypothese (s. o.) stimmen würde, müsste auch in dieser Stichprobe $\bar{x}_d < 0$ sein.

Das ist hier tatsächlich der Fall: -10,32 < 0. Das Stichprobenergebnis spricht damit tendenziell für die Alternativhypothese.

▪▪ Betrachtung der Voraussetzungen

Weil unsere Stichprobe deutlich größer als 30 (N = 66) ist, kann der t-Test problemlos ohne die Prüfung seiner Voraussetzungen angewendet werden. Begründung: Zentraler Grenzwertsatz für die Normalverteilung.

Die weiteren Analyseschritte des Signifikanztests werden absolviert.

8) Empirische Prüfgröße und Irrtumswahrscheinlichkeit p

Stevie: Im letzten Teil der SPSS-Ergebnisausgabe (durch das SPSS-Schema 13 erzeugt) finden wir für die ◻ Tab. 11.9 die benötigten weiteren Befunde für den t-Test für abhängige Stichproben.

Stoffel: In der zweiten Zeile ist die empirische Prüfgröße t_{emp} = -5,11 (im SPSS mit dem Buchstaben "T" gekennzeichnet) angegeben.

Der Freiheitsgrad (df = degree of freedom) = N - 1 = 66 - 1 = 65 wird bei der Bestimmung der Stichprobeneffektgröße (s.u.) benötigt.

Da wir hier eine gerichtete Alternativhypothese vertreten, muss der Wert 0,000 (vierte Zeile der ◻ Tab. 11.9) halbiert werden (die SPSS-Angabe "2-seitig" ist hier gleichbedeutend mit ungerichteter Hypothese). Die Irrtumswahrscheinlichkeit ist

$$p = \frac{0,000}{2} = 0,000.$$

9) Entscheidung

Stefanie: Die Nullhypothese wird abgelehnt, weil $p < \alpha$ (0,000 < 0,01) ist.

10) Ergebnisdarstellungen, Interpretation und Diskussion

Stoffel: Die Interpretation unseres Befundes lautet:

Der durchgeführte t-Test für abhängige Stichproben wurde signifikant (t_{emp} = -5,11, p < 0,01). Damit hat sich unsere Vermutung, dass Studierende nach der Entspannungstraumreise durchschnittlich körperlich entspannter sind als vorher, (vorläufig) bewährt. Auf die einzelnen Ergebnisdarstellungen und auf die Diskussion werden wir hier nicht weiter eingehen.

Stoffel: Natürlich möchte ich wieder gerne glänzend dastehen. Haben wir auch hierfür eine kleine einfache Formel für die Stichprobeneffektstärke?

Stevie: Das ist praktisch die gleiche Formel wie im ▸ Abschn. 11.1 (Ablaufpunkt 10). Das partielle eta² = η_p^2 für den aufgeklärten Stichprobenvarianzanteil berechnet sich nach der folgenden Formel (s. Rasch et al., 2014a, S. 64):

$$\eta_p^2 = \frac{\frac{t^2}{df}}{1 + \frac{t^2}{df}} = \frac{\frac{(-5,11)^2}{65}}{1 + \frac{(-5,11)^2}{65}} = 0,29 = 29\%.$$

Bei dem t-Wert in dieser Formel handelt es sich natürlich um den t-Wert für abhängige Stichproben.

Unsere Interpretation sieht dann so aus:

Der durchgeführte t-Test für abhängige Stichproben wurde signifikant (t_{emp} = -5,11, p < 0,01). Von der Stichprobenvarianz der körperlichen Entspannung können 29 % (η_p^2 = 0,29) auf die Messwiederholungsvariable (vor vs. nach) zurückgeführt werden. Damit hat sich unsere Vermutung, dass Studierende nach der Entspannungstraumreise durchschnittlich körperlich entspannter sind als vorher, (vorläufig) bewährt.

◼ **Tab. 11.9** Prüfgröße, Freiheitsgrad und Irrtumswahrscheinlichkeit für den t-Test mit abhängigen Stichproben (abhängige Variable: körperliche Entspannung)

x6 - x12	
t	-5,11
df	65
Signifikanz (für ungerichtete Hypothesen)	0,000

11.2.2 Ergänzungen: Ungerichtete Hypothesen

1) Fragestellung

Stefanie: Obwohl ich vermute, dass Studierende nach der Entspannungstraumreise im Durchschnitt psychisch entspannter sind als vorher, sollten wir nun zur Abwechslung und zur Demonstration noch eine ungerichtete Hypothese prüfen.
Stoffel: Das können wir mit den beiden intervallskalierten Variablen x7 (psychische Entspannung vor) und x13 (psychische Entspannung nach) untersuchen. Ich würde hier sowieso keine gerichtete Vermutung aufstellen wollen, weil mich so eine Entspannungstraumreise psychisch eher aufwühlen würde, als mich zu entspannen.

2) Wissenschaftliche Hypothese (WH)

> **Stoffel:** Wir vermuten, dass Studierende nach der Entspannungstraumreise vergleichsweise psychisch *schwächer oder stärker* entspannt sind als vorher.

3) Statistische Hypothesen (SH)

> **Stoffel:** Wenn wir die Differenzen d = x7 - x13 verwenden, müssen wir, entsprechend unserer Vermutung, mit dem folgenden Populationsmittelwert für die Differenzen (wird als μ_d gekennzeichnet) rechnen.
> Die statistische Alternativhypothese H_1 lautet: $\mu_d \neq 0$.
> Komplementär zu dieser H_1 lautet die Nullhypothese H_0: $\mu_d = 0$.

4) Versuchsplanung

Stoffel: Weil aus der wissenschaftlichen Hypothese die Alternativhypothese abgeleitet wurde, wählen wir $\alpha = 5\% = 0{,}05$.
   Es wurden N = 66 Psychologiestudierende aus dem zweiten Semester in Fribourg untersucht.

ℹ Sprungmöglichkeit →

Den Fall der Tabellenanwendung bei der Teststärkeanalyse für den t-Test mit abhängigen Stichproben bezeichnet Cohen (1988, S. 48) als „case 4". Wenn von einer bestimmten Effektgröße (wird als d_4' bezeichnet) ausgegangen werden soll, dann muss zunächst nach der Anpassungsformel 2.3.9 (Cohen, 1988, S. 49) die tatsächlich zu verwendende Effektgröße d ermittelt werden:

$$d = \frac{d_4{'}}{\sqrt{1-r}}.$$

Dabei ist r die Stichprobenkorrelation.

Wenn wir nach der Konvention von Cohen (1988, S. 26) von einer mittleren Effektgröße d_4' von 0,5 ausgehen, dann ergibt sich nach dieser Formel in unserem Beispiel mit einer Stichprobenkorrelation von 0,70 (◘ Tab. 11.10) eine Effektgröße von

$$d = \frac{d_4{'}}{\sqrt{1-r}} = \frac{0,5}{\sqrt{1-0,70}} = 0,91.$$

In der Tab. 2.3.5 von Cohen (1988, S. 37) liegt bei N = 64 mit d = 0,8 die Teststärke bereits bei dem sehr hohen Wert von 0,99 und wäre für d = 0,91 mit N = 66 noch größer.

ⓘ ← Sprungmöglichkeit

5) Datenerhebung und Datentabelle

In ▶ Abschn. 4.3 und ▶ Kap. 6 wurde die Datentabelle erstellt, in der auch die Variablen x7 und x13 enthalten sind.

6) Stichprobenergebnisse bzw. SPSS Ergebnisse

Stefanie: Mit dem SPSS-Schema 13 wird nun die Durchführung des t-Tests für abhängige Stichproben mit dem SPSS vorgestellt. Natürlich müssen nun dabei im Schritt 3 die Variablen x7 und x13 (anstelle von x6 und x12) verwendet werden.

Aus der SPSS-Ergebnisausgabe können wir für die ◘ Tab. 11.10 die folgenden relevanten Informationen übertragen:

Insgesamt wurden die Messwertpaare von N = 66 Personen untersucht.

Die Produkt-Moment-Korrelation zwischen x7 und x13 ist positiv und liegt bei 0,697.

Der Stichprobenmittelwert der Differenzen liegt bei $\bar{x}_d$ = -12,26 (wird in der SPSS-Ausgabe einfach nur als Mittelwert für die Zeile *Paaren 1 x7 - x13* gekennzeichnet).

Die Standardabweichung der Differenzen s_d beträgt 14,02.

7) Vorbetrachtung und Betrachtung der Voraussetzungen

Vorbetrachtung

Stefanie: Wenn unsere Alternativhypothese (s.o.) stimmen würde, dann müsste auch in dieser Stichprobe der Mittelwert der Differenzen d: $\bar{x}_d \neq 0$ sein.

◻ Tab. 11.10   Deskriptive Ergebnisse für das Variablenpaar x7 und x13

Korrelationen bei gepaarten Stichproben und Test bei gepaarten Stichproben		
x7 - x13	**N**	**Korrelation**
	66	0,697
	N	**Mittelwert der Differenzen d**	**Standardabweichungen der Differenzen d**
	66	-12,26	14,02

◻ Tab. 11.11   Prüfgröße, Freiheitsgrad und Irrtumswahrscheinlichkeit für den t-Test mit abhängigen Stichproben (abhängige Variable: psychische Entspannung)

x7 - x13	
t	-7,10
df	65
Signifikanz (für ungerichtete Hypothesen)	0,000

Das ist hier tatsächlich der Fall: -12,26 $\neq$ 0. Das Stichprobenergebnis spricht damit tendenziell für die Alternativhypothese.

▪▪ Betrachtung der Voraussetzungen
Weil unsere Stichprobe deutlich größer als 30 (N = 66) ist, kann der t-Test problemlos ohne die Prüfung seiner Voraussetzungen angewendet werden. Begründung: Zentraler Grenzwertsatz für die Normalverteilung.

Die weiteren Analyseschritte des Signifikanztests werden absolviert.

8) Empirische Prüfgröße und Irrtumswahrscheinlichkeit p

Stevie: Im letzten Teil der SPSS-Ergebnisausgabe (durch das SPSS-Schema 13 erzeugt) finden wir für die ◻ Tab. 11.11 die benötigten weiteren Befunde für den t-Test für abhängige Stichproben.
Stoffel: In der zweiten Zeile ist die empirische Prüfgröße t_{emp} = -7,10 (im SPSS mit dem Buchstaben "T" gekennzeichnet) angegeben.

Der Freiheitsgrad (df = degree of freedom) = N - 1 = 66 - 1 = 65 wird bei der Bestimmung der Stichprobeneffektgröße (s. u.) benötigt.

Da wir hier eine ungerichtete Alternativhypothese vertreten, kann direkt der Wert p = 0,000 aus der ◻ Tab. 11.11 (vierte Zeile) für die Irrtumswahrscheinlichkeit entnommen werden (die SPSS-Angabe "2-seitig" ist hier gleichbedeutend mit ungerichteter Hypothese).

9) Entscheidung

Stefanie: Die Nullhypothese wird abgelehnt, weil p < α (0,000 < 0,05) ist.

10) Ergebnisdarstellungen, Interpretation und Diskussion

Stoffel: Die Interpretation unseres Befundes lautet:

Der durchgeführte t-Test für abhängige Stichproben wurde signifikant (t_{emp} = -7,10, p < 0,05). Damit hat sich unsere Vermutung, dass Studierende nach der Entspannungstraumreise durchschnittlich *schwächer oder stärker* psychisch entspannt sind als vorher, (vorläufig) bewährt.

Auf die einzelnen Ergebnisdarstellungen und auf die Diskussion werden wir hier nicht weiter eingehen.

Stefanie: Du hast noch die Bestimmung der Effektstärke in der Stichprobe vergessen.

$$\eta_p^2 = \frac{\dfrac{t^2}{df}}{1+\dfrac{t^2}{df}} = \frac{\dfrac{(-7,10)^2}{65}}{1+\dfrac{(-7,10)^2}{65}} = 0,44 = 44\%.$$

Unsere Interpretation sieht dann so aus:

Der durchgeführte t-Test für abhängige Stichproben wurde signifikant (t_{emp} = -7,10, p < 0,01). Von der Stichprobenvarianz der psychischen Entspannung können 44 % (η_p^2 = 0,44) auf die Messwiederholungsvariable (vor vs. nach) zurückgeführt werden. Damit hat sich unsere Vermutung, dass Studierende nach der Entspannungstraumreise durchschnittlich psychisch *schwächer oder stärker* entspannt sind als vorher, (vorläufig) bewährt.

Stoffel: Außerdem muss ich eingestehen, dass du recht hattest. Wir haben in diesem Datensatz einen starken Befund dafür, dass sich die Entspannungstraumreise bei der psychischen Entspannung positiv auswirkt. Bei der nächsten Untersuchung, mit einem neuen Datensatz würde ich daher eine entsprechende gerichtete Hypothese aufstellen und prüfen.

ⓘ Sprungmöglichkeit →

11.2.3 **Anwendungsbedingungen des t-Tests und Alternativen**

Stevie: Da beim t-Test mit abhängigen Stichproben ausschließlich Messwertpaare untersucht werden, gibt es nur die Voraussetzung der Normalverteilung für die betrachteten intervallskalierten Messwertdifferenzen d zu berücksichtigen.

Stoffel: Das ist bestens, unsere Stichprobengröße (N = 66) liegt deutlich über 30. Somit können wir uns erneut auf den zentralen Grenzwertsatz für die Normalverteilung berufen.

Stevie: Wenn die Stichproben deutlich kleiner als 30 sind und wir daher die Durchführung des Signifikanztests ohne die Prüfungen der Modellvoraussetzungen als *problematisch* einstufen sollten, weil die Robustheit des Signifikanztests fragwürdig wird, dann kann man entweder (gemäß unserer Empfehlungen) auf die Prüfung der Normalverteilungsannahme verzichten und direkt den Wilcoxon-Test verwenden oder aber man könnte geneigt sein, alternativ (entgegen den Empfehlungen unserer Strategie im ▶ Abschn. 8.4) die Voraussetzung der Normalverteilung der Messwerte in der Population zu prüfen. Wenn diese Prüfung negativ ausfällt, dann sollte ebenfalls der Wilcoxon-Test angewendet werden.

Stefanie: Könnte es noch weitere Gründe dafür geben, auf den vergleichsweise voraussetzungsfreieren Wilcoxon-Test zurückzugreifen? Ich habe da im „Bortz und Schuster" noch etwas über die Korrelationen gelesen.

Stevie: Das stimmt, wenn die Korrelation zwischen den beiden verwendeten Variablen negativ ist, dann sollte ebenfalls besser der Wilcoxon-Test verwendet werden, weil bei einer negativen Korrelation die Teststärke des t-Tests abnimmt (s. Bortz u. Schuster, 2010, S. 125).
Stoffel: Da wir bei unseren Prüfungen mit dem t-Test für abhängige Stichproben (▶ Abschn. 11.2) tatsächlich nur positive Korrelationen gefunden haben, brauchen wir uns deswegen hier glücklicherweise keine Sorgen zu machen.
Stevie: Auf die Möglichkeit der Verwendung des z-Tests in diesem Kontext gehen wir hier nicht ein, weil im SPSS dazu keine Anwendung angeboten wird.

ⓘ ← Sprungmöglichkeit

11.3 t-Test für den Vergleich einer Stichprobe mit einer Population

Stevie: Es gibt eine zweistufige nominalskalierte Variable 1, durch die zwei verschiedene Gruppen (Gruppe 0 und Gruppe 1, ohne Abhängigkeiten) festgelegt werden. Die Variable 2 ist (mindestens) intervallskaliert.

Die statistischen Hypothesen sind hier im Grunde identisch mit den Hypothesen aus ▶ Abschn. 11.1 (t-Test für unabhängige Stichproben). Der einzige Unterschied besteht hier darin, dass für die eine der beiden Gruppen, die sogenannte Referenzpopulation "0", der Populationsmittelwert $\mu_{\text{Gruppe 0}}$ bekannt ist.

ⓘ Sprungmöglichkeit →

Generelle ungerichtete statistische Hypothesen für den t-Test für unabhängige Stichproben
In der Nullhypothese H_0 wird davon ausgegangen, dass sich die arithmetischen Populationsmittelwerte μ (der Variablen 2) für die beiden Gruppen 0 und 1 (Variable 1) nicht unterscheiden: $\mu_{\text{Gruppe 0}} = \mu_{\text{Gruppe 1}}$.
Die Alternativhypothese H_1 behauptet dagegen, dass sich die arithmetischen Populationsmittelwerte μ (der Variablen 2) für die beiden Gruppen 0 und 1 (Variable 1) unterscheiden: $\mu_{\text{Gruppe 0}} \neq \mu_{\text{Gruppe 1}}$.
Hinweis: Für $\mu_{\text{Gruppe 0}}$ ($= \mu_0$) liegt ein exakter bekannter Wert vor.

ⓘ ← Sprungmöglichkeit

Es können hier auch problemlos gerichtete Hypothesen untersucht werden.

11.3.1 Basisablauf

1) Fragestellung

Stefanie: Was sollen wir nur machen? Bei dem erhobenen Fragebogen haben wir für keine einzige Variable und für keine einzige Referenzpopulation den Populationsmittelwert (μ_0) vorliegen. Ich denke, wir werden dieses Kapitel streichen müssen.

Stoffel: Liebe Stefanie, ich glaube, du hast schon wieder vergessen, dass du, Stevie und ich nur drei frei erfundene Personen sind. Das ist einerseits schade, denn ich wäre gerne lebendig und würde auch gerne mal einen echten Bordeaux trinken, andererseits gibt mir das die Möglichkeit, in der Fiktion so allerlei schnell und problemlos durchzuführen, was in der Realität recht aufwendig wäre, zum Beispiel die Untersuchung von interessanten Populationen.

Stevie: Das klingt ja vielversprechend, was hast du denn diesmal angestellt?

Stoffel: Ich habe mir erlaubt, die gesamte Population aller Weinwirtschaft-Studierenden zu untersuchen und für die Variable x16 (Studiumzufriedenheit) dabei den fiktiven Populationsmittelwert $\mu_0 = 80$ (Skala von 0 bis 100) erhalten. Ich habe aber leider vergessen, dabei auch die Standardabweichung zu berechnen.

Stevie: Das macht gar nichts, wir wollen hier ja sowieso nicht den z-Test, für den man die Standardabweichung in der Population benötigen würde und der im SPSS nicht angeboten wird, durchführen.

Stefanie: Gut gemacht, Stoffel. Damit haben wir die Population der Weinwirtschaft-Studierenden als Referenzpopulation ("0"). Die Frage, die sich nun stellt, lautet: Unterscheidet sich die Population der Psychologie-Studierenden (wird als Population "1" bezeichnet) hinsichtlich des Merkmals Studiumzufriedenheit (x16) von der Population der Weinwirtschaft-Studierenden ("0")? Wenn ein Unterschied besteht, kann zusätzlich noch nach der Richtung dieses Unterschiedes gefragt werden.

Stevie: Ich denke, wir sollten hier zunächst einmal ungerichtet vermuten, dass es einen Unterschied in der Studiumzufriedenheit gibt.

2) Wissenschaftliche Hypothese (WH)

11

Stoffel: Ich vermute, dass sich Psychologie-Studierende in ihrer Studiumzufriedenheit von der Referenzgruppe der Weinwirtschaft-Studierenden unterscheiden (die Studiumzufriedenheit ist *kleiner oder größer*). Hinter dieser Vermutung steckt die theoretische Annahme, dass es menschliche Erfahrungen und/oder Persönlichkeitsmerkmale gibt, die zum einen die Auswahl einer Studienrichtung und zum anderen die Studiumzufriedenheit beeinflussen können.

3) Statistische Hypothesen (SH)

Stoffel: Aus der ungerichteten wissenschaftlichen Hypothese wird die ungerichtete Alternativhypothese H_1 abgeleitet: $\mu_1 \neq \mu_0$ bzw. $\mu_1 \neq 80$ (μ = Populationsmittelwert auf der Variablen Studiumzufriedenheit).
Komplementär zu dieser H_1 lautet die Nullhypothese H_0: $\mu_1 = \mu_0$. bzw. $\mu_1 = 80$.

4) Versuchsplanung

Stefanie: Aus der wissenschaftlichen Hypothese folgt die Alternativhypothese. Dementsprechend wählen wir ein Signifikanzniveau von $\alpha = 5\% = 0{,}05$.
Es wurden N = 66 Psychologiestudierende (zweites Semester in Fribourg) untersucht. Es liegen bei dieser Fragestellung aber nur die Messwerte für N = 65 Personen (◘ Tab. 11.12) vor.

ℹ Sprungmöglichkeit →

Den Fall der Tabellenanwendung bei der Teststärkeanalyse für den t-Test, beim Vergleich einer Stichprobe mit einer Population, bezeichnet Cohen (1988, S. 45) als „*case 3*". Wenn von einer bestimmten Effektgröße (wird als $d_3{}'$ bezeichnet) ausgegangen werden soll, dann muss zunächst nach der Anpassungsformel 2.3.4 Cohen (1988, S. 46) die tatsächlich zu verwendende Effektgröße d ermittelt werden:

$$d = d_3{}' \times \sqrt{2}.$$

Wenn wir nach der Konvention von Cohen (1988, S. 26) von einer mittleren Effektgröße $d_3{}'$ von 0,5 ausgehen, dann ergibt sich nach dieser Formel in unserem Beispiel eine Effektgröße von

$$d = d_3{}' \times \sqrt{2} = 0,5 \times \sqrt{2} = 0,71.$$

In der Tab. 2.3.5 von Cohen (1988, S. 37) liegt bei N = 64 mit d = 0,7 die Teststärke bereits bei dem sehr hohen Wert von 0,98. Mit N = 65 und d = 0,71 kann nur ein noch etwas höherer Wert resultieren.

ℹ ← Sprungmöglichkeit

5) Datenerhebung und Datentabelle

Siehe ▶ Abschn. 4.3 und ▶ Kap. 6 für die Erstellung der Datentabelle.

6) Stichprobenergebnisse bzw. SPSS Ergebnisse

Stefanie: Mit dem SPSS-Schema 14 wird nun die Durchführung des t-Tests für den Vergleich einer Stichprobe mit einer Population mit dem SPSS vorgestellt (◐ Abb. 11.4).

Stoffel: Speichern und Drucken der SPSS - Ergebnisse bitte nicht vergessen.

Stevie: Im ersten Teil der SPSS-Ergebnisausgabe erhalten wir eine Tabelle mit den Informationen zur Anzahl der verarbeiteten Fälle N: 65 Studierende. Also hat insgesamt eine Studierende (es war tatsächlich eine Frau) keine Angaben auf der Variablen x16 (Studiumzufriedenheit) gemacht. Der Mittelwert der Studiumzufriedenheit bei den Psychologie-Studierenden beträgt $\bar{x}_d = 79,42$. Die Standardabweichung liegt bei 19,57. Die weitere SPSS-Angabe zum Standardfehler des Mittelwertes benötigen wir hier nicht (◐ Tab. 11.12).

◐ **Tab. 11.12** Anzahl der Personen, Mittelwert und Standardabweichung für die Variable x16

Statistik bei einer Stichprobe	Studiumzufriedenheit = x16		
	N	Mittelwert	Standardabweichung
	65	79,42	19,57

Schritt 1	
Handlungen:	Die SPSS-Datei mit dem Dateinamen *Fragebogen* starten.
Auswirkungen:	SPSS-Bildschirm: *Datenansicht* mit der Datentabelle (N = 66 für x1 bis x22) ist reaktiviert.

Schritt 2	
Handlungen:	1) In der Menüleiste *Analysieren* anklicken. 2) In dem dadurch entstandenen ersten Untermenü *Mittelwerte vergleichen* anvisieren und in dem zweiten entstandenen Untermenü *T-Test bei einer Stichprobe...* anklicken.
Auswirkungen:	Eine Dialogbox *T-Test bei einer Stichprobe* hat sich geöffnet.

Schritt 3	
Handlungen:	1) In dem linken Variablenfeld die Variable *x16* (Studiumzufriedenheit) markieren. Dann den *Pfeil* (links neben dem Testvariable(n)-Feld) anklicken, damit die Variable x16 in das Feld *Testvariable(n)* übertragen wird. 2) In dem Feld *Testwert* den Mittelwert für die Referenz-Population ($\mu_0 =$) "80" eintragen.
Auswirkungen:	1) und 2) In der Dialogbox *T-Test bei einer Stichprobe* wurde die Variable x16 ausgewählt und μ_0 wurde auf den Wert "80" festgelegt.

Schritt 4	
Handlungen:	Den *OK-Button* (links unten) anklicken.
Auswirkungen:	Das Ausgabefenster mit den Ergebnissen wird angezeigt.

◘ Abb. 11.4   t-Test für den Vergleich einer Stichprobe mit einer Population - SPSS-Schema 14

7) Vorbetrachtung und Betrachtung der Voraussetzungen

Vorbetrachtung

Stoffel: Wenn meine wissenschaftliche Hypothese stimmen würde, dann müsste sich der Mittelwert in dieser Stichprobe vom Populationsmittelwert der Referenzpopulation unterscheiden. Das ist hier offensichtlich der Fall:

79,42 ≠ 80 ($\bar{x} \neq \mu_0$) und das spricht damit in der Tendenz für die Alternativhypothese.

▪▪ Betrachtung der Voraussetzungen

Weil unsere Stichprobe deutlich größer als 30 (N = 65) ist, kann der t-Test problemlos ohne die Prüfung seiner Voraussetzungen angewendet werden. Begründung: Robustheit des Signifikanztests und zentraler Grenzwertsatz für die Normalverteilung.

Die weiteren Analyseschritte des Signifikanztests werden absolviert.

8) Empirische Prüfgröße und Irrtumswahrscheinlichkeit p

Stevie: Im zweiten Teil der SPSS-Ergebnisausgabe (durch das SPSS-Schema 14 erzeugt) finden wir in der ◻ Tab. 11.13 die weiteren Befunde für diesen t-Test.

Im vorderen Teil der SPSS-Ausgabe wird die empirische Prüfgröße t_{emp} = -0,24 (im SPSS mit dem Buchstaben "T" gekennzeichnet) angegeben.

Der Freiheitsgrad (df) = N - 1 = 65 - 1 = 64 könnte bei der Bestimmung der Stichprobeneffektgröße (s.u.) verwendet werden.

Da wir hier eine ungerichtete Alternativhypothese vertreten, kann die Irrtumswahrscheinlichkeit p = 0,81 direkt aus der ◻ Tab. 11.13 entnommen werden (die SPSS-Angabe "2-seitig" ist hier gleichbedeutend mit ungerichteter Hypothese).

9) Entscheidung

Stoffel: Weil p > α (0,81 > 0,05) ist, wird die Nullhypothese (vorläufig) beibehalten.

10) Ergebnisdarstellungen, Interpretation und Diskussion

Stefanie: Die Interpretation unseres Befundes lautet:

Der durchgeführte t-Test wurde nicht signifikant (t_{emp} = -0,24, p = 0,81). Damit hat sich unsere Vermutung, dass sich Psychologie-Studierende im Durchschnitt in ihrer Studiumzufriedenheit von der Referenzgruppe der Weinwirtschaft-Studierenden unterscheiden, (vorläufig) nicht bewährt.

Auf die einzelnen Ergebnisdarstellungen und auf die Diskussion werden wir hier nicht weiter eingehen.

Wenn es gewünscht wird, könnte hier nach der gleichen Formel wie im ▶ Abschn. 11.1.1 (Rasch et al., 2014a, S. 64)

$$\eta^2 = \frac{\dfrac{t^2}{df}}{1+\dfrac{t^2}{df}}.$$

zusätzlich die voraussichtlich sehr kleine Stichprobeneffektgröße eta^2 ermittelt und angegeben werden.

Stevie: Vergessen wir bitte nicht, dass wir in diesem Beispiel eine fiktive Referenzpopulation (Weinwirtschaft-Studierende) mit einem fiktiven Mittelwert μ_0 verwendet haben.

ⓘ Sprungmöglichkeit →

◻ **Tab. 11.13** Prüfgröße, Freiheitsgrad und Irrtumswahrscheinlichkeit für den t-Test (Vergleich einer Stichprobe mit einer Population)

Studiumzufriedenheit = x16	
t	-0,24
df	64
Signifikanz (für ungerichtete Hypothesen)	0,81

11.3.2 Anwendungsbedingungen des t-Tests und Alternativen

Stevie: Wenn die Stichproben deutlich kleiner als 30 sind und wir daher die Durchführung des Signifikanztests ohne die Prüfungen der Modellvoraussetzungen als *problematisch* einstufen sollten, weil die Robustheit des Signifikanztest fragwürdig wird, dann könnte man geneigt sein, alternativ (entgegen den Empfehlungen unserer Strategie im ▶ Abschn. 8.4) die Voraussetzung der Normalverteilung der Messwerte in der Population zu prüfen. Wenn diese Prüfung negativ ausfällt, dann sollte die Studie besser mit einer deutlich größeren Stichprobe (N ≥ 30) erneut durchgeführt werden.

Stoffel: Wenn das aber nicht möglich ist, weil wir entweder keine Zeit dazu haben oder es aus anderen Gründen nicht möglich ist, weitere Versuchspersonen zu untersuchen - was machen wir dann?

Stevie: Dann sollten wir darauf verzichten, einen Signifikanztest durchzuführen. Wir sollten unsere Ergebnisse dann besser nur auf rein deskriptiver Ebene behandeln.

Stefanie: Gibt es hier keine voraussetzungsfreien Alternativen wie den U-Test oder den Wilcoxon-Test, die wir ersatzweise für den t-Test für unabhängige Stichproben und den t-Test für abhängige Stichproben verwenden könnten?

Stevie: Leider nein.

Auf die Möglichkeit der Verwendung des z-Tests in diesem Kontext gehen wir hier nicht ein, weil im SPSS dazu keine Anwendung angeboten wird.

ⓘ ← Sprungmöglichkeit

11

Einfaktorielle Varianzanalysen

12.1 Fiktives Experiment und fiktiver Datensatz für die Varianzanalysen

Stoffel: Das neue Kapitel heißt Varianzanalysen. Meine erste Frage lautet: Unterscheiden sich die drei Gruppen der nominalskalierten Variablen x19 (Hauptfach Psychologie mit 150 ECTS (ECTS = European Credit Transfer System), Nebenfach Psychologie mit 60 ECTS und Nebenfachpsychologie mit 30 ECTS) auf der intervallskalierten Variablen Studiumzufriedenheit (x16)?

Stevie: Sehr schön. Mit diesem Beispiel könnten wir tatsächlich die einfaktorielle Varianzanalyse betrachten. Allerdings würden dabei die drei Stichprobengrößen sehr weit auseinanderliegen (von den 66 Psychologie-Studierenden sind nur wenige im Nebenfach mit 60 ECTS und noch weniger im Nebenfach mit 30 ECTS), was nicht ganz unproblematisch wäre. Ich schlage vor, dass wir für die Varianzanalysen ein eigenes fiktives Experiment mit einem neuen fiktiven Datensatz konzipieren.

Stoffel: Einverstanden. Wie wäre es mit einer kleinen Evaluationsstudie zum Behandlungserfolg (psychisches Wohlbefinden) von depressiven Patienten mit Einschlafstörungen bei der Anwendung von kognitiver Verhaltenstherapie?

Wir sollten das psychische Wohlbefinden am besten vor, während und nach der Therapie erfassen. Dabei würde mich dann noch ganz besonders interessieren, ob es bei den depressiven Patienten (ähnlich wie bei mir) einen Wochenbeginn-Wochenende-Unterschied im psychischen Wohlbefinden gibt.

Außerdem könnten wir untersuchen, ob sich sportliche Aktivitäten, ich denke hier an Joggen oder Wandern bei Tageslicht und die Anwendung der progressiven Muskelentspannung, positiv auf die Einschlafstörungen (Einschlaflatenzzeit) auswirken.

Stevie: Also gut. Machen wir es konkret.

Hinweis: Die folgenden Auflistungen zu den Variablen usw. werden hier zusammenhängend und umfassend dargestellt, obwohl sie teilweise erst im Kontext der *hypothesenprüfenden komplexen Statistik* bei den mehrfaktoriellen Varianzanalysen sinnvoll zu bearbeiten sind.

In unserer fiktiven Studie untersuchen wir 60 depressive Patienten (mit Einschlafstörungen). Alle Patienten durchlaufen eine dreimonatige kognitive Verhaltenstherapie. In den zusätzlichen Experimentalbedingungen werden therapiebegleitend sportliche Aktivitäten (Sport) und progressive Muskelentspannung (PM) angeboten.

Dementsprechend untersuchen wir den Einfluss der dreistufigen nominalskalierten unabhängigen Variablen x1 = Sport (kein Sport = Kontrollgruppe = 1, Sport pro Woche: 3 Stunden = 2, Sport pro Woche: 6 Stunden = 3) und der zweistufigen nominalskalierten unabhängigen Variablen x2 = progressive Muskelentspannung (keine PM = Kontrollgruppe = 1, tägliche Anwendung der PM = 2) auf die verhältnisskalierte abhängige Variable x3 = (mittlere) Einschlaflatenzzeit (in Minuten am Ende der Therapie) der Patienten.

Zudem wird das psychische Wohlbefinden auf einer Skala von 0 bis 100 vor, während und nach der Therapie erfasst. Dabei finden diese Messwiederholungen jeweils an einem Montag (Wochenbeginn) und einem Samstag (Wochenende) statt. Somit wird das psychische Wohlbefinden der Patienten insgesamt sechsmal erfasst (3 (vor, während, nach) × 2 (Montag, Samstag) = 6). Aus berechnungstechnischen Gründen wird die Information der beiden Messzeitpunktvariablen (nominalskalierte unabhängige Variablen) mit der intervallskalierten abhängigen Variablen psychisches Wohlbefinden gekoppelt:

- x4 = psychisches Wohlbefinden vor der Therapie an einem Montag
- x5 = psychisches Wohlbefinden vor der Therapie an einem Samstag
- x6 = psychisches Wohlbefinden während der Therapie an einem Montag

- x7 = psychisches Wohlbefinden während der Therapie an einem Samstag
- x8 = psychisches Wohlbefinden nach der Therapie an einem Montag
- x9 = psychisches Wohlbefinden nach der Therapie an einem Samstag

Damit die Einflüsse der beiden Messzeitpunktvariablen auch getrennt in einfaktoriellen und zweifaktoriellen Varianzanalysen mit Messwiederholungen untersucht werden können, müssen zusätzlich die folgenden Variablen mit dem SPSS-Befehl *Variablen berechnen* (▶ Abschn. 5.1) bestimmt werden:

- x10 = (x4 + x5) / 2 = psychisches Wohlbefinden vor der Therapie
- x11 = (x6 + x7) / 2 = psychisches Wohlbefinden während der Therapie
- x12 = (x8 + x9) / 2 = psychisches Wohlbefinden nach der Therapie
- x13 = (x4 + x6 + x8) / 3 = psychisches Wohlbefinden an einem Montag
- x14 = (x5 + x7 + x9) / 3 = psychisches Wohlbefinden an einem Samstag

Stefanie: Ihr dürft ruhig erstaunt und ausgesprochen beeindruckt von mir sein, denn ich habe in der Zwischenzeit bereits (in der Fiktion) diese Studie durchgeführt und natürlich habe ich mich dabei an die üblichen methodischen Regeln gehalten.
Stoffel: Was denn für Regeln?
Stefanie: Ich habe zum Beispiel die Patienten gleichmäßig und per Zufall (Randomisierung) den verschiedenen experimentellen Bedingungen zugeordnet und dann habe ich ..., willst du noch mehr hören?
Stoffel: Nein, danke, alles klar. Aber hast du auch die wichtigen Persönlichkeitsvariablen wie Geschlecht, Alter, Konfessionszugehörigkeit usw. mit erfasst?
Stefanie: Ja. Da diese Variablen aber nicht zentral in unseren Fragestellungen auftauchen, werden sie in der ◘ Tab. 12.1 nicht unnötig aufgeführt.

Stoffel: Ich habe diesen Datensatz unter dem Dateinamen *Evaluationsstudie* abgespeichert.
Stevie: Ich habe noch einen kleinen Hinweis. Die Variablen x2, x4, x5, x6, x7, x8, x9, x13, x14 tauchen zwar teilweise in unseren Fragestellungen auf, werden aber in diesem Buch nicht analysiert.
   Damit wir in den folgenden Kapiteln zu den Varianzanalysen methodisch einwandfrei unsere Hypothesen aufstellen und testen können, müssen wir uns jetzt wieder wie im ▶ Abschn. 8.4 einer entsprechenden selektiven Gedächtnislöschung aussetzen.

Stefanie, Stoffel und Stevie vollziehen gemeinsam die selektive Gedächtnislöschung.
   In den folgenden Kapiteln können wir davon ausgehen, dass die aufgestellten Hypothesen auf theoretischen Überlegungen und/oder empirischen Betrachtungen basieren und nicht aus der Analyse der bereits vorliegenden Daten stammen.

12.2   Übersicht zu den einfaktoriellen Varianzanalysen

Die Varianzanalysen kommen bei Fragestellungen zur Anwendung, bei denen eine oder mehrere zwei- oder mehrstufige *nominalskalierte Variable* (das sind dann normalerweise die unabhängigen Variablen) und eine (mindestens) *intervallskalierte Variable* (das ist dann normalerweise die abhängige Variable) vorliegen. Es wird geprüft, ob sich die verschiedenen Gruppen (der nominalskalierten Variablen) in ihrer zentralen Tendenz auf der intervallskalierten Variablen unterscheiden.

Tab. 12.1 Datensatz einer fiktiven Evaluationsstudie für die Varianzanalysen

Person	X1	X2	X3	X4	X5	X6	X7	X8	X9	X10	X11	X12	X13	X14
1	1	1	50	32	37	54	43	25	49	34,5	48,5	37	37	43
2	1	1	59	46	33	47	56	61	73	39,5	51,5	67	51,33	54
3	1	1	60	34	51	35	50	69	60	42,5	42,5	64,5	46	53,67
4	1	1	65	28	39	28	40	35	54	33,5	34	44,5	30,33	44,33
5	1	1	67	16	26	17	49	30	33	21	33	31,5	21	36
6	1	1	71	17	47	39	30	40	42	32	34,5	41	32	39,67
7	1	1	74	41	53	35	51	39	67	47	43	53	38,33	57
8	1	1	81	35	40	37	37	59	58	37,5	37	58,5	43,67	45
9	1	1	82	34	59	13	29	36	40	46,5	21	38	27,67	42,67
10	1	1	90	42	51	41	59	59	85	46,5	50	72	47,33	65
11	1	2	38	44	61	42	60	60	70	52,5	51	65	48,67	63,67
12	1	2	51	43	53	60	45	63	69	48	52,5	66	55,33	55,67
13	1	2	53	55	67	59	64	68	82	61	61,5	75	60,67	71
14	1	2	55	21	30	21	25	61	39	25,5	23	50	34,33	31,33
15	1	2	57	21	40	28	26	36	45	30,5	27	40,5	28,33	37
16	1	2	58	30	41	32	42	50	47	35,5	37	48,5	37,33	43,33
17	1	2	64	36	52	25	55	54	81	44	40	67,5	38,33	62,67
18	1	2	72	37	42	38	54	35	65	39,5	46	50	36,67	53,67
19	1	2	73	22	15	22	30	39	42	18,5	26	40,5	27,67	29
20	1	2	81	24	32	30	37	40	29	28	33,5	34,5	31,33	32,67
21	2	1	39	12	14	0	27	47	43	13	13,5	45	19,67	28
22	2	1	50	19	49	16	45	26	45	34	30,5	35,5	20,33	46,33
23	2	1	50	53	64	55	44	67	75	58,5	49,5	71	58,33	61
24	2	1	56	52	62	56	61	66	64	57	58,5	65	58	62,33
25	2	1	56	45	55	45	57	56	72	50	51	64	48,67	61,33
26	2	1	62	49	60	48	57	63	75	54,5	52,5	69	53,33	64
27	2	1	65	52	57	59	64	68	72	54,5	61,5	70	59,67	64,33
28	2	1	70	19	29	39	28	63	48	24	33,5	55,5	40,33	35
29	2	1	71	20	21	24	33	27	51	20,5	28,5	39	23,67	35
30	2	1	80	52	66	33	42	69	87	59	37,5	78	51,33	65

(Fortsetzung)

◘ Tab. 12.1   (Fortsetzung)

Per-son	X1	X2	X3	X4	X5	X6	X7	X8	X9	X10	X11	X12	X13	X14
31	2	2	32	42	50	49	60	90	53	46	54,5	71,5	60,33	54,33
32	2	2	42	53	64	51	65	71	80	58,5	58	75,5	58,33	69,67
33	2	2	44	36	54	38	54	65	56	45	46	60,5	46,33	54,67
34	2	2	46	33	39	34	46	49	39	36	40	44	38,67	41,33
35	2	2	47	32	36	32	35	51	51	34	33,5	51	38,33	40,67
36	2	2	50	35	25	34	47	48	79	30	40,5	63,5	39	50,33
37	2	2	52	31	41	12	38	39	55	36	25	47	27,33	44,67
38	2	2	60	20	28	21	51	32	66	24	36	49	24,33	48,33
39	2	2	62	54	63	62	63	71	89	58,5	62,5	80	62,33	71,67
40	2	2	70	43	52	47	53	57	69	47,5	50	63	49	58
41	3	1	31	32	46	51	43	53	56	39	47	54,5	45,33	48,33
42	3	1	41	33	47	30	31	67	65	40	30,5	66	43,33	47,67
43	3	1	43	35	43	40	41	54	59	39	40,5	56,5	43	47,67
44	3	1	47	43	54	36	53	58	77	48,5	44,5	67,5	45,67	61,33
45	3	1	48	35	34	25	52	64	60	34,5	38,5	62	41,33	48,67
46	3	1	51	52	65	50	62	75	73	58,5	56	74	59	66,67
47	3	1	53	34	42	43	38	52	79	38	40,5	65,5	43	53
48	3	1	56	45	61	46	59	64	74	53	52,5	69	51,67	64,67
49	3	1	63	30	22	26	32	46	55	26	29	50,5	34	36,33
50	3	1	71	33	63	42	24	48	62	48	33	55	41	49,67
51	3	2	14	29	38	33	41	50	57	33,5	37	53,5	37,33	45,33
52	3	2	21	53	58	57	81	45	81	55,5	69	63	51,67	73,33
53	3	2	27	54	69	58	65	70	82	61,5	61,5	76	60,67	72
54	3	2	34	46	58	49	55	49	76	52	52	62,5	48	63
55	3	2	35	37	48	19	40	51	63	42,5	29,5	57	35,67	50,33
56	3	2	36	40	49	45	44	52	68	44,5	44,5	60	45,67	53,67
57	3	2	36	33	62	37	46	48	67	47,5	41,5	57,5	39,33	58,33
58	3	2	43	29	35	31	48	36	54	32	39,5	45	32	45,67
59	3	2	46	27	32	20	56	53	57	29,5	38	55	33,33	48,33
60	3	2	51	34	24	36	47	46	58	29	41,5	52	38,67	43

In den Varianzanalysen werden die unabhängigen Variablen für gewöhnlich auch als Faktoren bezeichnet.

- **Einfaktorielle Varianzanalyse mit unabhängigen Stichproben (▶ Abschn. 12.3)**

Diese Verfahren werden verwendet, wenn bei einer zwei- oder mehrstufigen nominalskalierten Variablen keine Abhängigkeiten (▶ Abschn. 2.5.1.3) zwischen den Stufen bestehen. Die Anzahl der Gruppen wird mit "p" bezeichnet.

Im ▶ Abschn. 12.3.1 ist das die nominalskalierte dreistufige Variable (p = 3) *Sport* (x1). Es geht für die drei Gruppen (kein Sport, 3 Stunden, 6 Stunden) um die zentrale Tendenz auf der verhältnisskalierten (damit auch intervallskalierten) Variablen *Einschlaflatenzzeit* (x3).

Bei der einfaktoriellen Varianzanalyse für unabhängige Stichproben sollten pro Gruppe mindestens fünf Personen untersucht werden. Nach Möglichkeit sollten die Stichproben gleich groß sein ($N_1 = N_2 = ... = N_p$) und jeweils größer als 30 ($N_1 > 30$ und $N_2 > 30$ und ... $N_p > 30$).

- **Einfaktorielle Varianzanalyse mit abhängigen Stichproben (▶ Abschn. 12.4)**

Hier liegt für die nominalskalierte Variable eine Abhängigkeit (▶ Abschn. 2.5.1.3) zwischen den Stufen vor.

Im ▶ Abschn. 12.4.1 verwenden wir eine Messwiederholung mit der nominalskalierten dreistufigen Variablen *Messzeitpunkt* (vor, während und nach der Therapie). Die intervallskalierte Variable ist hier das *psychische Wohlbefinden*. Aus berechnungstechnischen Gründen wird die Information der Variablen *Messzeitpunkt* auf die folgende Art und Weise mit der Variablen *psychisches Wohlbefinden* gekoppelt: *intervallskaliertes psychisches Wohlbefinden* (vor) = x10, *intervallskaliertes psychisches Wohlbefinden* (während) = x11 und *intervallskaliertes psychisches Wohlbefinden* (nach) = x12.

Bei der *einfaktoriellen Varianzanalyse* für abhängige Stichproben sollten insgesamt mindestens zehn Personen untersucht werden. Nach Möglichkeit sollte die Stichprobe aber aus mehr als 30 Personen ($N > 30$) bestehen.

Stefanie: Bei den verschiedenen Varianzanalysen werden wiederholt sogenannte Overall-F-Tests in den verschiedenen Vorbetrachtungen (Ablaufschema Punkt 7) durchgeführt. Dabei wird standardmäßig jeweils das Signifikanzniveau von 5 % verwendet.

In der Versuchsplanung (Punkt 4) mit den Teststärkeanalysen und in der Interpretation (Punkt 10) mit der Bestimmung der Stichprobeneffekte werden wir uns darauf beschränken, die entsprechenden Berechnungen nur für diese Overall-F-Tests durchzuführen.

Für die dazugehörigen, möglicherweise anschließend durchgeführten t-Tests (Einzelvergleiche bzw. Kontraste) verweisen wir sowohl bei der Versuchsplanung (Punkt 4) mit den Teststärkeanalysen als auch bei den Interpretationen (Punkt 10) mit den Stichprobeneffekten auf unsere entsprechenden Darstellungen im ▶ Kap. 11.

Prüfung der Voraussetzungen zu den Varianzanalysen

Für die im ▶ Kap. 12 durchzuführenden F-Tests und t-Tests sind die Stichproben durchgehend gleich groß. In einigen Fällen liegen die Stichprobengrößen der einzelnen Gruppen aber unter 30. Da die Stichproben (im Minimum) mit N = 20 noch relativ groß sind, können wir hier auf die Prüfungen der Voraussetzungen (Varianzhomogenität und Normalverteilung) noch *relativ problemlos* verzichten.

Bei den Varianzanalysen mit abhängigen Stichproben führen wir standardmäßig den Mauchly-Test für die indirekte Prüfung der wichtigen zusätzlichen Voraussetzung auf *Varianzhomogenität und Homogenität der Korrelationen* (für die verschiedenen Messzeitpunkte) durch (◼ Abb. 12.1).

12.3 Einfaktorielle Varianzanalyse mit unabhängigen Stichproben

Stevie: Es gibt eine mehrstufige nominalskalierte Variable 1, durch die $p \geq 2$ verschiedene Gruppen (Gruppe 1, Gruppe 2, ..., Gruppe p) ohne Abhängigkeiten festgelegt werden. Die Variable 2 ist (mindestens) intervallskaliert.

ⓘ Sprungmöglichkeit →

Generelle ungerichtete statistische Hypothesen für die einfaktorielle Varianzanalyse mit unabhängigen Stichproben

In der Nullhypothese H_0 wird davon ausgegangen, dass sich die arithmetischen Populationsmittelwerte μ (der Variablen 2) für die verschiedenen Gruppen (Variable 1) nicht unterscheiden: $\mu_{\text{Gruppe 1}} = \mu_{\text{Gruppe 2}} = \cdots = \mu_{\text{Gruppe p}}$.

Die Alternativhypothese H_1 behauptet dagegen, dass mindestens zwei Gruppen i und j existieren, bei denen sich die arithmetischen Populationsmittelwerte μ (der Variablen 2) unterscheiden: $\mu_{\text{Gruppe i}} \neq \mu_{\text{Gruppe j}}$.

ⓘ ← Sprungmöglichkeit

Bei nur zwei Stufen ($p = 2$) können auch gerichtete Hypothesen problemlos direkt untersucht werden.

◼ **Abb. 12.1** Analyse von Varianzen

Der mit der Varianzanalyse verbundene F-Test ist für mehr als zwei Stufen (p > 2) grundsätzlich zur Prüfung von ungerichteten Hypothesen vorgesehen. Wie trotzdem gerichtete Hypothesen, in dem noch halbwegs überschaubaren Fall mit drei Stufen, dargestellt und geprüft werden können, haben wir im ▶ Abschn. 12.3.1 ausgeführt.

Weil mit weiter steigender Stufenanzahl (p > 3) die Darstellungen und Analysen von gerichteten Hypothesen ein kaum noch vertretbares Ausmaß an zunehmender Komplexität und anwachsend hohem Durchführungsaufwand erreichen würden, verzichten wir hier auf Präsentationen dazu.

12.3.1 Basisablauf

1) Fragestellung

Stefanie: Wir haben unsere Fragestellungen ja bereits im ▶ Abschn. 12.1 angesprochen: Es geht u.a. um den Einfluss der sportlichen Aktivität (Joggen oder Wandern bei Tageslicht) und der Entspannungstechnik PM (Progressive Muskelentspannung) auf die Einschlaflatenzzeiten bei depressiven Patienten.

Stoffel: Sollten wir uns nicht jeweils auf eine Fragestellung beschränken?

Stefanie: Na klar. Beschränken wir uns auf die Auswirkungen von sportlicher Aktivität auf die Einschlaflatenzzeiten.

Stevie: Gut. Aber wir werden gleich noch sehen, dass auch in dieser Fragestellung bereits mehr als eine Hypothese enthalten ist. Im Rahmen der Varianzanalysen ist das ganz normal. Wir werden uns daran gewöhnen müssen, in den folgenden Kapiteln Gruppen von wissenschaftlichen und statistischen Hypothesen aufzustellen und zu prüfen.

2) Wissenschaftliche Hypothese (WH)

12

> **Stevie:** Meine Vermutung besteht insgesamt aus zwei Teilvermutungen:
> a. Patienten, die sich nicht sportlich betätigen (Gruppe 1 = Kontrollgruppe), haben vergleichsweise zu Patienten, die sich etwas sportlich betätigen (Gruppe 2 = 3 Stunden Sport pro Woche), längere Einschlaflatenzzeiten.
> **und (nicht oder)**
> b. Patienten, die sich etwas sportlich betätigen (Gruppe 2 = 3 Stunden Sport pro Woche), haben vergleichsweise zu Patienten, die sich stärker sportlich betätigen (Gruppe 3 = 6 Stunden Sport pro Woche), längere Einschlaflatenzzeiten.
>
> Hinweis: Meine Vermutungen basieren theoretisch auf physiologischen Erklärungsmechanismen (wie z.B. körperliche Ermüdung, Ausschüttung von Melatonin), die ich hier aber nicht weiter ausführen möchte.

Stoffel: Deine beiden Teilvermutungen sind mit einem "und (nicht oder)" verbunden. Was hat das zu bedeuten?

Stevie: Damit will ich ausdrücken, dass ich meine Vermutung nur dann als bewährt betrachten werde, wenn sich tatsächlich beide Teilkomponenten in der Studie bestätigen lassen.

Wenn sich nur eine der beiden Teilvermutungen bestätigen würde, dann müsste ich meine gesamte Vermutung als nicht bewährt einstufen.

Stoffel: Das ist aber streng, ginge es nicht auch etwas lockerer?

Stevie: In den Ergänzungen (▶ Abschn. 12.3.2) werden wir noch sehen, welche Konsequenzen es hat, wenn wir stattdessen etwas liberaler eine "und/oder" Verbindung verwenden.

3) Statistische Hypothesen (SH)

> **Stevie:** Aus meinen gerichteten wissenschaftlichen Hypothese kann die gerichtete Alternativhypothese H_1 abgeleitet werden: $\mu_1 > \mu_2 > \mu_3$ (μ = Populationsmittelwert auf der Variablen Einschlaflatenzzeit).
>
> Für die folgenden Analysen wird es aber hilfreich sein, wenn wir analog zur wissenschaftlichen Hypothese zwei Gruppen aufstellen:
>
> a. $H_1: \mu_1 > \mu_2$ mit der dazu komplementären Nullhypothese $H_0: \mu_1 \leq \mu_2$.
>
> **und (nicht oder)**
>
> b. $H_1: \mu_2 > \mu_3$ mit der dazu komplementären Nullhypothese $H_0: \mu_2 \leq \mu_3$.

Stefanie: Eigentlich müssten wir doch diese beiden Hypothesen a) und b) ganz einfach mit zwei t-Tests für zwei unabhängige Stichproben (Einzelvergleiche) wie im ▶ Abschn. 11.1 besprochen überprüfen.

Damit das im Punkt 8 (s.u.) leichter zugeordnet werden kann: Mit dem Einzelvergleich 1 wird die Hypothese a) geprüft und mit dem Einzelvergleich 2 wird die Hypothese b) geprüft.

Stevie: Das stimmt. Aber hier wird aus strategischen Gründen zunächst der sogenannte F-Test der Varianzanalyse durchgeführt. In der Vorbetrachtung (s.u. Punkt 7b) wird geprüft, ob bei den drei Gruppen überhaupt ein signifikanter Unterschied vorliegt. Sollte das nicht der Fall sein, wird zeitsparend auf die beiden t-Tests verzichtet.

4) Versuchsplanung

Stefanie: Aus der wissenschaftlichen Hypothese folgen zwei Alternativhypothesen, die mit einem "und (nicht oder)" verbunden sind. Wenn wir beide Hypothesen einzeln prüfen, kann es in diesem Fall zu keiner Akkumulierung des Fehlers erster Art kommen. Dementsprechend können wir jede dieser beiden Hypothesen auf dem Signifikanzniveau von $\alpha = 5\% = 0,05$ testen.

Es wurden N = 60 fiktive Depressionspatienten untersucht. Pro Stichprobe der drei experimentellen Bedingungen werden N = 20 Personen untersucht (◨ Tab. 12.2).

ⓘ Sprungmöglichkeit →

Teststärkeanalyse für den Overall-F-Test (s.u. bei der Vorbetrachtung Punkt 7b):

Wenn wir nach der Konvention von Cohen (1988, S. 287) von einer großen Effektgröße f = 0,4 (Signifikanzniveau 5 %, Freiheitsgrad = p - 1 = 3 - 1 = 2, n = 20) ausgehen, dann liegt die Teststärke bei 0,78 (Cohen, 1988, S. 313, Tab. 8.3.13). Hinweis: Cohen (1988, S. 356) bezeichnet diesen Fall der Tabellenanwendung (einfaktorielle Varianzanalyse mit gleich großen Stichproben) als „case 0".

Für die Teststärkeanalysen zu den einzelnen Hypothesen (Einzelvergleiche) verweisen wir auf unsere entsprechenden Darstellungen im ▶ Kap. 11.

ⓘ ← Sprungmöglichkeit

5) Datenerhebung und Datentabelle

Wegen der selektiven Gedächtnislöschung am Ende von ▶ Abschn. 12.1 können sich Stoffel, Stefanie und Stevie nicht mehr daran erinnern, dass wir in der ◘ Tab. 12.1 bereits den kompletten Datensatz vorliegen haben. Zum Glück liest Stefanie dieses Kapitel nochmal durch. Die Daten können nun von uns verwendet werden.

6) Stichprobenergebnisse bzw. SPSS Ergebnisse

Stefanie: Mit dem SPSS-Schema 15 wird nun die Durchführung des F-Tests der einfaktoriellen Varianzanalyse für unabhängige Stichproben mit dem SPSS vorgestellt (◘ Abb. 12.2).

Stoffel: Speichern und Drucken der SPSS - Ergebnisse bitte nicht vergessen.

Stevie: Kommen wir zu den Ergebnissen. Im ersten Teil der SPSS-Ergebnisausgabe erhalten wir eine Tabelle (◘ Tab. 12.2) mit den Informationen zur Anzahl der verarbeiteten Fälle. In den drei Bedingungen der Variablen Sport wurden jeweils $N_1 = N_2 = N_3 = 20$ Personen untersucht. Der Mittelwert der Einschlaflatenzzeit für die Gruppe 1 (kein Sport) beträgt 65,05, für die Gruppe 2 (3 Stunden) liegt er bei 55,20 und für die Gruppe 3 (6 Stunden) ist er 42,35. Die Standardabweichungen liegen bei 13,04 für die Gruppe 1, bei 12,27 für die Gruppe 2 und bei 13,75 für die Gruppe 3. Die weiteren SPSS-Angaben zu den Standardfehlern der Mittelwerte, den Konfidenzintervallen und den Minimum-Maximum-Werten benötigen wir hier nicht.

7) Vorbetrachtung und Betrachtung der Voraussetzungen

Vorbetrachtung

Stevie:
Punkt a) Bei der Varianzanalyse prüfen wir in der Vorbetrachtung zunächst wie gewohnt, ob die Stichprobenergebnisse zumindest in der Tendenz jeweils für die Alternativhypothesen sprechen, mit der folgenden Entscheidungsstrategie:

◘ **Tab. 12.2**   Deskriptive Statistiken für die einfaktorielle Varianzanalyse mit x1 und x3

ONEWAY deskriptive Statistiken	Einschlaflatenzzeit = x3			
Sport = x1		**N**	**Mittelwert**	**Standardabweichung**
	1 = kein Sport	20	65,05	13,04
	2 = 3 Stunden	20	55,20	12,27
	3 = 6 Stunden	20	42,35	13,75

Schritt 1	
Handlungen:	Die SPSS-Datei mit dem Dateinamen *Evaluationsstudie* starten.
Auswirkungen:	SPSS-Bildschirm: *Datenansicht* der fiktiven Evaluationsstudie mit der Datentabelle (N = 60 für x1 bis x14) ist reaktiviert.

Schritt 2	
Handlungen:	1) In der Menüleiste *Analysieren* anklicken. 2) In dem dadurch entstandenen ersten Untermenü *Mittelwerte vergleichen* anvisieren und in dem zweiten entstandenen Untermenü *Einfaktorielle Varianzanalyse...* anklicken.
Auswirkungen:	Eine Dialogbox *Einfaktorielle Varianzanalyse* hat sich geöffnet.

Schritt 3	
Handlungen:	1) In dem linken Variablenfeld die Variable *x3* (Einschlaflatenzzeit) markieren. Dann den *Pfeil* (links neben dem Abhängige Variablenfeld) anklicken, damit die Variable x3 in das Feld Abhängige Variable übertragen wird. 2) In dem linken Variablenfeld die Variable *x1* (Sport) markieren. Dann den *Pfeil* (links neben dem Faktorfeld) anklicken, damit die Variable x1 in das Feld *Faktor* übertragen wird. 3) Den Button *Optionen...*(rechts Mitte) anklicken.
Auswirkungen:	1) & 2) In der Dialogbox Einfaktorielle Varianzanalyse sind die Variablen x3 (als abhängige Variable) und x1 (als Faktor) zur weiteren Bearbeitung ausgewählt. 3) Öffnung der Dialogbox: *Einfaktorielle Varianzanalyse: Opti...*

Schritt 4	
Handlungen:	1) Das Kästchen (oben) für *Deskriptive Statistiken* anklicken. 2) Den Button *Weiter* (links unten) anklicken.
Auswirkungen:	Die Dialogbox *Einfaktorielle Varianzanalyse* ist aktiviert und die Option Deskriptive Statistiken wurde ausgewählt.

Schritt 5	
Handlungen:	Den *OK-Button* (links unten) anklicken.
Auswirkungen:	Das Ausgabefenster mit den Ergebnissen wird angezeigt.

◻ **Abb. 12.2**   Einfaktorielle Varianzanalyse (F-Test) für unabhängige Stichproben - SPSS-Schema 15

1. Wenn die gefundenen Ergebnisse eher für die Nullhypothese sprechen, wird sofort abgebrochen und die Nullhypothese wird (vorläufig) beibehalten.
2. Wenn die gefundenen Ergebnisse eher für die Alternativhypothese sprechen, geht es weiter mit dem Punkt b) der Vorbetrachtung.

Punkt b) Bei gerichteten Hypothesen, wie in diesem Beispiel, wird dann (wenn es nach der Prüfung unter Punkt a) weitergehen kann) noch eine weitere Vorbetrachtung durchgeführt:

Es wird kontrolliert, ob der F-Test der Varianzanalyse, der die ungerichtete Overall-Nullhypothese $\mu_1 = \mu_2 = \mu_3$ testet, auf dem 5 %-Niveau signifikant wird. Die folgende Entscheidungsstrategie ist dabei zu verwenden:

1. Wenn der F-Test nicht signifikant wird (p > 0,05), dann wird sofort abgebrochen und keine der aufgestellten Nullhypothesen wird abgelehnt.
2. Wenn der F-Test signifikant wird (p < 0,05), dann wird mit dem Punkt 8) im Ablaufschema fortgefahren.

Stefanie: Ich fange einfach mal an.

Punkt a) Wenn meine wissenschaftliche Hypothese stimmen würde, dann müsste auch in den Stichproben der Mittelwert für Gruppe 1 (kein Sport) größer sein als der Mittelwert für die Gruppe 2 (3 Stunden) und der Mittelwert für Gruppe 2 (3 Stunden) größer sein als der Mittelwert für die Gruppe 3 (6 Stunden). Das ist hier offensichtlich der Fall: 65,05 > 55,20 > 42,35. Das Stichprobenergebnis spricht damit in der Tendenz für die Alternativhypothese.

Somit können und sollten wir zum nächsten Punkt der Vorbetrachtung kommen.

Punkt b) Im zweiten Teil der SPSS-Ergebnisausgabe (durch das SPSS-Schema 15 erzeugt) erhalten wir die Informationen zum hier durchgeführten Overall-F-Test. In der ◻ Tab. 12.3 sind die Ergebnisse in der üblichen Schreibweise dargestellt.

Stevie: Für unsere Vorbetrachtung b) benötigen wir dabei nur die Irrtumswahrscheinlichkeit p in der letzten Spalte, die hier mit 0,000 deutlich kleiner als 0,05 ist.

Somit wird die Nullhypothese $\mu_1 = \mu_2 = \mu_3$ abgelehnt.

■■ Betrachtung der Voraussetzungen

Die Prüfung unserer beiden zentralen Hypothesen (s.o. bei Punkt 3) erfolgt letztendlich mit den beiden t-Tests für unabhängige Stichproben über die beiden Einzelvergleiche 1 und 2. Die Stichproben sind jeweils $N_1 = N_2 = 20$ und $N_2 = N_3 = 20$ gleich groß. Obwohl sie jeweils kleiner als 30 sind, können wir sie noch als relativ groß einstufen und die beiden t-Tests können jeweils ohne die Prüfung der beiden Voraussetzungen (Varianzhomogenität und Normalverteilung) *relativ problemlos* durchgeführt werden. Begründung: Robustheit des Signifikanztests.

◻ **Tab. 12.3**   Ergebnisse für die einfaktorielle Varianzanalyse mit x1 & x3

Einfaktorielle ANOVA	Einschlaflatenzzeit = x3					
	Varianzquelle	**QS**	**df**	$\hat{\sigma}^2$	F_{emp}	**p**
	Zwischen den Gruppen (Treatment)	5182,90	2	2591,45	15,26	0,000
	Innerhalb der Gruppen (Fehler)	9682,70	57	169,87		
	Gesamt	14865,60	59			

Die verwendeten Abkürzungen bedeuten: ANOVA = Analysis of variance, QS = Quadratsumme, df = Freiheitsgrad, $\hat{\sigma}^2$ geschätzte Varianz (Bezeichung im SPSS: Mittel der Quadrate), F_{emp} = empirischer Prüfwert F, p = Irrtumswahrscheinlichkeit (für ungerichtete Hypothesen)

Für den Overall-F-Test der Vorbetrachtung b) sind die Stichproben gleich groß $N_1 = N_2 = N_3 = 20$. Obwohl sie jeweils kleiner als 30 sind, können wir sie noch als relativ groß einstufen und der Signifikanztest kann ohne die Prüfung der beiden Voraussetzungen (Varianzhomogenität und Normalverteilung) *relativ problemlos* durchgeführt werden. Begründung: Robustheit des Signifikanztests.

Wir können sinnvoll mit den einzelnen Prüfungen unserer statistischen Hypothesen (zwei t-Tests für unabhängige Stichproben) fortfahren.

8) Empirische Prüfgrößen und Irrtumswahrscheinlichkeiten p

Stevie: Für die Durchführung der beiden t-Tests (Einzelvergleiche) verweisen wir auf ► Abschn. 11.1.

Stefanie: Die unabhängige Variable x1 besteht hier aber nun aus drei Gruppen. Ist das kein Problem bei der Durchführung der beiden t-Tests?

Stevie: Zum Glück nicht. Wenn wir im Schritt 4 (❏ Abb. 11.2, SPSS-Schema 12) für den ersten Einzelvergleich bei der Gruppe 1 den Wert "1" und für die Gruppe 2 den Wert "2" eintragen, wird die Gruppe mit dem Wert "3" automatisch beim t-Test ignoriert.

Für den zweiten Einzelvergleich wird für die Gruppe 1 der Wert "2" und für die Gruppe 2 der Wert "3" eingetragen. Die Gruppe mit dem Wert "1" wird dann automatisch beim t-Test ignoriert.

Stoffel: Wir werden hier nur die für uns wichtigen Resultate der beiden t-Tests in der ❏ Tab. 12.4 zusammenfassend darstellen.

Stoffel: Betrachten wir am besten die beiden t-Tests nacheinander.

a. Einzelvergleich 1: (H_0: $\mu_1 \leq \mu_2$)
    In der mittleren Spalte ist die empirische Prüfgröße $t_{emp} = 2{,}46$ (im SPSS mit dem Buchstaben "T" gekennzeichnet) angegeben.
    Der Freiheitsgrad wird nicht weiter benötigt.
    Da wir hier eine gerichtete Alternativhypothese vertreten, muss der Wert 0,019 (letzte Spalte) halbiert werden (die SPSS-Angabe "2-seitig" ist hier gleichbedeutend mit ungerichteter Hypothese). Die Irrtumswahrscheinlichkeit ist $p = \dfrac{0{,}019}{2} = 0{,}0095$.

b. Einzelvergleich 2: (H_0: $\mu_2 \leq \mu_3$)
    In der mittleren Spalte ist die empirische Prüfgröße $t_{emp} = 3{,}12$ (im SPSS mit dem Buchstaben "T" gekennzeichnet) angegeben.
    Der Freiheitsgrad wird nicht weiter benötigt.

❏ **Tab. 12.4** Signifikanztestergebnisse für die beiden Einzelvergleiche (Gruppe 1 vs. Gruppe 2 und Gruppe 2 vs. Gruppe 3)

t-Tests	Einschlaflatenzzeit = x3			
	Einzelvergleiche	t	df	Signifikanz (für ungerichtete Hypothesen)
	1	2,46	38	0,019
	2	3,12	38	0,003

Da wir hier eine gerichtete Alternativhypothese vertreten, muss der Wert 0,003 (letzte Spalte) halbiert werden (die SPSS-Angabe "2-seitig" ist hier gleichbedeutend mit ungerichteter Hypothese). Die Irrtumswahrscheinlichkeit ist $p = \dfrac{0,003}{2} = 0,0015$.

9) Entscheidungen

Stoffel: Weil in beiden Fällen $p < \alpha$ (0,0095 < 0,05 und 0,0015 < 0,05) ist, werden beide Nullhypothesen abgelehnt.

10) Ergebnisdarstellungen, Interpretation und Diskussion

Stoffel: Die Interpretation unseres Befundes lautet:
Die zur Prüfung unserer Vermutung durchgeführten Signifikanztests (der Overall-F-Test (F_{emp} = 15,26, p = 0,000) und die beiden t-Tests für den Einzelvergleich 1 (t_{emp} = 2,46, p = 0,0095) und für den Einzelvergleich 2 (t_{emp} = 3,12, p = 0,0015)) wurden alle signifikant.
   Damit hat sich unsere Vermutung, Patienten, die sich nicht sportlich betätigen (Gruppe 1 = Kontrollgruppe), haben vergleichsweise zu Patienten, die sich etwas sportlich betätigen (Gruppe 2 = 3 Stunden Sport pro Woche), längere Einschlaflatenzzeiten **und** Patienten, die sich etwas sportlich betätigen (Gruppe 2 = 3 Stunden Sport pro Woche), haben vergleichsweise zu Patienten, die sich stärker sportlich betätigen (Gruppe 3 = 6 Stunden Sport pro Woche), längere Einschlaflatenzzeiten, (vorläufig) bewährt.
   Auf die einzelnen Ergebnisdarstellungen und auf die Diskussion werden wir hier nicht weiter eingehen.
Stevie: Die Formel für die Bestimmung der Stichprobeneffektstärke η^2 = eta^2 für den Overall-F-Test ist hier besonders einfach (s. Rasch et al., 2014b, S. 24). Die Quadratsummenwerte QS können der ◻ Tab. 12.3 entnommen werden:

$$\eta^2 = \frac{QS_{zwischen}}{QS_{Gesamt}} = \frac{5182,90}{14865,60} = 0,35 = 35\%.$$

Stoffel: Der erste Teil der Interpretation könnte dann so angereichert werden:
   Die zur Prüfung unserer Vermutung durchgeführten Signifikanztests (der Overall-F-Test (F_{emp} = 15,26, p < 0,05), mit einer Stichprobeneffektgröße von 35 % (η^2 = 0,35) und die beiden t-Tests für den Einzelvergleich 1 (t_{emp} = 2,46, p = 0,0095) und für den Einzelvergleich 2 (t_{emp} = 3,12, p = 0,0015)) wurden alle signifikant.
   Für die mögliche Bestimmung der Stichprobeneffektgrößen der einzelnen t-Tests verweisen wir auf unsere entsprechenden Darstellungen im ▶ Kap. 11.

12.3.2 Ergänzungen

12.3.2.1 Gerichtete Hypothesen, die mit *und/oder* verbunden sind

1) Fragestellung

Stefanie: Wir werden im Prinzip die gleiche Fragestellung wie im ▶ Abschn. 12.3.1 untersuchen: Es geht um den Einfluss der sportlichen Aktivität (Joggen oder Wandern bei Tageslicht) auf die Einschlaflatenzzeiten bei depressiven Patienten.

Allerdings werden wir die konkreten Vergleiche in unserer Vermutung etwas anders setzen und diesmal mit einem "und/oder" verbinden.

2) Wissenschaftliche Hypothese (WH)

> **Stefanie:** Meine Vermutung besteht insgesamt aus zwei Teilvermutungen:
> a. Patienten, die sich nicht sportlich betätigen (Gruppe 1 = Kontrollgruppe), haben vergleichsweise zu Patienten, die sich sportlich betätigen (Gruppe 2 = 3 Stunden Sport pro Woche und Gruppe 3 = 6 Stunden Sport), längere Einschlaflatenzzeiten.
> **und/oder**
> b. Patienten, die sich etwas sportlich betätigen (Gruppe 2 = 3 Stunden Sport pro Woche), haben vergleichsweise zu Patienten, die sich stärker sportlich betätigen (Gruppe 3 = 6 Stunden Sport pro Woche), längere Einschlaflatenzzeiten.
>
> Hinweis: Diese Vermutungen basieren auf den gleichen theoretisch-physiologischen Erklärungsmechanismen wie im ▶ Abschn. 12.3.1 (körperliche Ermüdung, Ausschüttung von Melatonin usw.).

Stoffel: Deine beiden Teilvermutungen sind mit einem "und/oder" verbunden. Was hat das zu bedeuten?
Stefanie: Damit will ich ausdrücken, dass meine Vermutungen sich auch einzeln bewähren können. Es gibt insgesamt vier Möglichkeiten:
1. Beide Teilvermutungen a) und b) bewähren sich nicht.
2. Die Teilvermutung a) bewährt sich und die Teilvermutung b) bewährt sich nicht.
3. Die Teilvermutung b) bewährt sich und die Teilvermutung a) bewährt sich nicht.
4. Beide Teilvermutungen a) und b) bewähren sich.

Stevie: Das wird dann Auswirkungen auf die Wahl des Signifikanzniveaus haben, weil wir hier einer Akkumulierung des Fehlers erster Art entgegenwirken müssen.

3) Statistische Hypothesen (SH)

> **Stefanie:** Aus meiner gerichteten wissenschaftlichen Hypothese können die beiden gerichteten Alternativhypothesen H_1 abgeleitet werden:
> a. $H_1: \mu_1 > (\mu_2 + \mu_3) / 2$ mit der dazu komplementären Nullhypothese $H_0: \mu_1 \leq (\mu_2 + \mu_3) / 2$
> **und/oder**
> b. $H_1: \mu_2 > \mu_3$ mit der dazu komplementären Nullhypothese $H_0: \mu_2 \leq \mu_3$

Stefanie: Eigentlich müssten wir doch diese beiden Hypothesen a) und b) ganz einfach mit zwei t-Tests für zwei unabhängige Stichproben (Einzelvergleiche), wie im ▶ Abschn. 11.1 besprochen, überprüfen.

Damit das im Punkt 8 (s.u.) leichter zugeordnet werden kann: Mit dem Einzelvergleich 1 wird die Hypothese a) geprüft und mit dem Einzelvergleich 2 wird die Hypothese b) geprüft. **Stevie:** Das stimmt. Aber hier wird erneut aus strategischen Gründen zunächst der soge- nannte F-Test der Varianzanalyse durchgeführt. In der Vorbetrachtung (s.u. Punkt 7b) wird geprüft, ob bei den drei Gruppen überhaupt ein signifikanter Unterschied vorliegt. Sollte das nicht der Fall sein, wird zeitsparend auf die beiden t-Tests verzichtet.

4) Versuchsplanung

Stefanie: Aus der wissenschaftlichen Hypothese folgen zwei Alternativhypothesen, die mit einem "und/oder" verbunden sind. Wenn wir beide Hypothesen einzeln prüfen, kann es in diesem Fall zu einer Akkumulierung des Fehlers erster Art kommen. Dementsprechend müssen wir hier eine Adjustierung des Fehlers erster Art vornehmen. Wir verwenden dazu die einfache Korrekturformel nach Bonferroni (s. Bortz, 2005, S. 129):

Adjustiertes $\alpha = \alpha' = \alpha$ / Anzahl der durchzuführenden Tests.

In unserem Fall mit zwei zu prüfenden Nullhypothesen ergibt sich:

$\alpha' = \alpha$ / 2 = 0,05 / 2 = 0,025.

Jede der beiden Nullhypothesen wird dementsprechend auf dem adjustierten Signifi- kanzniveau von α' = 2,5 % = 0,025 getestet.

Stoffel: Es wurden N = 60 fiktive Depressions-Patienten untersucht. Pro Stichprobe der drei experimentellen Bedingungen werden N = 20 Personen untersucht.

🛈 Sprungmöglichkeit →

Teststärkeanalyse für den Overall-F-Test (s.u. Punkt 7b bei der Vorbetrachtung):

Wenn wir nach der Konvention von Cohen (1988, S. 287) von einer großen Effekt- größe f = 0,4 (Signifikanzniveau 5 %, Freiheitsgrad = p - 1 = 3 - 1 = 2, n = 20) ausgehen, dann liegt die Teststärke bei 0,78 (Cohen, 1988, S. 313, Tab. 8.3.13). Hinweis: Cohen (1988, S. 356) bezeichnet diesen Fall der Tabellenanwendung (einfaktorielle Varianzanalyse mit gleich großen Stichproben) als „*case 0*".

Für die Teststärkeanalysen zu den einzelnen Hypothesen (Einzelvergleiche bzw. Kon- traste) verweisen wir grundsätzlich auf unsere entsprechenden Darstellungen im ▶ Kap. 11.

Für unsere statistische Alternativhypothese a) H_1: $\mu_1 > (\mu_2 + \mu_3)$ / 2 liegen uns aber für die beiden untersuchten Gruppen *kein Sport* mit n_A = 20 vs. *Sport* mit n_B = 40 **unter- schiedliche Stichprobengrößen** vor. Die dafür durchzuführende Teststärkeanalyse wer- den wir hier ergänzend erstmalig vorstellen:

Cohen (1988, S. 42) bezeichnet die Tabellenanwendung (t-Test, unabhängige Stich- proben mit unterschiedlich großen Stichproben) als „*case 1*". Für die Teststärkeanalyse muss gemäß der Formel 2.3.1 nach Cohen (1988, S. 42) die zu verwendende Stichproben- größe n' nach dem harmonischen Mittel berechnet werden:

$$n' = \frac{2 \times n_A \times n_B}{n_A + n_B} = \frac{2 \times 20 \times 40}{20 + 40} = 26,67.$$

Wenn wir nach der Konvention von Cohen (1988, S. 26) von einer großen Effektgröße d = 0,8 (das gerichtete Signifikanzniveau von 2,5 % entspricht dem ungerichteten Signi- fikanzniveau von 5 %, n' = 26,67) ausgehen, dann liegt die interpolierte Teststärke bei 0,81 (Cohen, 1988, S. 36, Tab. 2.3.5).

ℹ️ ← Sprungmöglichkeit

5) Datenerhebung und Datentabelle

Siehe ► Abschn. 12.1 für die Erstellung der Datentabelle.

6) Stichprobenergebnisse bzw. SPSS Ergebnisse

Stefanie: Mit dem SPSS-Schema 15 (► Abschn. 12.3.1) kann nun wieder die einfaktorielle Varianzanalyse für unabhängige Stichproben mit dem SPSS durchgeführt werden.
Stevie: Kommen wir zu den Ergebnissen: Im ersten Teil der SPSS-Ergebnisausgabe erhalten wir dann exakt die gleichen Resultate, die bereits im ► Abschn. 12.3.1 in der ◼ Tab. 12.2 dargestellt wurden.

7) Vorbetrachtung und Betrachtung der Voraussetzungen

Vorbetrachtung

Stefanie:
a. Wenn meine wissenschaftliche Hypothese stimmen würde, dann müsste erstens auch in den Stichproben der Mittelwert für Gruppe 1 (kein Sport) größer sein als der durchschnittliche Mittelwert für die Gruppe 2 (3 Stunden) und Gruppe 3 (6 Stunden) und zweitens müsste der Mittelwert für Gruppe 2 (3 Stunden) größer sein als der Mittelwert für die Gruppe 3 (6 Stunden).
    Das ist hier offensichtlich der Fall: 65,05 > (55,20 + 42,35) / 2 und 55,20 > 42,35. Die Stichprobenergebnisse sprechen damit in der Tendenz für die Alternativhypothese.
    Somit können und sollten wir zum nächsten Punkt der Vorbetrachtung kommen.
b. Im zweiten Teil der SPSS-Ergebnisausgabe erhalten wir dann exakt die gleichen Resultate, die bereits im ► Abschn. 12.3.1 in der ◼ Tab. 12.3 dargestellt wurden. Für unsere Vorbetrachtung b) benötigen wir dabei nur die Irrtumswahrscheinlichkeit p in der letzten Spalte, die mit 0,000 deutlich kleiner als 0,05 ist.
    Die Nullhypothese $\mu_1 = \mu_2 = \mu_3$ wird abgelehnt.

◼◼ **Betrachtung der Voraussetzungen**
Da die Stichproben pro Gruppe (im Minimum) bei N = 20 liegen, können wir *relativ problemlos* oder *problemlos* auf die Prüfungen der Modellvoraussetzungen verzichten.
    Wir können sinnvoll mit den einzelnen Prüfungen unserer statistischen Hypothesen fortfahren.

8) Empirische Prüfgrößen und Irrtumswahrscheinlichkeiten p

Stevie: Für die Durchführung der beiden t-Tests (Einzelvergleiche) verweisen wir auf ► Abschn. 11.1.

Für den ersten Einzelvergleich Gruppe 1 gegen Gruppe 2 und 3 müssen wir aber, ausgehend von der unabhängigen Variablen x1, zunächst eine neue unabhängige Variable x1a erstellen, bei der wir die Variablenwerte folgendermaßen verändern (▶ Abschn. 5.2, ◘ Abb. 5.3, SPSS-Schema 6):

— Alter Wert 1 -> Neuer Wert 1
— Alter Wert 2 -> Neuer Wert 2
— Alter Wert 3 -> Neuer Wert 2

Bei der Durchführung des t-Tests (◘ Abb. 11.2, SPSS-Schema 12) verwenden wir dann im Schritt 3 die Variable x1a als Gruppenvariable (unabhängige Variable). Im Schritt 4 wird bei der Gruppe 1 der Wert "1" und für die Gruppe 2 der Wert "2" eingetragen. Die Gruppe 2 umfasst nun die ursprünglichen Gruppen 2 und 3 gemeinsam.

Für den zweiten Einzelvergleich wird wie im ▶ Abschn. 12.3.1 die Variable x1 als unabhängige Variable verwendet: für die Gruppe 1 wird der Wert "2" und für die Gruppe 2 der Wert "3" eingetragen. Die Gruppe mit dem Wert "1" wird dann automatisch beim t-Test ignoriert.

Stoffel: Wir werden hier nur die für uns wichtigen Resultate der beiden t-Tests in der ◘ Tab. 12.5 zusammenfassend darstellen.

Stoffel: Betrachten wir am besten die beiden t-Tests nacheinander.

a. Einzelvergleich 1: (H_0: $\mu_1 \leq (\mu_2 + \mu_3) / 2$)
   In der mittleren Spalte ist die empirische Prüfgröße t_{emp} = 4,25 (im SPSS mit dem Buchstaben "T" gekennzeichnet) angegeben.
   Der Freiheitsgrad wird nicht weiter benötigt.
   Da wir hier eine gerichtete Alternativhypothese vertreten, muss der Wert 0,000 (letzte Spalte) halbiert werden (die SPSS-Angabe "2-seitig" ist hier gleichbedeutend mit ungerichteter Hypothese). Die Irrtumswahrscheinlichkeit ist $p = \dfrac{0,000}{2} = 0,000$.

b. Einzelvergleich 2: (H_0: $\mu_2 \leq \mu_3$)
   In der mittleren Spalte ist die empirische Prüfgröße t_{emp} = 3,12 (im SPSS mit dem Buchstaben "T" gekennzeichnet) angegeben.
   Der Freiheitsgrad wird nicht weiter benötigt.
   Da wir hier eine gerichtete Alternativhypothese vertreten, muss der Wert 0,003 (letzte Spalte) halbiert werden (die SPSS-Angabe "2-seitig" ist hier gleichbedeutend mit ungerichteter Hypothese). Die Irrtumswahrscheinlichkeit ist $p = \dfrac{0,003}{2} = 0,0015$.

12

◘ **Tab. 12.5** Signifikanztestergebnisse für die beiden Einzelvergleiche (Gruppe 1 vs. Gruppe 2 und 3 sowie Gruppe 2 vs. Gruppe 3)

t-Tests	Einschlaflatenzzeit = x3			
	Einzelvergleich	**t**	**df**	**Signifikanz (für ungerichtete Hypothesen)**
	1	4,25	58	0,000
	2	3,12	38	0,003

9) Entscheidungen

Stoffel: Weil in beiden Fällen p < α' (0,000 < 0,025 und 0,0015 < 0,025) ist, werden beide Nullhypothesen abgelehnt.

10) Ergebnisdarstellungen, Interpretation und Diskussion

Stoffel: Die Interpretation unseres Befundes lautet:

Die zur Prüfung unserer Vermutung durchgeführten Signifikanztests (der Overall-F-Test (F_{emp} = 15,26, p = 0,000) mit einer Stichprobeneffektgröße von 35 % (η^2 = 0,35) und die beiden t-Tests für den Einzelvergleich 1 (t_{emp} = 4,25, p = 0,000) und für den Einzelvergleich 2 (t_{emp} = 3,12, p = 0,0015)) wurden alle signifikant.

Damit hat sich unsere Vermutung, Patienten, die sich nicht sportlich betätigen (Gruppe 1 = Kontrollgruppe), haben vergleichsweise zu Patienten, die sich sportlich betätigen (Gruppe 2 = 3 Stunden Sport pro Woche und Gruppe 3 = 6 Stunden Sport), längere Einschlaflatenzzeiten **und/oder** Patienten, die sich etwas sportlich betätigen (Gruppe 2 = 3 Stunden Sport pro Woche), haben vergleichsweise zu Patienten, die sich stärker sportlich betätigen (Gruppe 3 = 6 Stunden Sport pro Woche), längere Einschlaflatenzzeiten, in beiden Teilannahmen (vorläufig) bewährt.

Auf die einzelnen Ergebnisdarstellungen und auf die Diskussion werden wir hier nicht weiter eingehen.

Für die mögliche Bestimmung der Stichprobeneffektgrößen der einzelnen t-Tests verweisen wir auf unsere entsprechenden Darstellungen im ▶ Kap. 11.

12.3.2.2   Unspezifische Hypothesen

1) Fragestellung

Stoffel: Es geht natürlich wieder wie im ▶ Abschn. 12.3.1 um den Einfluss der sportlichen Aktivität (Joggen oder Wandern bei Tageslicht) auf die Einschlaflatenzzeiten bei depressiven Patienten.

Was mache ich eigentlich, wenn ich vor der Datenerhebung über keine theoretischen Überlegungen zu der Thematik verfüge und mir auch keine (früheren) empirischen Befunde vorliegen? Was ist zu tun, wenn ich dementsprechend noch keine Ahnung habe, zwischen welchen Gruppen und in welcher Richtung Auswirkungen vorliegen könnten und ich lediglich den Verdacht hege, irgendwie und irgendwo sollte es schon einen Einfluss geben und ich wissen möchte, wo es die Effekte gibt?

Stefanie: Ich finde, dann hast du gar keine "echte" Hypothese und wir sollten eher sagen, du kannst explorativ vorgehen und Hypothesen erzeugen, anstatt welche zu prüfen.

Stevie: Ich stimme dir zu. Wir sollten dann besser von einer explorativen Vorgehensweise sprechen. Aber diese schwache und unspezifische Vermutung von Stoffel kann dennoch als (sehr schwache) Hypothese formuliert werden und anschließend mit dem Overall-F-Test der Varianzanalyse geprüft werden. Allerdings sind dann alle Signifikanztests, die daran anschließend durchgeführt werden und die üblicherweise als Post-Hoc-Tests bezeichnet werden, von rein explorativer Natur und dienen lediglich der Erzeugung und nicht der Prüfung von Hypothesen.

2) Wissenschaftliche Hypothese (WH)

> **Stoffel:** Meine Vermutung lautet:
>   Zwischen den drei Patienten-Gruppen, die sich nicht sportlich betätigen (Gruppe 1 = Kontrollgruppe), die sich etwas sportlich betätigen (Gruppe 2 = 3 Stunden) und die sich stärker sportlich betätigen (Gruppe 3 = 6 Stunden), gibt es bei irgendeinem der möglichen Vergleiche einen Unterschied in den Einschlaflatenzzeiten.
>   Hinter dieser Vermutung steckt die sehr unspezifische theoretische Annahme, dass sportliche Betätigung und die mit körperlicher Entspannung und Erschöpfung verbundene Einschlaflatenzzeit irgendwie miteinander zu tun haben.

Stefanie: Stoffel, das klingt wirklich sehr schwach.
Stevie: Stefanie, zügele bitte deine Zunge. In der sozialwissenschaftlichen Forschung sind solche unspezifischen Vermutungen gar nicht so ungewöhnlich.

3) Statistische Hypothesen (SH)

Stoffel: Aus meiner ungerichteten wissenschaftlichen Hypothese kann ich die folgende ungerichtete Alternativhypothese H_1 mit den drei Komponenten ableiten:
  H_1: $\mu_1 \neq \mu_2$ oder $\mu_1 \neq \mu_3$ oder $\mu_2 \neq \mu_3$

> **Stevie:** Nicht schlecht, aber das ist noch nicht alles. Aus deiner ungerichteten und unspezifischen wissenschaftlichen Hypothese können wir die folgende *unspezifische Alternativhypothese* H_1 mit den folgenden sechs Bestandteilen ableiten:
> H_1: $\mu_1 \neq \mu_2$ oder (und) $\mu_1 \neq \mu_3$ oder (und) $\mu_2 \neq \mu_3$ oder (und) $\mu_1 \neq (\mu_2 + \mu_3) / 2$ oder (und) $\mu_2 \neq (\mu_1 + \mu_3) / 2$ oder (und) $\mu_3 \neq (\mu_1 + \mu_2) / 2$
>   Dagegen wirkt die zugehörige Nullhypothese recht einfach: H_0: $\mu_1 = \mu_2 = \mu_3$

Stoffel: Das war mir gar nicht klar, was ich da so alles vermutet haben soll.
Stevie: Das dachte ich mir schon. Wir wollen deswegen die möglicherweise im Anschluss an den Overall-F-Test durchgeführten Signifikanztests (Post-Hoc-Vergleiche) auch wirklich *nicht* als Hypothesenprüfungen verstehen.
Stefanie: Du hast die sechs Komponenten in der Alternativhypothese mit einem "oder (und)" verbunden. Wie ist das zu verstehen? Was ist der Unterschied zu dem von uns im ► Abschn. 12.3.2.1 verwendeten "und/oder"?
Stevie: In der Alternativhypothese im ► Abschn. 12.3.2.1 haben wir zwei "echte" theoretisch begründete Vermutungen miteinander verbunden. Mit dem "und/oder" sollte dabei ausgedrückt werden, dass wir beide Vermutungen für gültig halten, es aber natürlich möglich sein könnte, dass sich nur die eine oder die andere der beiden Vermutungen bestätigen wird.
  Bei der unspezifischen Alternativhypothese in diesem ► Abschn. 12.3.2.2 wird durch das "oder (und)" ausgedrückt, dass vollkommen beliebig (ohne theoretischen oder empirischen Bezug) die eine oder die andere Vermutungskomponente vorliegen könnte, es aber natürlich nicht auszuschließen ist, dass auch mehrere der einzelnen Bestandteile gleichzeitig vorliegen könnten.

Da wir in dieser Anleitung in erster Linie die Vorgehensweisen bei den Signifikanztests für die Prüfung von Hypothesen und nicht für die Erzeugung von Hypothesen aufzeigen wollen, werde ich die folgenden möglichen Ablaufschritte teilweise nur konzeptionell und insgesamt komprimiert ausführen:

In der *Versuchsplanung* (Punkt 4) sollten wir für den durchzuführenden Overall-F-Test der Varianzanalyse das Signifikanzniveau auf $\alpha = 5\% = 0{,}05$ festlegen (weil wir die Alternativhypothese vertreten). Es wurden N = 60 fiktive Depressions-Patienten untersucht. Pro Stichprobe der drei experimentellen Bedingungen werden n = 20 Personen untersucht.

ⓘ Sprungmöglichkeit →

Teststärkeanalyse für den Overall-F-Test: Wenn wir nach der Konvention von Cohen (1988, S. 287) von einer großen Effektgröße f = 0,4 (Signifikanzniveau 5 %, Freiheitsgrad = p - 1 = 3 - 1 = 2, n = 20) ausgehen, dann liegt die Teststärke bei 0,78 (Cohen, 1988, S. 313, Tab. 8.3.13). Hinweis: Cohen (1988, S. 356) bezeichnet diesen Fall der Tabellenanwendung (einfaktorielle Varianzanalyse mit gleich großen Stichproben) als *„case 0".*

ⓘ ← Sprungmöglichkeit

Bei der *Datenerhebung und Datentabelle* (Punkt 5) können wir auf die bereits erstellte Datentabelle (▶ Abschn. 12.1 und 12.2) zurückgreifen.

Für die Erzeugung der *Stichprobenergebnisse* (Punkt 6) können wir erneut das SPSS-Schema 15 (▶ Abschn. 12.3.1, ◘ Abb. 12.2) verwenden.

Wir müssten aber am Ende anstelle der Einzelvergleiche (falls der Overall-F-Test der Varianzanalyse signifikant wird) geeignete *Post-Hoc-Analysen* durchführen (kann im SPSS-Dialogfenster *Einfaktorielle Varianzanalyse* mit dem Button *Post hoc...* ausgewählt werden). Hinweis: In den meisten Verfahren für die möglichen *Post-Hoc-Analysen* ist ein automatischer α-Fehler-Adjustierungsmechanismus eingebaut, der dafür sorgt, dass auch bei der Durchführung von sehr vielen Mittelwertvergleichen die α-Fehler-Akkumulierung nicht in den Himmel wächst.

Bei der *Vorbetrachtung* (Punkt 7) wird geprüft, ob wenigstens ein Stichprobenmittelwert (der abhängigen Variablen) einer Gruppe von einem Stichprobenmittelwert einer anderen Gruppe abweicht. Das ist hier der Fall: $65{,}05 \neq 55{,}20$ (s.o. in der ◘ Tab. 12.2), die Stichprobenmittelwerte der Einschlaflatenzzeit für die Gruppe 1 (kein Sport) und die Gruppe 2 (3 Stunden Sport) unterscheiden sich. Für die Thematik der Voraussetzungsprüfungen gelten wieder die gleichen Schlussfolgerungen, die wir bereits beim Punkt 7 im ▶ Abschn. 12.3.1 besprochen haben.

In der ◘ Tab. 12.3 finden sich die *Empirische Prüfgröße und die Irrtumswahrscheinlichkeit p* (Punkt 8): $F_{emp} = 15{,}26$ und p = 0,000.

Bei der *Entscheidung* (Punkt 9) wird die Nullhypothese abgelehnt, weil p < α (0,000 < 0,05) ist.

Die Interpretation beim Punkt 10 *Ergebnisdarstellungen, Interpretation und Diskussion* könnte folgendermaßen beginnen:

Der durchgeführte F-Test wurde signifikant ($F_{emp} = 15{,}26$, p = 0,000) mit einer Stichprobeneffektgröße von 35 % ($\eta^2 = 0{,}35$). Basierend auf den anschließend durchgeführten einzelnen Mittelwertvergleichen (Post-Hoc-Analysen) können die folgenden Hypothesen aufgestellt werden: ...

Auf die einzelnen Ergebnisdarstellungen und auf die Diskussion werden wir hier nicht weiter eingehen.

Hinweis: Wenn der F-Test nicht signifikant wird (die Nullhypothese ($\mu_1 = \mu_2 = \mu_3$) wird (vorläufig) beibehalten), dann werden natürlich anschließend keine Post-Hoc-Analysen mehr durchgeführt.

12.4　Einfaktorielle Varianzanalyse mit abhängigen Stichproben

Stevie: Es gibt eine mehrstufige nominalskalierte Variable 1, durch die $p \geq 2$ verschiedene Gruppen (Gruppe 1, Gruppe 2, ..., Gruppe p) mit Abhängigkeiten festgelegt werden. Die Variable 2 ist (mindestens) intervallskaliert.

ⓘ Sprungmöglichkeit →

> **Generelle ungerichtete statistische Hypothesen für die einfaktorielle Varianz-analyse mit abhängigen Stichproben**
> In der Nullhypothese H_0 wird davon ausgegangen, dass sich die arithmetischen Populationsmittelwerte μ (der Variablen 2) für die verschiedenen Gruppen (Variable 1) nicht unterscheiden: $\mu_{Gruppe\ 1} = \mu_{Gruppe\ 2} = \cdots = \mu_{Gruppe\ p}$.
> Die Alternativhypothese H_1 behauptet dagegen, dass mindestens zwei Gruppen i und j existieren, bei denen sich die arithmetischen Populationsmittelwerte μ (der Variablen 2) unterscheiden: $\mu_{Gruppe\ i} \neq \mu_{Gruppe\ j}$.

ⓘ ← Sprungmöglichkeit

12

Bei nur zwei Stufen ($p = 2$) können auch gerichtete Hypothesen problemlos direkt untersucht werden.

Der mit der Varianzanalyse verbundene F-Test ist für mehr als zwei Stufen ($p > 2$) grundsätzlich zur Prüfung von ungerichteten Hypothesen vorgesehen. Wie trotzdem gerichtete Hypothesen, in dem noch halbwegs überschaubaren Fall mit drei Stufen, dargestellt und geprüft werden können, haben wir im ▶ Abschn. 12.4.1 ausgeführt.

Weil mit weiter steigender Stufenanzahl ($p > 3$) die Darstellungen und Analysen von gerichteten Hypothesen ein kaum noch vertretbares Ausmaß an zunehmender Komplexität und anwachsend hohem Durchführungsaufwand erreichen würden, verzichten wir hier auf Präsentationen dazu.

12.4.1　Basisablauf

1) Fragestellung

Stoffel: Die Fragestellungen wurden bereits im ▶ Abschn. 12.1 angesprochen: Wir wollen untersuchen, ob sich das psychische Wohlbefinden der depressiven Patienten im Therapieverlauf (vor, während und nachher) verändert. Zusätzlich interessiert uns auch noch, ob es einen

Unterschied im psychischen Wohlbefinden in Abhängigkeit vom Wochentag (Montag vs. Samstag) gibt. Da wir in diesem Kapitel die einfaktorielle Varianzanalyse besprechen werden, sollten wir uns hier auf den ersten Teil dieser beiden Fragestellungen (psychisches Wohlbefinden und Therapieverlauf) beschränken. Bei der zweifaktoriellen Varianzanalyse mit Messwiederholungen (*komplexe Statistik*) könnte zusätzlich auch noch der Einfluss des Wochentages auf das psychische Wohlbefinden mit erfasst werden. Das wird aber hier nicht vertieft.

Stefanie: Exzellent analysiert.

Stevie: Ich möchte es nicht versäumen, jetzt schon mal auf eine Besonderheit hinzuweisen, mit der wir im Folgenden konfrontiert sein werden:

Wir werden hier bereits bei der Vorbetrachtung (Punkt 7) explizit die Überprüfung der *Sphärizität* (eine bei der Varianzanalyse mit Messwiederholungen neu hinzukommende zentrale Voraussetzung) mit dem Mauchly-Test berücksichtigen, weil der entsprechende F-Test gegen Verletzungen dieser Voraussetzung leider nicht als robust eingestuft werden kann.

Wenn Einzelmittelwertvergleiche für unsere Hypothesen erforderlich sind, werden wir beim Punkt 8 (Empirische Prüfgrößen und Irrtumswahrscheinlichkeiten p) auf die Anwendung von t-Tests für abhängige Stichproben (► Abschn. 11.2) zurückgreifen.

2) Wissenschaftliche Hypothese (WH)

Stefanie: Unsere Vermutung besteht wieder aus zwei Teilvermutungen:

a. Während der Therapie verfügen die Patienten über ein besseres psychisches Wohlbefinden als zu Beginn (vor) der Therapie.

und (nicht oder)

b. Am Ende (nach) der Therapie verfügen die Patienten über ein besseres psychisches Wohlbefinden als während der Therapie.

Hinweis: Unsere Vermutungen basieren hier theoretisch auf lernpsychologischen und kognitiven Erklärungsansätzen, die ich jetzt aber nicht weiter ausführen möchte.

Stevie: Durch die "und (nicht oder)" Verknüpfung der beiden Komponenten gilt wieder Folgendes: Die Vermutung wird nur dann als bewährt betrachtet, wenn sich tatsächlich beide Teilkomponenten in der Studie bestätigen lassen.

3) Statistische Hypothesen (SH)

Stefanie: Aus unserer gerichteten wissenschaftlichen Hypothese kann die gerichtete Alternativhypothese H_1 abgeleitet werden: $\mu_1 < \mu_2 < \mu_3$ (μ = Populationsmittelwert auf der Variablen psychisches Wohlbefinden, 1 = vor, 2 = während, 3 = nach der Therapie).

Für die folgenden Analysen wird es aber hilfreich sein, wenn wir analog zur wissenschaftlichen Hypothese zwei Gruppen aufstellen:

a. H_1: $\mu_1 < \mu_2$ mit der dazu komplementären Nullhypothese H_0: $\mu_1 \geq \mu_2$

und (nicht oder)

b. H_1: $\mu_2 < \mu_3$ mit der dazu komplementären Nullhypothese H_0: $\mu_2 \geq \mu_3$

4) Versuchsplanung

Stefanie: Aus der wissenschaftlichen Hypothese folgen zwei Alternativhypothesen, die mit einem "und (nicht oder)" verbunden sind. Wenn wir beide Hypothesen einzeln prüfen, kann es in diesem Fall zu keiner Akkumulierung des Fehlers erster Art für unsere Gesamtvermutung kommen. Dementsprechend können wir jede dieser beiden Hypothesen auf dem Signifikanzniveau von $\alpha = 5\% = 0{,}05$ testen.

Es wurden N = 60 fiktive Depressions-Patienten untersucht.

ℹ️ Sprungmöglichkeit →

Die im Folgenden verwendeten Formeln für die Bestimmung der Freiheitsgrade finden sich im „Bortz" (2005, S. 334, ◘ Tab. 9.2).

Teststärkeanalyse für den Overall-F-Test für den Messwiederholung-Faktor A (s. Punkt 7, Vorbetrachtung, Punkt b):

Bei Cohen (1988, S. 364) wird dieser Fall der Tabellenanwendung (Haupteffekte mit Messwiederholung bei der Varianzanalyse) unter *„case 2"* behandelt.

Für die Bestimmung der Teststärke muss eine Anpassung der Stichprobengröße nach der Formel 8.3.4 Cohen (1988, S. 365) erfolgen:

$$n' = \frac{Nennerfreiheitsgrad}{Z\ddot{a}hlerfreiheitsgrad + 1} + 1 = \frac{118}{2+1} + 1 = 40,33$$

Hinweise: Bei Cohen (1988) wird der Zählerfreiheitsgrad für gewöhnlich mit "u" bezeichnet. Der Zählerfreiheitsgrad = 2 (= p - 1 = 3 - 1) findet sich (s.u.) in der ◘ Tab. 12.8 in der Zeile für Faktor A *Sphärizität angenommen* und der Nennerfreiheitsgrad = 118 (= (p - 1) × (n -1) = 2 × 59) in der Zeile für den Fehler *Sphärizität angenommen*.

Die eigentliche Stichprobengröße von n = 60 für den Faktor A wird somit auf n' = 40,33 verkleinert.

Wenn wir nach der Konvention von Cohen (1988, S. 287) von einer großen Effektgröße f = 0,4 (Signifikanzniveau 5 %, Freiheitsgrad (Zähler) = p - 1 = 3 - 1 = 2, n' = 40,33) ausgehen, dann liegt die interpolierte Teststärke bei 0,98 (Cohen, 1988, S. 314, Tab. 8.3.13).

Für die Teststärkeanalysen zu den einzelnen Hypothesen (Einzelvergleiche bzw. Kontraste) verweisen wir auf unsere entsprechenden Darstellungen im ▶ Kap. 11.

ℹ️ ← Sprungmöglichkeit

5) Datenerhebung und Datentabelle

Siehe ▶ Abschn. 12.1 und 12.2 für die Erstellung der Datentabelle.

6) Stichprobenergebnisse bzw. SPSS Ergebnisse

Stefanie: Mit dem SPSS-Schema 16 wird nun die Durchführung der einfaktoriellen Varianzanalyse für abhängige Stichproben mit dem SPSS vorgestellt (◘ Abb. 12.3).

Stoffel: Speichern und Drucken der SPSS - Ergebnisse bitte nicht vergessen.

Stefanie: Kommen wir zu den Ergebnissen. In den ersten beiden Tabellen der SPSS-Ergebnisausgabe erhalten wir Informationen zu der Anzahl der verarbeiteten Fälle in den drei Bedingungen der Variablen Messzeitpunkt. Es wurden jeweils $N_1 = N_2 = N_3 = 60$ Personen untersucht. Der Mittelwert des psychischen Wohlbefindens für den Messzeitpunkt 1 (vor der Therapie) beträgt 40,93, für den Messzeitpunkt 2 (während der Therapie) liegt er bei 42,02 und für den Messzeitpunkt 3 (nach der Therapie) ist er 57,39. Die Standardabweichungen liegen bei 11,99 für den Messzeitpunkt 1, bei 11,63 für den Messzeitpunkt 2 und bei 12,31 für den Messzeitpunkt 3 (◘ Tab. 12.6).

Schritt 1	
Handlungen:	Die SPSS-Datei mit dem Dateinamen *Evaluationsstudie* starten.
Auswirkungen:	SPSS-Bildschirm: *Datenansicht* der fiktiven Evaluationsstudie mit der Datentabelle (N = 60 für x1 bis x14) ist reaktiviert.

Schritt 2	
Handlungen:	1) In der Menüleiste *Analysieren* anklicken.
	2) In dem dadurch entstandenen ersten Untermenü *Allgemeines lineares Modell* anvisieren und in dem zweiten entstandenen Untermenü *Messwiederholung...* anklicken.
Auswirkungen:	Eine Dialogbox *Messwiederholung: Faktor(en) definieren* hat sich geöffnet.

Schritt 3	
Handlungen:	1) In dem Feld Name des Innersubjektfaktors die Voreinstellung "Faktor1" in "FaktorA" ändern (kann problemlos "überschrieben" werden).
	2) In das Kästchen *Anzahl der Stufen* (links oben) den Wert "3" eintragen.
	3) Den Button *Hinzufügen* (links oben) anklicken.
	4) Den Button *Definieren* (links unten) anklicken.
Auswirkungen:	1), 2), 3) und 4) Die Dialogbox *Messwiederholung* ist geöffnet. Im oberen mittleren Feld Innersubjektvariablen (FaktorA) sind die drei noch festzulegenden Messwiederholungsfaktorstufen vorgekennzeichnet.

Schritt 4	
Handlungen:	1) In dem linken Variablenfeld die Variable *x10* (psychisches Wohlbefinden vor) markieren. Dann den *Pfeil* (in der Mitte links neben dem Innersubjektvariablen (FaktorA)-Feld) anklicken, damit die Variable x10 in das Innersubjektvariablen (FaktorA)-Feld übertragen wird.
	2) In dem linken Variablenfeld die Variable *x11* (psychisches Wohlbefinden während) markieren. Dann den *Pfeil* (in der Mitte links neben dem Innersubjektvariablen (FaktorA)-Feld) anklicken, damit die Variable x11 in das Innersubjektvariablen (FaktorA)-Feld übertragen wird.
	3) In dem linken Variablenfeld die Variable *x12* (psychisches Wohlbefinden nach) markieren. Dann den *Pfeil* (in der Mitte links neben dem Innersubjektvariablen (FaktorA)-Feld) anklicken, damit die Variable x12 in das Innersubjektvariablen (FaktorA)-Feld übertragen wird.
	4) Den Button *Optionen...*(rechts Mitte) anklicken.
Auswirkungen:	1), 2) und 3) In der Dialogbox *Messwiederholung* sind die Variablen x10, x11 und x12 zur weiteren Bearbeitung ausgewählt.
	4) Öffnung der Dialogbox: *Messwiederholung: Optionen*

◘ **Abb. 12.3** Einfaktorielle Varianzanalyse für abhängige Stichproben - SPSS-Schema 16

Schritt 5	
Handlungen:	1) Die beiden Kästchen (links Mitte) für *Deskriptive Statistiken* und für *Schätzungen der Effektgröße* anklicken.
	2) Den Button *Weiter* (links unten) anklicken.
Auswirkungen:	Die Dialogbox *Messwiederholung* ist aktiviert und die Optionen Deskriptive Statistiken und Schätzungen der Effektgröße wurden ausgewählt.

Schritt 6	
Handlungen:	Den *OK-Button* (links unten) anklicken.
Auswirkungen:	Das Ausgabefenster mit den Ergebnissen wird angezeigt.

⬛ **Abb. 12.3**   (Fortsetzung)

⬛ **Tab. 12.6**   Deskriptive Statistiken für die einfaktorielle Varianzanalyse mit Messwiederholung für x10, x11 und x12

Innersubjektfaktoren	Psychisches Wohlbefinden			
Messzeitpunkt		**N**	**Mittelwert**	**Standardabweichung**
1 = vor = x10		60	40,93	11,99
2 = während = x11		60	42,02	11,63
3 = nach = x12		60	57,39	12,31

12

7) Vorbetrachtung und Betrachtung der Voraussetzungen

Vorbetrachtung

Stevie:
Punkt a) Bei der Varianzanalyse prüfen wir in der Vorbetrachtung zunächst wie gewohnt, ob die Stichprobenergebnisse zumindest in der Tendenz jeweils für die Alternativhypothesen sprechen, mit der folgenden Entscheidungsstrategie:
1. Wenn die gefundenen Ergebnisse eher für die Nullhypothese sprechen, wird sofort abgebrochen und die Nullhypothese wird (vorläufig) beibehalten.
2. Wenn die gefundenen Ergebnisse eher für die Alternativhypothese sprechen, geht es weiter mit dem Punkt b) der Vorbetrachtung.

Punkt b) Mit dem Mauchly-Test (vierte Ergebnistabelle im SPSS) wird geprüft, ob die Bedingung der Sphärizität im vorliegenden Datensatz erfüllt wird. Dahinter steckt die folgende Annahme: Wenn die Bedingung der Sphärizität nicht verletzt wird, dann kann auch davon ausgegangen werden, dass die eigentlich geforderten beiden Bedingungen für den Signifikanztest bei der einfaktoriellen Varianzanalyse mit Messwiederholung *Varianzhomogenität* und *Homogenität der Korrelationen* (unter bzw. zwischen den verschiedenen Messzeitpunkten) erfüllt sind.

Es gilt als bekannt (s. Rasch et al., 2014b, S.71-74; Bortz u. Schuster, 2010, S. 299), dass der entsprechende F-Test nicht robust auf eine Verletzung dieser Voraussetzungen reagiert. Wir verwenden die folgende Entscheidungsstrategie:

1. Wenn der Mauchly-Test nicht signifikant wird (p > 0,20), dann wird mit dem Punkt c) der Vorbetrachtung fortgefahren und bei dem dann durchzuführenden F-Test wird in der fünften SPSS-Ergebnistabelle die entsprechende Zeile mit der Angabe *Sphärizität angenommen* verwendet.

2. Wenn der Mauchly-Test signifikant wird (p < 0,20), dann wird als nächstes ebenfalls der Punkt c) der Vorbetrachtung bearbeitet. Bei dem F-Test wird dann aber in der fünften SPSS-Ergebnistabelle die entsprechende Zeile mit der Angabe verwendet (Rasch et al., 2014b, S. 73):

   a. Greenhouse-Geisser (wenn der Korrekturwert Epsilon nach Box $\leq$ 0,75 ist) oder
   b. Huynh-Feldt (wenn der Korrekturwert Epsilon nach Box > 0,75 ist)
      Hinweis: Der Epsilon-Korrekturwert nach Box findet sich in der vierten SPSS-Ergebnisausgabe unter der Angabe: (Epsilon-)Greenhouse-Geisser.

Punkt c) Als nächstes wird kontrolliert, ob der F-Test der Varianzanalyse, der die ungerichtete Overall-Nullhypothese $\mu_1 = \mu_2 = \mu_3$ prüft, auf dem 5 %-Niveau signifikant wird. Die folgende Entscheidungsstrategie ist dabei zu verwenden:

1. Wenn der F-Test nicht signifikant wird (p > 0,05), dann wird sofort abgebrochen und die aufgestellten Nullhypothesen werden (vorläufig) beibehalten.

2. Wenn der F-Test signifikant wird (p < 0,05), dann wird mit dem Punkt 8 im Ablaufschema fortgefahren.

Stoffel: Jetzt möchte ich endlich auch mal wieder drankommen.

Punkt a) Wenn unsere wissenschaftliche Hypothese stimmen würde, dann müsste auch in den Stichproben der Mittelwert für den Messzeitpunkt 1 (vor der Therapie) kleiner sein als der Mittelwert für den Messzeitpunkt 2 (während der Therapie) und der Mittelwert für den Messzeitpunkt 2 (während der Therapie) kleiner sein als der Mittelwert für den Messzeitpunkt 3 (nach der Therapie). Das ist hier offensichtlich der Fall: 40,93 < 42,02 < 57,39 (◘ Tab. 12.6). Das Stichprobenergebnis spricht damit in der Tendenz für die Alternativhypothese.

Somit können und sollten wir zum nächsten Punkt der Vorbetrachtung kommen.

Punkt b) Im vierten Teil der SPSS-Ergebnisausgabe (durch das SPSS-Schema 16 erzeugt) erhalten wir die Informationen zu dem hier durchgeführten Mauchly-Test auf Sphärizität.

Mein erster Blick richtet sich auf die Irrtumswahrscheinlichkeit p = 0,337 (fünfte Spalte in ◘ Tab. 12.7). Somit ist p > 0,20 (0,337 > 0,20), der Mauchly-Test wird nicht signifikant, wir dürfen davon ausgehen, dass die Voraussetzung der Sphärizität nicht verletzt wird. Nur wenn p < 0,20 gewesen wäre, hätte ich mir auch noch die Epsilon-Werte in den letzten beiden Spalten ansehen müssen.

◘ **Tab. 12.7** Ergebnisse zum Mauchly-Test auf Sphärizität mit x10, x11 und x12

Innersubjekteffekt	Psychisches Wohlbefinden					
Messzeitpunkt	Mauchly-W	chi²	df	Signifi-kanz p	Epsilon Greenhouse-Geisser	Epsilon Huynh-Feldt
	0,963	2,176	2	0,337	0,964	0,996

Stefanie: Sehr gut Stoffel. Ich möchte noch darauf hinweisen, dass es sich bei dem chi^2-Wert in der ◘ Tab. 12.7 um einen approximierten Wert handelt und dass in der SPSS-Ergebnisausgabe noch ein weiterer Epsilon-Untergrenzwert angegeben wird, den wir hier aber nicht benötigen und deswegen weggelassen haben.

Punkt c) Im fünften Teil der SPSS-Ergebnisausgabe befinden sich die Resultate für den F-Test der Varianzanalyse, mit dem wir die ungerichtete Overall-Nullhypothese $\mu_1 = \mu_2 = \mu_3$ prüfen. In der ◘ Tab. 12.8 haben wir die Ergebnisse für unsere untersuchte unabhängige Variable den Faktor Messzeitpunkte (vor, während, nach) und unsere abhängige Variable psychisches Wohlbefinden zusammengestellt. In der untersten Zeile kommen die Angaben zu den Fehlerwerten (nur für den hier benötigten Fall, dass die Sphärizität als angenommen bewertet wird).

Die verwendeten Abkürzungen bedeuten:

QS = Quadratsumme, df = Freiheitsgrad, $\hat{\sigma}^2$ geschätzte Varianz (Bezeichung im SPSS: Mittel der Quadrate), F_{emp} = empirischer Prüfwert F, p = Irrtumswahrscheinlichkeit (für ungerichtete Hypothesen), eta_p^2 = partielles eta^2 = Effektgröße in der Stichprobe.

In unserem Fall, der Mauchly-Test wurde nicht signifikant, verwenden wir die Ergebnisse aus der Zeile "Sphärizität angenommen": Der Overall-F-Test wird mit einem p von 0,000 signifikant und die Nullhypothese $\mu_1 = \mu_2 = \mu_3$ wird abgelehnt. Wir dürfen berechtigt mit dem Punkt 8 im Ablaufschema fortfahren.

Wenn der Mauchly-Test (s.o. bei Punkt b) signifikant geworden wäre, hätten wir bei einem Epsilon $\leq 0{,}75$ die vierte Zeile (Greenhouse-Geisser) und bei einem Epsilon > 0,75 die fünfte Zeile (Huynh-Feldt) der ◘ Tab. 12.8 verwendet.

Stoffel: Da wäre hier ja gar kein Unterschied beim Signifikanztest aufgetreten. Bitte, könnt ihr mir das erklären?

Stevie: In der Tat, in unserem Beispiel (der Mauchly-Test wurde nicht signifikant und das p = 0,000 in der ◘ Tab. 12.8 ist sehr klein) wirken sich die durch die vorgenommenen sehr kleinen, aber eben noch sichtbaren Epsilon-Korrekturen der Freiheitsgrade von 2 auf 1,929 bzw. 1,993 nur *nicht sichtbar* auf die Bestimmungen der Irrtumswahrscheinlichkeiten (p liegt in allen drei Zeilen bei 0,000) aus. Du darfst es mir glauben: Wenn der Mauchly-Test signifikant wird und das p (in der ◘ Tab. 12.8) etwas größer ist, dann werden auch die Epsilon-Korrekturwerte für die Freiheitsgrade df größer. Das wirkt sich dann auch sichtbar auf die berechneten Irrtumswahrscheinlichkeiten p aus.

12

◘ **Tab. 12.8**   Ergebnisse für die einfaktorielle Varianzanalyse mit Messwiederholung

Tests der Inner-Subjekteffekte
Psychisches Wohlbefinden: x10, x11, x12
Messzeitpunkt: vor, während und nach

Varianz-quelle:		QS	df	$\hat{\sigma}^2$	F_{emp}	p	eta_p^2
FaktorA	Sphärizität angenommen	10168,82	2	5084,41	144,62	0,000	0,71
	Greenhouse-Geisser	10168,82	1,929	5271,64	144,62	0,000	0,71
	Huynh-Feldt	10168,82	1,993	5102,47	144,62	0,000	0,71
Fehler	Sphärizität angenommen	4148,68	118	35,16			

▪▪ Betrachtung der Voraussetzungen

Da hier eine Stichprobengröße von N = 60 vorliegt, können der hier im Punkt 7c durchzuführende F-Test und die t-Tests für abhängige Stichproben (s. Punkt 8) *problemlos* ohne die Prüfung der Normalverteilungsvoraussetzung angewendet werden. Begründung: Zentraler Grenzwertsatz für die Normalverteilung.

Die weiteren Analyseschritte der Signifikanztests werden durchgeführt.

8) Empirische Prüfgrößen und Irrtumswahrscheinlichkeiten p

Stevie: Für die abschließenden Mittelwerteinzelvergleiche zu unseren beiden gerichteten Alternativhypothesen führen wir jeweils einen t-Test für abhängige Stichproben durch. Da wir die Vorgehensweise dazu bereits ausführlich im ▶ Abschn. 11.2 besprochen haben, werden wir hier nur die zentralen Resultate dieser beiden Signifikanztests aufführen (◘ Tab. 12.9).
Stefanie: Betrachten wir am besten die beiden t-Tests nacheinander.

a. Paarvergleich 1 (H_0: $\mu_1 \geq \mu_2$)

In der mittleren Spalte ist die empirische Prüfgröße t_{emp} = -1,065 (im SPSS mit dem Buchstaben "T" gekennzeichnet) angegeben.

Der Freiheitsgrad von 59 wird von uns hier nicht weiter benötigt.

Da wir hier eine gerichtete Alternativhypothese vertreten, muss der Wert 0,291 (letzte Spalte) halbiert werden (die SPSS-Angabe "2-seitig" ist hier gleichbedeutend mit ungerichteter Hypothese). Die Irrtumswahrscheinlichkeit ist $p = \dfrac{0{,}291}{2} = 0{,}1455$.

b. Paarvergleich 2: (H_0: $\mu_2 \geq \mu_3$)

In der mittleren Spalte ist die empirische Prüfgröße t_{emp} = -13,02 (im SPSS mit dem Buchstaben "T" gekennzeichnet) angegeben.

Der Freiheitsgrad von 59 wird hier von uns nicht weiter benötigt.

Da wir hier eine gerichtete Alternativhypothese vertreten, muss der Wert 0,000 (letzte Spalte) halbiert werden (die SPSS-Angabe "2-seitig" ist hier gleichbedeutend mit ungerichteter Hypothese). Die Irrtumswahrscheinlichkeit ist $p = \dfrac{0{,}000}{2} = 0{,}000$.

9) Entscheidungen

Stevie: Für den Paarvergleich 1 (H_0: $\mu_1 \geq \mu_2$) wird die Nullhypothese (vorläufig) beibehalten, weil p > α (0,1455 > 0,05) ist.

Für den Paarvergleich 2 (H_0: $\mu_2 \geq \mu_3$) wird die Nullhypothese abgelehnt, weil p < α (0,000 < 0,05) ist.

◘ **Tab. 12.9** Signifikanztestergebnisse für die beiden t-Tests für abhängige Stichproben

Test bei gepaarten Stichproben Psychisches Wohlbefinden				
	Paarvergleich	t	df	Signifikanz (für ungerichtete Hypothesen)
vor - während	1 (x10 - x11)	-1,065	59	0,291
während - nach	2 (x11 - x12)	-13,02	59	0,000

10) Ergebnisdarstellungen, Interpretation und Diskussion

Stefanie: Die Interpretation unseres Befundes lautet:

Die zur Prüfung unserer Vermutungen durchgeführten Signifikanztests wurden nur teilweise signifikant. Der Overall-F-Test (F_{emp} = 144,62, p = 0,000) mit einer Stichprobeneffektgröße von 71 % (eta_p^2 = 0,71) und der t-Test für abhängige Stichproben für die Nullhypothese H_0: $\mu_2 \geq \mu_3$ (t_{emp} = -13,02, p = 0,000) wurden signifikant. Aber der t-Test für abhängige Stichproben für die Nullhypothese H_0: $\mu_1 \geq \mu_2$ (t_{emp} = -1,065, p = 0,1455) wurde nicht signifikant.

Für die mögliche Bestimmung der Stichprobeneffektgrößen der einzelnen t-Tests verweisen wir auf unsere entsprechenden Darstellungen im ▶ Kap. 11.

Damit hat sich unsere Vermutung, während der Therapie verfügen die Patienten über ein besseres psychisches Wohlbefinden als zu Beginn (vor) der Therapie, **und (nicht oder)** am Ende (nach) der Therapie verfügen die Patienten über ein besseres psychisches Wohlbefinden als während der Therapie, (vorläufig) nicht bewährt. In folgenden Untersuchungen würden wir eventuell eine weniger strenge Verknüpfung unserer beiden Teilvermutungen mit "und/oder" prüfen.

Stevie: Es könnte aber auch sein, dass uns eine kritische theoretische und empirische Reflexion von Therapieverläufen zu der Vermutung führt, dass im Verlauf von Psychotherapien (Messzeitpunkt "während") beim psychischen Wohlbefinden Schwankungen auftreten können und dass es auch besonders schwierige Problembearbeitungsphasen geben kann, in denen sich die Patienten zwischenzeitlich psychisch eher besonders schlecht fühlen.

Auf die weiteren einzelnen Ergebnisdarstellungen und auf die weitere Diskussion werden wir hier nicht eingehen.

12.4.2   Ergänzungen

12.4.2.1   Gerichtete Hypothesen, die mit *und/oder* verbunden sind

> **Stefanie:** Wenn wir in der wissenschaftlichen Hypothese von einer weniger strengen Verbindung unserer beiden Teilvermutungen ausgehen würden:
> a. Während der Therapie verfügen die Patienten über ein besseres psychisches Wohlbefinden als zu Beginn (vor) der Therapie.
> **und/oder**
> b. Am Ende (nach) der Therapie verfügen die Patienten über ein besseres psychisches Wohlbefinden als während der Therapie.

Stefanie: Dann würde sich Folgendes ändern:
a. In den statistischen Hypothesen (Punkt 3) wird einfach nur die Verbindung "und (nicht oder)" durch die weniger strenge Verknüpfung "und/oder" ersetzt.
b. In der Versuchsplanung (Punkt 4) werden für die Prüfungen der beiden einzelnen Hypothesen die Signifikanzniveaus jeweils auf die adjustierten Werte von 2,5 % = 0,025 nach Bonferroni (s. Bortz, 2005, S. 129) festgelegt.
c. Bei der Datentabelle, den Stichprobenergebnissen, der Vorbetrachtung und den empirischen Prüfgrößen und Irrtumswahrscheinlichkeiten p (Punkte 5, 6, 7 und 8) gibt es keine nennenswerten Veränderungen.

d. Es werden hier die gleichen Entscheidungen (Punkt 9), jeweils auf dem 2,5 % Signifikanzniveau, gefällt:

- Für den Paarvergleich 1 (H_0: $\mu_1 \geq \mu_2$) wird die Nullhypothese (vorläufig) beibehalten, weil p > α (0,1455 > 0,025) ist.
- Für den Paarvergleich 2 (H_0: $\mu_2 \geq \mu_3$) wird die Nullhypothese abgelehnt, weil p < α (0,000 < 0,025) ist.

e. Bei der Interpretation (Punkt 10) wird die wissenschaftliche Hypothese (mit der weniger strengen Verbindung und/oder) als (vorläufig) bewährt eingestuft.

f. Für die mögliche Bestimmung der Stichprobeneffektgrößen der einzelnen t-Tests verweisen wir auf unsere entsprechenden Darstellungen im ▶ Kap. 11.

Allerdings sollte auch hier darüber diskutiert werden, ob es im Verlauf der Psychotherapie eventuell zu phasenweisen Verschlechterungen des psychischen Wohlbefindens kommen kann und daher das psychische Wohlbefinden beim Messzeitpunkt "während" möglicherweise nicht besser ausfällt als zum Messzeitpunkt "vor" der Therapie.

12.4.2.2 Unspezifische Hypothesen

Stevie: Die Überlegungen zu den unspezifischen Hypothesen bei der einfaktoriellen Varianzanalyse ohne Messwiederholung im ▶ Abschn. 12.3.2.2 gelten im Wesentlichen auch für die einfaktorielle Varianzanalyse mit Messwiederholung.

a. Wenn wir in der wissenschaftlichen Hypothese (Punkt 2) lediglich vermuten, dass sich das psychische Wohlbefinden der Patienten während des Therapieverlaufs (vor, während, nachher) irgendwie, irgendwo und irgendwann verändert, dann befinden wir uns grundsätzlich in einer explorativen Vorgehensweise. Mit dem Overall-F-Test der Varianzanalyse kann dann zwar noch sinnvoll eine unspezifische Hypothese geprüft werden, aber danach können mit den sogenannten Post-Hoc-Tests nur noch Hypothesen aufgestellt und nicht (mit dem gleichen Datensatz) geprüft werden.

b. Bei den statistischen Hypothesen (Punkt 3) stellen wir eine komplexe unspezifische Alternativhypothese auf:

H_1: $\mu_1 \neq \mu_2$ oder (und) $\mu_1 \neq \mu_3$ oder (und) $\mu_2 \neq \mu_3$ oder (und) $\mu_1 \neq (\mu_2 + \mu_3) / 2$ oder (und) $\mu_2 \neq (\mu_1 + \mu_3) / 2$ oder (und) $\mu_3 \neq (\mu_1 + \mu_2) / 2$

Dagegen ist die zugehörige Nullhypothese recht einfach: H_0: $\mu_1 = \mu_2 = \mu_3$

c. In der *Versuchsplanung* (Punkt 4) sollten wir für den durchzuführenden Overall-F-Test der Varianzanalyse das Signifikanzniveau auf α = 5 % = 0,05 festlegen (weil wir die Alternativhypothese vertreten). Es wurden N = 60 fiktive Depressions-Patienten untersucht.

ℹ Sprungmöglichkeit →

Teststärkeanalyse für den Overall-F-Test für Messwiederholung-Faktor A (s.u. Punkt 7b bei der Vorbetrachtung):

Cohen (1988, S. 364) ordnet diesen Fall der Tabellenanwendung (Haupteffekte mit Messwiederholung bei der Varianzanalyse) dem „case 2" zu.

Für die Bestimmung der Teststärke muss eine Anpassung der Stichprobengröße nach der Formel 8.3.4 Cohen (1988, S. 365) erfolgen:

$$n' = \frac{Nennerfreiheitsgrad}{Z\ddot{a}hlerfreiheitsgrad + 1} + 1 = \frac{118}{2 + 1} + 1 = 40,33.$$

Hinweise: Bei Cohen (1988) wird der Zählerfreiheitsgrad für gewöhnlich mit "u" bezeichnet.

Der Zählerfreiheitsgrad = 2 (= p - 1 = 3 - 1) findet sich in der ◻ Tab. 12.8 in der Zeile für Faktor A *Sphärizität angenommen* und der Nennerfreiheitsgrad = 118 (= (p - 1) × (n -1) = 2×59) in der Zeile für den Fehler *Sphärizität angenommen*.

Die eigentliche Stichprobengröße von n = 60 für den Faktor A wird somit auf n' = 40,33 verkleinert.

Wenn wir nach der Konvention von Cohen (1988, S. 287) von einer großen Effektgröße f = 0,4 (Signifikanzniveau 5 %, Freiheitsgrad (Zähler) = p - 1 = 3 - 1 = 2, n' = 40,33) ausgehen, dann liegt die interpolierte Teststärke bei 0,98 (Cohen, 1988, S. 314, Tab. 8.3.13).

ⓘ ← Sprungmöglichkeit

d. Bei der *Datenerhebung und Datentabelle* (Punkt 5) können wir auf die bereits erstellte Datentabelle (▶ Abschn. 12.1 und 12.2) zurückgreifen.

e. Für die Erzeugung der *Stichprobenergebnisse* (Punkt 6) können wir erneut das SPSS-Schema 16 (▶ Abschn. 12.4.1) verwenden.

f. Bei der *Vorbetrachtung* (Punkt 7) braucht zum einen nur geprüft zu werden, ob wenigstens ein Stichprobenmittelwert (der abhängigen Variablen) einer Gruppe von einem Stichprobenmittelwert einer anderen Gruppe abweicht. Das ist hier der Fall: 40,93 ≠ 42,02 (◻ Tab. 12.6), die Stichprobenmittelwerte des psychischen Wohlbefindens für den Messzeitpunkt 1 (vor) und für den Messzeitpunkt 2 (während) unterscheiden sich.

Zum anderen wird wieder mit dem Mauchly-Test geprüft, ob die Sphärizitäts-Voraussetzung erfüllt ist: Da p = 0,337 (◻ Tab. 12.7) ist, wird der Test nicht signifikant p > α (0,337 > 0,20) und wir können die Sphärizität als "angenommen" einstufen.

Da hier eine Stichprobengröße von N = 60 vorliegt, kann der im Punkt 7c durchzuführende F-Test *problemlos* ohne die Prüfung der Normalverteilungsvoraussetzung angewendet werden.

g. In der ◻ Tab. 12.8 finden sich die *Empirische Prüfgröße und Irrtumswahrscheinlichkeit p* (Punkt 8): F_{emp} = 144,62 und p = 0,000.

h. Bei der *Entscheidung* (Punkt 9) wird die Nullhypothese abgelehnt, weil p < α (0,000 < 0,05) ist.

i. Die Interpretation beim Punkt 10 *Ergebnisdarstellungen, Interpretation und Diskussion* könnte folgendermaßen beginnen:

Der durchgeführte F-Test wurde signifikant (F_{emp} = 144,26, p = 0,000) mit einer Stichprobeneffektgröße von 71 % (eta_p^2 = 0,71). Basierend auf den anschließend durchgeführten einzelnen Mittelwertvergleichen (mit Fehleradjustierung) können die folgenden Hypothesen aufgestellt werden: ...

Auf die einzelnen Ergebnisdarstellungen und auf die Diskussion werden wir hier nicht weiter eingehen.

Hinweis: Wenn der F-Test nicht signifikant wird (die Nullhypothese ($\mu_1 = \mu_2 = \mu_3$) wird (vorläufig) beibehalten), dann werden natürlich anschließend keine einzelnen Mittelwertvergleiche mehr durchgeführt.

Verfahren für einfache Zusammenhänge

© Springer-Verlag GmbH Deutschland, ein Teil von Springer Nature 2018
E. Kuhlmei, *Lerne mit uns Statistik!*, Springer-Lehrbuch, https://doi.org/10.1007/978-3-662-56082-2_13

Die Verfahren für einfache Zusammenhänge kommen bei Fragestellungen zur Anwendung, bei denen jeweils zwei *intervallskalierte Variablen* vorliegen. Bei der Produkt-Moment-Korrelation kann es sich dabei auch um eine oder sogar zwei zweistufige nominalskalierte Variablen handeln. Bei der einfachen linearen Regressionsanalyse kann es sich bei der Prädiktorvariablen um eine zweistufige nominalskalierte Variable handeln.

Es wird geprüft, ob es zwischen den beiden Variablen einen stochastischen Zusammenhang gibt und wie hoch dieser Zusammenhang ist. Bei der einfachen linearen Regressionsanalyse wird zusätzlich eine Vorhersagegleichung für das Kriterium mithilfe des Prädiktors erstellt.

Im ▶ Abschn. 13.1.1 wird der Basisablauf für die Produkt-Moment-Korrelation mit den beiden intervallskalierten Variablen x6 (körperliche Entspannung (vor)) und x7 (psychische Entspannung (vor)) durchgeführt.

Im ▶ Abschn. 13.2.1 wird der Basisablauf für die einfache lineare Regressionsanalyse mit den beiden intervallskalierten Variablen x7 (psychische Entspannung (vor)) und x13 (psychische Entspannung (nach)) demonstriert. Dabei wird sinnvollerweise die Variable x7 als Prädiktor für das Kriterium x13 verwendet.

Im ▶ Abschn. 13.2.2 wird im Kontext eines fiktiven Beispiels demonstriert, wie ein vermuteter (nicht-linearer) quadratischer Zusammenhang zwischen zwei intervallskalierten Variablen mit der einfachen linearen Regressionsanalyse untersucht werden kann.

Bei der Produkt-Moment-Korrelation und bei der einfachen linearen Regressionsanalyse sollten jeweils mindestens zehn Personen untersucht werden. Nach Möglichkeit sollten die Stichproben aber jeweils 41 Personen oder mehr enthalten (N > 40).

Prüfung der Voraussetzungen bei den einfachen Korrelations- und Regressionsanalysen

Da in den von uns im Kap. 13 verwendeten Beispielen (mit Ausnahme von ▶ Abschn. 13.2.2) die Stichprobengrößen bei N = 66 liegen, werden wir, mit dem Verweis auf die Robustheit der anzuwendenden t-Tests (bzw. F-Tests), auf die Prüfung der zentralen Voraussetzung der *bivariaten Normalverteilung* verzichten: Der t-Test zur Prüfung der Nullhypothese $p = 0$ (Populationskorrelation = 0) gilt als recht robust gegen nicht zu starke Verletzungen dieser Voraussetzung (s. Diehl u. Arbinger, 2001, S. 379; Bortz, 2005, S. 192).

In „Diehl und Arbinger" (2001, S. 369-380) wird an einem Beispiel mit einer sehr großen Stichprobe (N = 684) erläutert, wie diese Prüfung grundsätzlich erfolgen kann und wie begrenzt diese Prüfung dabei dennoch bleibt. Es wird deutlich gemacht, dass bei nicht so großen Stichproben eine sinnvolle Prüfung der bivariaten Normalverteilung prinzipiell nicht möglich ist.

13

Stevie: Bei der Produkt-Moment-Korrelation gibt es zwei (mindestens) intervallskalierte oder dichotome Variablen: Variable 1 und Variable 2.

Bei der einfachen linearen Regressionsanalyse wird zusätzlich zwischen dem Prädiktor (Variable 1) und dem Kriterium (Variable 2) unterschieden. Das Kriterium muss zwingend (mindestens) intervallskaliert sein.

ⓘ Sprungmöglichkeit →

> **Generelle ungerichtete statistische Hypothesen für die Produkt-Moment-Korrelation und die einfache lineare Regressionsanalyse**
>
> In der Nullhypothese H_0 wird davon ausgegangen, dass die Populationskorrelation (p) für die beiden Variablen gleich Null ist p(Variable 1, Variable 2) = 0.
>
> Das ist äquivalent mit der Vermutung, dass der Populationsregressionskoeffizient (β) gleich Null ist: β(Variable 1. Variable 2) = 0.
>
> Die Alternativhypothese H_1 behauptet dagegen, dass die Populationskorrelation (p) für die beiden Variablen ungleich Null ist p(Variable 1, Variable 2) $\neq$ 0.
>
> Das ist äquivalent mit der Vermutung, dass der Populationsregressionskoeffizient (β) ungleich Null ist: β(Variable 1. Variable 2) $\neq$ 0.

❶ ← Sprungmöglichkeit

Es können hier auch problemlos gerichtete Hypothesen untersucht werden (▶ Abschn. 13.1 und ▶ Abschn. 13.2; ◘ Abb. 13.1).

13.1 Produkt-Moment-Korrelation

13.1.1 Basisablauf: Gerichtete Hypothesen

1) Fragestellung

Stoffel: Nach den etwas komplexen Analysen im ▶ Kap. 12 (Varianzanalysen) haben wir endlich wieder eine schöne einfache, überschaubare Fragestellung: Gibt es einen statistischen Zusammenhang zwischen der körperlichen Entspannung (vor) = x6 und der psychischen Entspannung (vor) = x7?
Stefanie: Mich interessiert dann noch, wie hoch ist der Zusammenhang zwischen x6 und x7?

◘ **Abb. 13.1** Seiltanz auf der Regressionsgeraden ($x7' = 0{,}49 \times x6 + 27{,}96$)

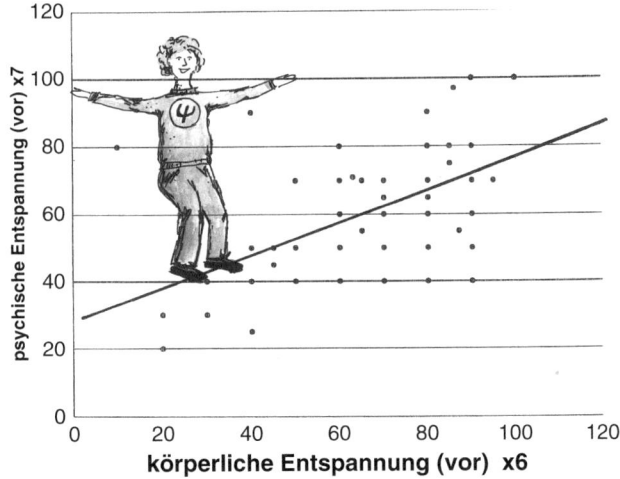

2) Wissenschaftliche Hypothese (WH)

> **Stoffel:** Ich vermute, dass Studierende, die vergleichsweise körperlich besser ent-
> spannt sind, sich auch psychisch besser entspannen können und dass weniger gute
> körperliche Entspannung mit schlechterer psychischer Entspannung gekoppelt ist.
>
> Ich stütze meine Vermutung auf eine Vielzahl von empirischen Befunden aus dem
> Forschungsgebiet der verschiedenen Entspannungstechniken.
>
> Meine umfangreiche Selbsterfahrung und meine Selbstbeobachtungen zu diesem
> Thema sprechen ebenfalls ganz stark für einen solchen Zusammenhang. Sollte ich das
> nicht auch noch in der wissenschaftlichen Hypothese erwähnen?

Stevie: Deine Introspektion ist sicherlich wertvoll, aber die eigenen persönlichen Erkennt-
nisse sollte man in der wissenschaftlichen Hypothese besser nicht als empirischen oder
theoretischen Hintergrund anführen.

3) Statistische Hypothesen (SH)

> **Stefanie:** Aus der gerichteten wissenschaftlichen Hypothese von Stoffel wird die
> gerichtete Alternativhypothese H_1 abgeleitet: $p(x6, x7) > 0$
> ($p(x6, x7)$ = Populations-Korrelation für die beiden Variablen x6 und x7)
> Komplementär zu dieser H_1 lautet die Nullhypothese H_0: $p(x6, x7) \leq 0$.

4) Versuchsplanung

Stefanie: Aus der wissenschaftlichen Hypothese folgt die Alternativhypothese. Dementsprechend wählen wir ein Signifikanzniveau von $\alpha = 5\% = 0{,}05$.

Es wurden $N = 66$ Psychologiestudierende (zweites Semester in Fribourg) untersucht.

ⓘ Sprungmöglichkeit →

Wenn wir nach der Konvention von Cohen (1988, S. 80) von einer großen Effektgröße
$r = 0{,}5$ ausgehen, dann resultiert bei $N = 66$ und einem gerichteten Signifikanzniveau von
5 % eine Teststärke, die über 0,995 liegt (Cohen, 1988, S. 87, Tab. 3.3.2).

ⓘ ← Sprungmöglichkeit

5) Datenerhebung und Datentabelle

Siehe ▶ Abschn. 4.3 und ▶ Kap. 6 für die Erstellung der Datentabelle.

Schritt 1	
Handlungen:	Die SPSS-Datei mit dem Dateinamen *Fragebogen* starten.
Auswirkungen:	SPSS-Bildschirm: *Datenansicht* mit der Datentabelle (N = 66 für x1 bis x22) ist reaktiviert.

Schritt 2	
Handlungen:	1) In der Menüleiste *Analysieren* anklicken.
	2) In dem dadurch entstandenen ersten Untermenü *Korrelation* anvisieren und in dem zweiten entstandenen Untermenü *Bivariat...* anklicken.
Auswirkungen:	Eine Dialogbox *Bivariate Korrelationen* hat sich geöffnet.

Schritt 3	
Handlungen:	1) In dem linken Variablenfeld die Variable *x6* (körperliche Entspannung vor) markieren. Dann den *Pfeil* (links neben dem mittleren Variablenfeld) anklicken, damit die Variable x6 in das Feld *Variablen* übertragen wird.
	2) In dem linken Variablenfeld die Variable *x7* (psychische Entspannung vor) markieren. Dann den *Pfeil* (links neben dem mittleren Variablenfeld) anklicken, damit die Variable x7 in das Feld *Variablen* übertragen wird.
	3) Unter Test auf Signifikanz das Kreis-Kästchen (Radio-Button) *Einseitig* anklicken.
	4) Den OK-Button (links unten) anklicken.
Auswirkungen:	1) & 2) Die Variablen x6 und x7 sind zur weiteren Bearbeitung ausgewählt.
	3) Es werden die Irrtumswahrscheinlichkeiten für gerichtete Hypothesen ausgegeben.
	4) Das Ausgabefenster mit den Ergebnissen wird angezeigt.

◨ **Abb. 13.2**   Produkt-Moment-Korrelation - SPSS-Schema 17

6) Stichprobenergebnisse bzw. SPSS Ergebnisse

Stefanie: Mit dem SPSS-Schema 17 wird nun die Durchführung der Produkt-Moment-Korrelation mit dem SPSS vorgestellt (◨ Abb. 13.2).
Stevie: Durch das SPSS-Schema 17 könnten mithilfe der *Optionen* problemlos auch noch die Mittelwerte und die Standardabweichungen für die beiden Variablen x6 und x7 erzeugt werden. Da wir die Ergebnisse dazu für unsere Hypothesenprüfung nicht benötigen, haben wir das hier ganz bewusst nicht verwendet.

Stoffel: Speichern und Drucken der SPSS - Ergebnisse bitte nicht vergessen.
Stevie: In der SPSS-Ergebnisausgabe erhalten wir einen oberen Tabellenteil mit den Informationen zur Anzahl der verarbeiteten Fälle N = 66 Studierende, der Stichprobenkorrelation r(x6, x7) = 0,546 und der Irrtumswahrscheinlichkeit für den durchgeführten Signifikanztest p = 0,000 (für gerichtete Hypothesen, im SPSS wird das als Signifikanz (1-seitig) bezeichnet). Da der untere Tabellenteil in der SPSS-Ergebnisausgabe keine weiteren benötigten Informationen liefert, können wir diesen Teil getrost weglassen.

Stoffel: Was bedeuten denn die beiden Sternchen „**" hinter dem Wert 0,546?

Stevie: Kannst du bitte noch ein wenig warten, das werden wir beim Punkt 9) im Ablaufplan besprechen.

Die Korrelation der Variablen x6 mit sich selbst r(x6, x6) ist gleich 1. Ich hoffe das hat niemanden gewundert (◘ Tab. 13.1).

Stoffel: Welcher Signifikanztest wird hier bei der Produkt-Moment-Korrelation eigentlich angewendet?

Stevie: Die Prüfung unserer statistischen Hypothese erfolgt prinzipiell über den t-Test, auch wenn wir vom SPSS dazu keine weiteren Angaben erhalten.

7) Vorbetrachtung und Betrachtung der Voraussetzungen

▪▪ Vorbetrachtung

Stefanie: Wenn meine wissenschaftliche Hypothese stimmen würde, dann müsste auch in dieser Stichprobe die Korrelation zwischen x6 und x7 größer als 0 sein. Das ist hier offensichtlich der Fall: r(x6, x7) = 0,546 > 0. Das Stichprobenergebnis spricht damit in der Tendenz für die Alternativhypothese.

Betrachtung der Voraussetzungen

Stevie: Da die Stichprobengröße bei N = 66 liegt, werden wir hier, mit dem Verweis auf die Robustheit des anzuwendenden t-Tests, auf die Prüfung der zentralen Voraussetzung der *bivariaten Normalverteilung* verzichten.

Die weiteren Analyseschritte des Signifikanztests werden durchgeführt.

8) Empirische Prüfgröße und Irrtumswahrscheinlichkeit p

Stevie: Aus der ◘ Tab. 13.1 können wir die Irrtumswahrscheinlichkeit p = 0,000 entnehmen. Zur verwendeten empirischen Prüfgröße liefert uns das SPSS hier leider keine Resultate.

13

◘ **Tab. 13.1**   Produkt-Moment-Korrelation zwischen x6 und x7 (gerichtete Hypothese)

Korrelationen		x6 = körperliche Entspannung (vor)	x7 = psychische Entspannung (vor)
x6 = körperliche Entspannung (vor)	**Korrelation nach Pearson**	1	0,546**
	Signifikanz für gerichtete Hypothesen		0,000
	N	66	66

9) Entscheidung

Stoffel: Weil p < α (0,000 < 0,05) ist, wird die Nullhypothese abgelehnt.

Ich habe übrigens meine Frage von vorhin nicht vergessen: Welche Bedeutung haben die beiden Sternchen hinter der Korrelation (◘ Tab. 13.1)?

Stevie: Diese beiden Sternchen hinter der Korrelation 0,546** liefern zusätzlich die Information, dass die Korrelation auf dem 1 %-Niveau signifikant wurde (ein Sternchen „*" hätte bedeutet: signifikant auf dem 5 %-Niveau).

10) Ergebnisdarstellungen, Interpretation und Diskussion

Stoffel: Die Interpretation unseres Befundes lautet:

Der durchgeführte Signifikanztest wurde signifikant (p = 0,000). Damit hat sich unsere Vermutung, dass Studierende, die vergleichsweise körperlich besser entspannt sind, sich auch psychisch besser entspannen können und dass weniger gute körperliche Entspannung mit schlechterer psychischer Entspannung gekoppelt ist, (vorläufig) bewährt.

Kann ich auch wieder eine Stichprobeneffektgröße angeben?

Stevie: Das ist hier einfach. Der Determinationskoeffizient, der als das Quadrat der Produkt-Moment-Korrelation definiert ist, gibt an, wie viel Varianz die beiden intervallskalierten Variablen in der Stichprobe gemeinsam haben.

Stoffel: Der Determinationskoeffizient liegt bei $r^2 = 0{,}546^2 = 0{,}30$. Die körperliche Entspannung (vor) und die psychische Entspannung (nach) haben somit 30 % gemeinsame Varianz in der Stichprobe.

Stevie: Nach der Konvention von Cohen (1988, S. 80) liegt uns damit ein großer Stichprobeneffekt vor.

Unsere Interpretation sieht jetzt so aus:

Der durchgeführte Signifikanztest wurde signifikant (p = 0,000) und es trat ein großer Stichprobeneffekt ($r^2 = 0{,}30$) auf. Damit hat sich unsere Vermutung, dass Studierende, die vergleichsweise körperlich besser entspannt sind, sich auch psychisch besser entspannen können und dass weniger gute körperliche Entspannung mit schlechterer psychischer Entspannung gekoppelt ist, (vorläufig) bewährt.

Auf die einzelnen Ergebnisdarstellungen und auf die Diskussion werden wir hier nicht weiter eingehen.

13.1.2 **Ergänzungen: Ungerichtete Hypothesen**

1) Fragestellung

Stevie: Wir wollen nun noch die gleiche Fragestellung wie im ▶ Abschn. 13.1.1 bearbeiten, mit dem kleinen Unterschied, dass wir diesmal (aus Demonstrationszwecken) ungerichtete Hypothesen verwenden werden. Stoffel, du darfst das jetzt vorstellen.

Stoffel: Ach nein, ich habe keine Zeit und keine Lust, weil ich gleich mein Mittagsschläfchen abhalten will.

Stefanie: Kein Problem, ich übernehme das gerne. Die Basisfragestellung ändert sich nicht: Gibt es einen statistischen Zusammenhang zwischen der körperlichen Entspannung (vor) = x6 und der psychischen Entspannung (vor) = x7 und wie hoch ist der Zusammenhang?

2) Wissenschaftliche Hypothese (WH)

> Ich vermute, dass Studierende, die vergleichsweise körperlich besser entspannt sind, sich psychisch besser entspannen können und dass weniger gute körperliche Entspannung mit schlechterer psychischer Entspannung gekoppelt ist *oder* dass Studierende, die vergleichsweise körperlich besser entspannt sind, sich psychisch schlechter entspannen können und dass weniger gute körperliche Entspannung mit besserer psychischer Entspannung gekoppelt ist.
>   (Vereinfacht ausgedrückt: Körperliche und psychische Entspannung haben einen Zusammenhang).

3) Statistische Hypothesen (SH)

> Aus dieser ungerichteten wissenschaftlichen Hypothese wird die ungerichtete Alternativhypothese H_1 abgeleitet: $p(x6, x7) \neq 0$ (p = Populationskorrelation). Komplementär zu dieser H_1 lautet die Nullhypothese H_0: $p(x6, x7) = 0$.

4) Versuchsplanung

Stefanie: Aus der wissenschaftlichen Hypothese folgt die Alternativhypothese, dementsprechend wählen wir ein Signifikanzniveau von $\alpha = 5\,\% = 0,05$.
   Es wurden $N = 66$ Psychologiestudierende (zweites Semester in Fribourg) untersucht.

ⓘ Sprungmöglichkeit →

Wenn wir nach der Konvention von Cohen (1988, S. 80) von einer großen Effektgröße r = 0,5 ausgehen, dann resultiert bei N = 66 und einem ungerichteten Signifikanzniveau von 5 % eine interpolierte Teststärke die bei 0,99 liegt (Cohen, 1988, S. 93, Tab. 3.3.5).

ⓘ ← Sprungmöglichkeit

5) Datenerhebung und Datentabelle

Siehe ▶ Abschn. 4.3 und ▶ Kap. 6 für die Erstellung der Datentabelle.

6) Stichprobenergebnisse bzw. SPSS Ergebnisse

Wir verwenden das gleiche SPSS-Schema 17 wie im ▶ Abschn. 13.1.1. Allerdings entfällt im Schritt 3 der dritte Handlungspunkt. Dadurch benutzen wir automatisch die Voreinstellung „Test auf Signifikanz": *Zweiseitig* (Irrtumswahrscheinlichkeit für ungerichtete Hypothesen).

In der SPSS-Ergebnisausgabe erhalten wir einen oberen Tabellenteil mit den Informationen zu der Anzahl der verarbeiteten Fälle N = 66 Studierende, der Stichprobenkorrelation r(x6, x7) = 0,546 und der Irrtumswahrscheinlichkeit für den durchgeführten ungerichteten Signifikanztest p = 0,000 (für ungerichtete Hypothesen, im SPSS wird das als Signifikanz (2-seitig) bezeichnet). Da der untere Tabellenteil in der SPSS-Ergebnisausgabe nur die exakt gleichen Resultate wiederholt, können wir diesen Teil getrost weglassen. Die ◘ Tab. 13.2 (mit der Irrtumswahrscheinlichkeit für ungerichtete Hypothesen) und die ◘ Tab. 13.1 (mit der Irrtumswahrscheinlichkeit für gerichtete Hypothesen) sind in diesem Anwendungsfall hinsichtlich der resultierenden Werte identisch.

7) Vorbetrachtung und Betrachtung der Voraussetzungen

▪▪ Vorbetrachtung

Wenn meine wissenschaftliche Hypothese stimmen würde, dann müsste auch in dieser Stichprobe die Korrelation zwischen x6 und x7 ungleich 0 sein. Das ist hier offensichtlich der Fall: r(x6, x7) = 0,546 ≠ 0. Das Stichprobenergebnis spricht damit in der Tendenz für die Alternativhypothese.

▪▪ Betrachtung der Voraussetzungen

Da die Stichprobengröße bei N = 66 liegt, werden wir hier, mit dem Verweis auf die Robustheit des anzuwendenden t-Tests, auf die Prüfung der zentralen Voraussetzung der *bivariaten Normalverteilung* verzichten.

Die weiteren Analyseschritte des Signifikanztests werden durchgeführt.

8) Empirische Prüfgröße und Irrtumswahrscheinlichkeit p

Aus der ◘ Tab. 13.2 können wir die Irrtumswahrscheinlichkeit p = 0,000 entnehmen. Zu der verwendeten empirischen Prüfgröße liefert uns das SPSS hier leider keine Resultate.

9) Entscheidung

Weil p < α (0,000 < 0,05) ist, wird die Nullhypothese abgelehnt.

◘ Tab. 13.2 Produkt-Moment-Korrelation zwischen x6 und x7 (ungerichtete Hypothese)

Korrelationen		x6 = körperliche Entspannung (vor)	x7 = psychische Entspannung (vor)
x6 = körperliche Entspannung (vor)	Korrelation nach Pearson	1	0,546**
	Signifikanz für ungerichtete Hypothesen		0,000
	N	66	66

10) Ergebnisdarstellungen, Interpretation und Diskussion

Die Interpretation unseres Befundes lautet:

Der durchgeführte Signifikanztest wurde signifikant (p = 0,000) und es trat ein großer Stichprobeneffekt (r^2 = 0,30) auf. Damit hat sich unsere Vermutung, dass Studierende, die vergleichsweise körperlich besser entspannt sind, sich psychisch besser entspannen können und dass weniger gute körperliche Entspannung mit schlechterer psychischer Entspannung gekoppelt ist *oder* dass Studierende, die vergleichsweise körperlich besser entspannt sind, sich psychisch schlechter entspannen können und dass weniger gute körperliche Entspannung mit besserer psychischer Entspannung gekoppelt ist, (vorläufig) bewährt.

Auf die einzelnen Ergebnisdarstellungen und auf die Diskussion werden wir hier nicht weiter eingehen.

13.2 Einfache lineare Regressionsanalyse

13.2.1 Basisablauf: Gerichtete Hypothesen

1) Fragestellung

Stevie: Wie stark die einfache lineare Regressionsanalyse (ELR) und die Produkt-Moment-Korrelation mathematisch zusammenhängen, zeigt sich u.a. auch darin, dass die grundlegenden Fragestellungen, die wissenschaftlichen Hypothesen und die statistischen Hypothesen von ▶ Abschn. 13.1.1 und ▶ Abschn. 13.2.1 im Wesentlichen übereinstimmen. Für die Variablen x6 (als Prädiktor) und x7 (als Kriterium) würden wir bei der ELR die gleichen Ergebnisse wie im ▶ Abschn. 13.1.1 erhalten. Zusätzlich würden wir aber u.a. die Vorhersagegleichung x7' = 0,49 × x6 + 27,96 erhalten (◻ Abb. 13.1). Hinweis: x7' ist die vorhergesagte Variable x7.

Zur Abwechslung verwenden wir in diesem Kapitel aber eine andere Fragestellung: Gibt es einen statistischen Zusammenhang zwischen der psychischen Entspannung (vor) = x7 und der psychischen Entspannung (nach) = x13?

Im Rahmen der einfachen linearen Regressionsanalyse interessiert natürlich auch wieder die Höhe des statistischen Zusammenhangs zwischen den beiden Variablen.

Stoffel: Bislang könnten wir diese Fragen doch auch wieder gut mithilfe der Produkt-Moment-Korrelation bearbeiten.

Stevie: Stimmt genau. Aber in diesem Kapitel wollen wir zusätzlich eine Vorhersage von der psychischen Entspannung vor der Entspannungsübung (x7 = Prädiktor) auf die psychische Entspannung nach der Entspannungsübung (x13 = Kriterium) erstellen. Dazu benötigen wir die einfache lineare Regressionsanalyse.

Stoffel: Könnten wir es nicht auch genau umgekehrt machen: x7 als Kriterium und x13 als Prädiktor?

Stevie: Nein, der Prädiktor sollte sinnvollerweise zeitlich vor dem Kriterium liegen.

2) Wissenschaftliche Hypothese (WH)

> **Stefanie:** Ich vermute, dass Studierende, die vergleichsweise vor der Entspannungs-
> übung psychisch besser entspannt sind, auch psychisch besser nach der Entspan-
> nungsübung entspannt sind und dass weniger gute psychische Entspannung vorher
> mit schlechterer psychischer Entspannung nachher gekoppelt ist.
>
> Wir können es vereinfacht auch so formulieren: Es wird ein positiver linearer
> Zusammenhang zwischen der psychischen Entspannung vorher und der psychischen
> Entspannung nachher vermutet.
>
> Ich stütze meine Vermutung auf eine Vielzahl von empirischen Befunden aus dem
> Forschungsgebiet der verschiedenen Entspannungstechniken.

3) Statistische Hypothesen (SH)

> Aus der gerichteten wissenschaftlichen Hypothese von Stefanie wird die gerichtete
> Alternativhypothese H_1 abgeleitet: $\beta(x7. x13) > 0$
> ($\beta(x7. x13)$ = Populationsregressionskoeffizient für die beiden Variablen x7 (Prädik-
> tor) und x13 (Kriterium))
> Komplementär zu dieser H_1 lautet die Nullhypothese H_0: $\beta (x7. x13) \leq 0$
> **Stevie:** Tatsächlich sind diese Hypothesen äquivalent mit den entsprechenden
> Hypothesen bei der Produkt-Moment-Korrelation: H_1: $p(x7, x13) > 0$
> ($p(x7, x13)$ = Populations-Korrelation für die beiden Variablen x7 und x13)
> Komplementär zu dieser H_1 lautet die Nullhypothese H_0: $p (x7, x13) \leq 0$
> Nur wenn die Populationskorrelation p größer als Null ist, kann auch der Populati-
> onsregressionskoeffizient β größer als Null sein.

4) Versuchsplanung

Stefanie: Aus der wissenschaftlichen Hypothese folgt die Alternativhypothese, dementsprechend wählen wir ein Signifikanzniveau von $\alpha = 5\,\% = 0,05$.

Es wurden N = 66 Psychologiestudierende (zweites Semester in Fribourg) untersucht.

ℹ️ Sprungmöglichkeit →

Wenn wir nach der Konvention von Cohen (1988, S. 80) von einer großen Effektgröße r = 0,5
ausgehen, dann resultiert bei N = 66 und einem gerichteten Signifikanzniveau von 5 % eine
Teststärke, die über 0,995 liegt (Cohen, 1988, S. 87, Tab. 3.3.2).

ℹ️ ← Sprungmöglichkeit

5) Datenerhebung und Datentabelle

Siehe ▶ Abschn. 4.3 und ▶ Kap. 6 für die Erstellung der Datentabelle.

6) Stichprobenergebnisse bzw. SPSS Ergebnisse

Stefanie: Mit dem SPSS-Schema 18 wird nun die Durchführung der einfachen linearen Regressionsanalyse mit dem SPSS vorgestellt (◙ Abb. 13.3).
Stevie: Durch das SPSS-Schema 18 könnten mithilfe der *Statistiken* problemlos auch noch die Mittelwerte und die Standardabweichungen für die beiden Variablen x7 und x13 erzeugt werden. Da wir die Ergebnisse dazu für unsere Hypothesenprüfung nicht benötigen, haben wir das hier ganz bewusst nicht verwendet.

Stoffel: Speichern und Drucken der SPSS - Ergebnisse bitte nicht vergessen.
Stevie: Im untersten, dem vierten Tabellenteil der SPSS-Ergebnisausgabe werden die Stichprobenregressionskoeffizienten b = 0,65 und a = 33,76, die zugehörigen Standardfehler, der

Schritt 1	
Handlungen:	Die SPSS-Datei mit dem Dateinamen *Fragebogen* starten.
Auswirkungen:	SPSS-Bildschirm: *Datenansicht* mit der Datentabelle (N = 66 für x1 bis x22) ist reaktiviert.

Schritt 2	
Handlungen:	1) In der Menüleiste *Analysieren* anklicken.
	2) In dem dadurch entstandenen ersten Untermenü *Regression* anvisieren und in dem zweiten entstandenen Untermenü *Linear...* anklicken.
Auswirkungen:	Eine Dialogbox *Lineare Regression* hat sich geöffnet.

Schritt 3	
Handlungen:	1) In dem linken Variablenfeld die Variable *x7* (psychische Entspannung (vor)) markieren. Dann den *Pfeil* (links neben dem mittleren Feld: *Unabhängige Variablen(n):*) anklicken, damit die Variable x7 in das Feld *Unabhängige Variable(n):* übertragen wird.
	2) In dem linken Variablenfeld die Variable *x13* (psychische Entspannung (nach)) markieren. Dann den *Pfeil* (links neben dem oberen mittleren Feld *Abhängige Variable:*) anklicken, damit die Variable x13 in das Feld *Abhängige Variable:* übertragen wird.
	3) Den OK-Button (links unten) anklicken.
Auswirkungen:	1) Die Variable x7 wurde zur weiteren Bearbeitung als Prädiktor ausgewählt.
	2) Die Variable x13 wurde zur weiteren Bearbeitung als Kriterium ausgewählt.
	3) Das Ausgabefenster mit den Ergebnissen wird angezeigt.

◙ **Abb. 13.3**   Einfache lineare Regressionsanalyse - SPSS-Schema 18

standardisierte Regressionskoeffizient Beta und die Ergebnisse für den t-Test angegeben. In der ◘ Tab. 13.3 haben wir diese Resultate zusammengestellt.

Die Regressionsgleichung für die Stichprobe lautet somit: x13' = 0,65 × x7 + 33,76 (x13' = vorhergesagte Werte für x13 mithilfe der Variablen x7).

Hinweis: b(x7. x13) = 0,65 = Regressionskoeffizient für die Steigung der Regressionsgerade in der Stichprobe mit x7 als Prädiktor und x13 als Kriterium.

Als weitere wichtige Stichprobenergebnisse können wir dem zweiten Tabellenteil in der SPSS-Ergebnisausgabe die Produkt-Moment-Korrelation r(x7, x13) = 0,697 und den Determinationskoeffizienten r^2 (x7, x13) = 0,486 entnehmen (im SPSS wird das mit R und R-Quadrat bezeichnet).

7) Vorbetrachtung und Betrachtung der Voraussetzungen

▪▪ Vorbetrachtung

Stefanie: Wenn meine wissenschaftliche Hypothese stimmen würde, dann müsste auch in dieser Stichprobe der Steigungskoeffizient b größer als 0 sein. Das ist hier offensichtlich der Fall: b(x7. x13) = 0,65 > 0. Das Stichprobenergebnis spricht damit in der Tendenz für die Alternativhypothese.

Betrachtung der Voraussetzungen

Stevie: Da die Stichprobengröße bei N = 66 liegt, werden wir hier, mit dem Verweis auf die Robustheit des anzuwendenden t-Tests, auf die Prüfung der zentralen Voraussetzung der *bivariaten Normalverteilung* verzichten.

Die weiteren Analyseschritte des Signifikanztests werden absolviert.

8) Empirische Prüfgröße und Irrtumswahrscheinlichkeit p

Stefanie: Der ◘ Tab. 13.3 können wir in der untersten Zeile (vorletzte Spalte) die empirische Prüfgröße t_{emp} = 7,78 (im SPSS mit dem Buchstaben „T" gekennzeichnet) entnehmen.

◘ **Tab. 13.3** Ergebnisse für die einfache lineare Regressionsanalyse mit dem Prädiktor x7 und dem Kriterium x13

Koeffizienten	Nicht standardisierte Koeffizienten		Standardisierte Koeffizienten		
	Regressions-koeffizienten	Standard-fehler	Beta	t	Signifikanz für ungerichtete Hypothesen
Konstante = a	33,76	5,31		6,36	0,000
Steigungskoeffizient b für x7	0,65	0,083	0,70	7,78	0,000

Da wir hier eine gerichtete Hypothese vertreten, muss für die Bestimmung der Irrtums-wahrscheinlichkeit p der Wert 0,000 (aus der ☐ Tab. 13.3, unterste Zeile, letzte Spalte) noch halbiert werden:

$$p = \frac{0,000}{2} = 0,000$$

(in der SPSS-Ergebnisausgabe ist die Spalte für die Irrtumswahrscheinlichkeiten mit „Sig." gekennzeichnet).

9) Entscheidung

Weil $p < \alpha$ (0,000 < 0,05) ist, wird die Nullhypothese abgelehnt.

10) Ergebnisdarstellungen, Interpretation und Diskussion

Die Interpretation unseres Befundes lautet:

Der durchgeführte Signifikanztest wurde signifikant ($t_{emp} = 7,78$, p = 0,000) und es trat ein großer Stichprobeneffekt ($r^2 = 0,49$) auf. Damit hat sich unsere Vermutung, es besteht ein positiver linearer Zusammenhang zwischen der psychischen Entspannung vorher und der psychischen Entspannung nachher, (vorläufig) bewährt.

Auf die einzelnen Ergebnisdarstellungen und auf die Diskussion werden wir hier nicht weiter eingehen.

Stoffel: Stefanie, du hast noch die Vorhersagegleichung vergessen:
$x13' = 0,65 \times x7 + 33,76$

Könnten wir diese Vorhersagegleichung nun auch für zukünftige neue Psychologie-Studierende in Fribourg anwenden?

Stevie: Das ist eine gute Frage. Da sich unsere Vermutung eines positiven linearen Zusammenhangs zwischen der psychischen Entspannung vorher und der psychischen Entspannung nachher in der Population der Psychologie-Studierenden im Rahmen dieser Untersuchung (vorläufig) bewährt hat, könnte man meinen, das sollte problemlos möglich sein.

Wie gut das dann allerdings tatsächlich gelingt, hängt aber noch ganz entscheidend von einem weiteren wichtigen Aspekt ab, den wir bislang unberücksichtigt gelassen haben. Es sollte vorher noch die Frage beantwortet werden:

Ist die von uns untersuchte Stichprobe der Psychologie-Studierenden in Fribourg repräsentativ für die gesamte Population der Psychologie-Studierenden in Fribourg?

Stoffel: Wenn ich die Psychologie-Studierenden in Fribourg aus dem untersuchten Studienjahrgang mit den anderen Studienjahrgängen (im Zeitraum von 2000 bis 2010) hinsichtlich so zentraler Merkmale wie zum Beispiel dem Geschlecht, dem Alter, der Nationalität, der Studienleistung usw. vergleiche, komme ich zu der Einschätzung, dass es sich dabei durchaus um eine halbwegs repräsentative Stichprobe handeln dürfte. Also alles bestens, wir dürften die Vorhersagegleichung auch für die nächsten Studienjahrgänge verwenden, das freut mich sehr.

Stefanie: Lieber Stoffel, da hast du dich leider zu früh gefreut. Die gesamte Population der Psychologie-Studierenden in Fribourg besteht auch noch aus allen weiteren späteren Studienjahrgängen. Wir können dementsprechend bei der Beurteilung der Repräsentativität unserer Stichprobe bestenfalls noch hoffen und wünschen, dass die Psychologie-Studierenden sich in den nächsten Jahren nicht wesentlich hinsichtlich der zentralen Merkmale wie Geschlecht, dem Alter, der Nationalität, der Studienleistung usw. verändern werden.

Stevie: Stefanie hat grundsätzlich recht. Da wir die künftigen Psychologie-Studierenden noch gar nicht kennen können, können wir kein endgültiges Urteil über die Repräsentativität unserer Stichprobe abgeben.

Man kann aber natürlich jeweils vor der Anwendung einer Vorhersagegleichung prüfen, ob sich die Zusammensetzung der uns interessierenden Personen wesentlich auf den wichtigen Merkmalen geändert hat. Sollte das nicht der Fall sein, dann können wir getrost die Vorhersagegleichung anwenden.

Da die genauen Ausprägungen der berechneten Regressionskoeffizienten grundsätzlich in hohem Maße stichprobenabhängig sind (also von Stichprobe zu Stichprobe erheblich voneinander abweichen können), müssen wir dabei dann allerdings immer nicht zu unterschätzende Vorhersagefehler einkalkulieren. Für die Einschätzung, wie stark diese Abweichungen ausfallen können, kann ergänzend eine Kreuzvalidierung bei der multiplen Regressionsanalyse (*komplexe Statistik*) durchgeführt werden.

13.2.2 Beispiel für einen quadratischen Zusammenhang

1) Fragestellung

Stefanie: Im Rahmen der einfachen linearen Regressionsanalyse können prinzipiell (wie der Name des Verfahrens bereits sagt) nur lineare Zusammenhänge zwischen zwei intervallskalierten Variablen untersucht werden. Was mache ich aber, wenn ich explizit vermute, dass der Zusammenhang nicht linear, sondern zum Beispiel quadratisch ist?

Stevie: Wenn wir eine Vermutung über einen nicht-linearen Zusammenhang (quadratisch oder logarithmisch oder exponentiell oder ...) zwischen zwei intervallskalierten Variablen haben, dann kann diese Vermutung mit einem kleinen Trick, *die Variablen werden vor der Analyse linearisiert*, problemlos überprüft werden.

Stoffel: Könnten wir die entsprechende Vorgehensweise bitte an einem kleinen Beispiel veranschaulichen?

Stevie: Sehr gerne. Da unser Datensatz mit dem Fragebogen dazu nicht besonders gut geeignet ist, werden wir zu Demonstrationszwecken hier ein möglichst plausibles einfaches (methodische Regeln werden dabei möglicherweise vernachlässigt) fiktives Beispiel mit fiktiven Daten verwenden:

In der Fragestellung geht es um den Zusammenhang zwischen dem Merkmal Konservatismus (x = Prädiktor) und der in den Medien erzeugten Aufmerksamkeit (y = Kriterium) bei katholischen Theologen. Stellen wir uns vor, dass wir in einer fiktiven Studie dazu insgesamt elf katholische Theologen untersuchen.

Die intervallskalierte Variable Konservatismus x ist bipolar und geht von -5 über 0 bis +5. Der Skalenwert von "-5" bedeutet, dass der katholische Theologe das Gegenteil von konservativ ist (möglicherweise könnte der bekannte Schweizer Theologe Prof. Hans Küng einen solchen Wert erhalten). Der Skalenwert von "+5" drückt eine maximal konservative Einstellung aus (möglicherweise könnte der ehemalige Papst Benedikt XVI. einen solchen Wert erhalten).

Die intervallskalierte Variable y Medienaufmerksamkeit geht von 0 bis 20.

Es ist naheliegend, dass zwischen x und y kein linearer Zusammenhang besteht. Wir werden vermutlich eher einen U-förmigen Zusammenhang erwarten: Extremere Positionen in den Einstellungen (auf beiden Seiten der Skala) werden in der Öffentlichkeit mehr Aufmerksamkeit erregen als gemäßigtere Positionen.

Mit der (quadratischen) mathematischen Funktion $y = b \times x^2 + a$ kann ein solcher U-förmiger Zusammenhang erfasst werden.

2) Wissenschaftliche Hypothese (WH)

> Wir vermuten, dass es einen quadratischen Zusammenhang zwischen den beiden Variablen Konservatismus und erzeugte Medienaufmerksamkeit bei katholischen Theologen gibt.

3) Statistische Hypothesen (SH)

Wir verwenden nun den *Linearisierungstrick*, indem wir eine neue „linearisierte" Variable definieren: $w = x^2$. Wenn der Zusammenhang zwischen x und y quadratisch ist, dann muss der Zusammenhang zwischen w und y logischerweise linear sein: $y = b \times w + a$.

> Aus der wissenschaftlichen Hypothese kann nun die gerichtete Alternativhypothese H_1 abgeleitet werden: $\beta(w. y) > 0$ (das ist äquivalent mit $\beta(x^2. y) > 0$)
> ($\beta(w. y)$ = Populationsregressionskoeffizient für die beiden Variablen w (Prädiktor) und y (Kriterium))
> Komplementär zu dieser H_1 lautet die Nullhypothese H_0: $\beta(w. y) \leq 0$
> Diese Hypothesen sind wieder äquivalent mit den entsprechenden Hypothesen bei der Produkt-Moment-Korrelation: H_1: $p(w, y) > 0$
> ($p(w, y)$ = Populations-Korrelation für die beiden Variablen w und y)
> Komplementär zu dieser H_1 lautet die Nullhypothese H_0: $p(w, y) \leq 0$

Nur wenn die Populationskorrelation p größer als Null ist, kann auch der Populationsregressionskoeffizient β größer als Null sein.

4) Versuchsplanung

Aus der wissenschaftlichen Hypothese folgt die Alternativhypothese. Dementsprechend wählen wir ein Signifikanzniveau von $\alpha = 5\% = 0,05$.

Es wurden N = 11 katholische Theologen in einer fiktiven Studie untersucht.

🛈 Sprungmöglichkeit →

Wenn wir nach der Konvention von Cohen (1988, S. 80) von einer großen Effektgröße r = 0,5 ausgehen, dann resultiert bei N = 11 und einem gerichteten Signifikanzniveau von 5% eine sehr geringe Teststärke, die bei nur 0,5 liegt (Cohen 1988, S. 86, Tab. 3.3.2). Da wir in diesem fiktiven Beispiel aus Gründen der besseren Veranschaulichung absichtlich nur eine sehr kleine Stichprobe verwendet haben, muss uns das hier nicht weiter stören. In einer realen Studie würden wir selbstverständlich mit einer deutlich größeren Stichprobe (N > 40) arbeiten und dann auch eine höhere Teststärke erhalten.

ℹ ← Sprungmöglichkeit

5) Datenerhebung und Datentabelle

In der fiktiven Studie wurden für elf katholische Theologen die Messwerte auf den beiden Variablen x (Konservatismus) und y (erzeugte Medienaufmerksamkeit) ermittelt.

Mit dem SPSS-Befehl *Variablen berechnen* (▶ Abschn. 5.1) erzeugen wir die neue *linearisierte* Variable: $w = x^2$ (w im SPSS als neue Variable x**2 berechnen).

Den Datensatz für das SPSS haben wir in der ◘ Tab. 13.4 zusammengestellt.

6) Stichprobenergebnisse bzw. SPSS Ergebnisse

Mit dem SPSS-Schema 18 (◘ Abb. 13.3 im ▶ Abschn. 13.2.1) wird nun die einfache lineare Regressionsanalyse mit dem SPSS durchgeführt. Im Schritt 3 ist dabei die Variable „w" als Prädiktor zu verwenden und in das Feld *Unabhängige Variable(n)* zu übertragen. Die Variable y wird als Kriterium verwendet und muss dementsprechend in das Feld *Abhängige Variable* übertragen werden.

Im untersten, dem vierten Tabellenteil der SPSS-Ergebnisausgabe werden die Stichprobenregressionskoeffizienten b = 0,49 und a = 1,04, die zugehörigen Standardfehler, der standardisierte Regressionskoeffizient Beta und die Ergebnisse für den t-Test angegeben. In der ◘ Tab. 13.5 haben wir diese Resultate zusammengestellt.

Die Regressionsgleichung für die Stichprobe lautet somit: $y' = 0{,}49 \times w + 1{,}04$
(y' = vorhergesagte Werte für y mithilfe der Variablen w)

◘ **Tab. 13.4** Datensatz einer fiktiven Studie mit 11 katholischen Theologen

Person	x	y	$w = x^2$
1	−5	12	25
2	−4	8	16
3	−3	6	9
4	−2	4	4
5	−1	2	1
6	0	0	0
7	1	1	1
8	2	3	4
9	3	5	9
10	4	10	16
11	5	14	25

Koeffizienten	Nicht standardisierte Koeffizienten		Standardisierte Koeffizienten		
	Regressions-koeffizienten	Standard-fehler	Beta	t	Signifikanz für ungerich-tete Hypothesen
Konstante = a	1,04	0,409		2,53	0,032
Steigungskoeffi-zient b für w	0,49	0,031	0,98	15,88	0,000

☐ **Tab. 13.5**   Ergebnisse für die einfache lineare Regressionsanalyse mit dem Prädiktor w und dem Kriterium y

Hinweis: b(w. y) = 0,49 = Regressionskoeffizient für die Steigung der Regressionsgeraden in der Stichprobe mit w als Prädiktor und y als Kriterium.

Als weitere wichtige Stichprobenergebnisse können wir dem zweiten Tabellenteil in der SPSS-Ergebnisausgabe die Produkt-Moment-Korrelation r(w, y) = 0,983 und den Determinationskoeffizienten r^2 (w, y) = 0,966 entnehmen (im SPSS wird das mit R und R-Quadrat bezeichnet).

7) Vorbetrachtung und Betrachtung der Voraussetzungen

■■ **Vorbetrachtung**

Wenn meine wissenschaftliche Hypothese stimmen würde, dann müsste auch in dieser Stichprobe der Steigungskoeffizient b größer als 0 sein. Das ist hier offensichtlich der Fall: b(w. y) = 0,49 > 0. Das Stichprobenergebnis spricht damit in der Tendenz für die Alternativhypothese.

■■ **Betrachtung der Voraussetzungen**

Bevor der Signifikanztest im Ablaufpunkt 8 durchgeführt werden kann, könnte streng genommen gefordert werden, dass vorher noch die zentrale Voraussetzung der *bivariaten Normalverteilung* für die beiden intervallskalierten Variablen der einfachen linearen Regressionsanalyse geprüft werden sollte. In diesem fiktiven Beispiel mit einer so kleinen Stichprobe von N = 11 ist diese Prüfung praktisch nicht durchführbar (s.o.). Da dieses Beispiel von uns aber ohnehin nur zu Demonstrationszwecken der Prüfbarkeit von nicht-linearen Zusammenhängen verwendet wird, ist das hier kein wirkliches Problem.

Die weiteren Analyseschritte des Signifikanztests werden absolviert.

8) Empirische Prüfgröße und Irrtumswahrscheinlichkeit p

Der ☐ Tab. 13.5 können wir in der untersten Zeile (vorletzte Spalte) die empirische Prüfgröße t_{emp} = 15,88 (im SPSS mit dem Buchstaben „T" gekennzeichnet) entnehmen.

Da wir hier eine gerichtete Hypothese vertreten, muss für die Bestimmung der Irrtumswahrscheinlichkeit p der Wert 0,000 (aus der ☐ Tab. 13.5, unterste Zeile, letzte Spalte) noch halbiert werden:

$$p = \frac{0,000}{2} = 0,000$$

(in der SPSS-Ergebnisausgabe ist die Spalte für die Irrtumswahrscheinlichkeiten mit „Sig."
gekennzeichnet).

9) Entscheidung

Weil p < α (0,000 < 0,05) ist, wird die Nullhypothese abgelehnt.

10) Ergebnisdarstellungen, Interpretation und Diskussion

Die Interpretation unseres Befundes lautet:

Der durchgeführte Signifikanztest wurde signifikant (t_{emp} = 15,88, p = 0,000) und es
trat ein sehr großer Stichprobeneffekt (r^2 = 0,966) auf. Damit hat sich unsere Vermutung,
es besteht ein quadratischer Zusammenhang zwischen dem Konservatismus und der
erzeugten Medienaufmerksamkeit bei katholischen Theologen, (vorläufig) bewährt.

Die Vorhersagegleichung lautet: $y' = 0,49 \times x^2 + 1,04$ ($y' = 0,49 \times w + 1,04$).

Da wir hier zu Demonstrationszwecken in der fiktiven Studie nur eine sehr kleine,
sicher nicht repräsentative Stichprobe mit N = 11 Personen verwendet haben, könnte
diese Vorhersagegleichung, obwohl das Ergebnis signifikant ist und ein sehr großer Stichprobeneffekt vorliegt, trotzdem nicht sinnvoll für (fiktive) weitere Stichproben mit katholischen Theologen angewendet werden.

Auf die einzelnen Ergebnisdarstellungen und auf die Diskussion werden wir hier nicht
weiter eingehen.

13.2.3 Ergänzungen

13.2.3.1 Logarithmische und exponentielle Zusammenhänge

Stefanie: Ich finde, wir sollten das Prinzip des Linearisierung-Tricks noch jeweils an einem
Beispiel für einen vermuteten a) logarithmischen und b) exponentiellen Zusammenhang
zwischen zwei intervallskalierten Variablen veranschaulichen. Stoffel, kannst du uns dafür
jeweils ein Beispiel geben?

Stoffel, der gerade im „Bortz und Schuster"(2010, S. 198-202) den ▶ Abschn. 11.3 über
nicht-lineare Zusammenhänge gelesen hat, ist begeistert.

Stoffel: Darauf habe ich schon gewartet.
a) In einem Kreativitätsexperiment sollen die Versuchspersonen möglichst schnell möglichst viele Lösungsideen zu einer gestellten, einfachen Problemaufgabe vorschlagen. Die
kumulierte Anzahl der Lösungsideen wird als Variable y bezeichnet und die abgelaufene
Zeit als Variable x. Es könnte dabei sinnvollerweise ein logarithmischer Zusammenhang y =
b × log(x) + a vermutet werden (zu Beginn fällt es sehr leicht, spontan Lösungsideen zu
finden, mit der Zeit wird das dann aber zunehmend schwieriger). Dann würden wir die Line-
arisierungsvariable w = log(x) als Prädiktor und y als Kriterium in der einfachen linearen
Regressionsanalyse verwenden, mit der Vermutung: y = b × w + a.

ⓘ Sprungmöglichkeit →

Stoffel: Stefanie, das Beispiel für einen exponentiellen Zusammenhang überlasse ich
lieber dir.

Stefanie: Na gut.

b) In einem Gedächtnisexperiment wird die Wiedergabefähigkeit der erlernten Gedächtnisinhalte zu mehreren Zeitpunkten ermittelt. Die richtig wiedergegebenen Gedächtnisinhalte werden als Variable y bezeichnet und die abgelaufene Zeit als Variable x. Es könnte dabei sinnvollerweise ein exponentieller Zusammenhang $y = a \times b^{1/x}$ vermutet werden (zu Beginn gehen bereits sehr schnell relativ viele Gedächtnisinhalte verloren, aber einige Gedächtnisinhalte erweisen sich als resistent gegenüber dem Zeitverlaufverlust).

Für die *Linearisierung* müssen wir hier den folgenden etwas komplizierteren Weg einschlagen. Hinweis: „<=>" ist das mathematische Zeichen für „äquivalent".

Vermutung: $y = a \times b^{1/x}$

- <=> $\log y = \log(a \times b^{1/x})$
- <=> $\log y = \log(a) + 1/x \times \log(b)$
- <=> $\log y = \log(b) \times 1/x + \log(a)$

Wir benötigen hier zwei Linearisierungsvariablen $v = \log(y)$ und $w = 1/x$.

In der einfachen linearen Regressionsanalyse wird dann w als Prädiktor und v als Kriterium verwendet. Der dabei resultierende Steigungsregressionskoeffizient (für w) entspricht dabei dem $\log(b)$ und der andere Regressionskoeffizient (für w) dem $\log(a)$ in der vermuteten Gleichung: $y = a \times b^{1/x}$.

Logischerweise müsste es einen linearen Zusammenhang zwischen v und w geben ($v = \log(b) \times w + \log(a)$), wenn der Zusammenhang zwischen y und x tatsächlich exponentiell ($y = a \times b^{1/x}$) ist.

ⓘ ← Sprungmöglichkeit

13.2.3.2   **Animationsfilm zur einfachen linearen Regressionsanalyse**

Stoffel: Ich finde, nach so viel unangenehmer Mathematik sollten wir zum Abschluss dieses Kapitels noch auf ein mehr spielerisches Informationsmaterial zur einfachen linearen Regressionsanalyse hinweisen.

Das Buch *Statistik interaktiv! Deskriptive Statistik* des DIALEKT-Projekts (2002) hat als Beilage eine CD-Rom, auf der u.a. ein Animationsfilm (Dauer ca. 40 Minuten) zur einfachen linearen Regressionsanalyse (bzw. der Produkt-Moment-Korrelation) zu finden ist:

In dem Film kämpft eine junge, attraktive Psychologin zusammen mit einem jungen, etwas schnoddrigen Journalisten in Verbindung mit einer Bürgerinitiative gegen ein industrielles Bauvorhaben, das in einem bestimmten Wohnviertel zu stark erhöhtem Straßenverkehr und einer damit verbundenen stark erhöhten Lärmbelästigung führt.

Im Verlauf der bürokratischen Auseinandersetzungen führen die Anwohner des betroffenen Wohnviertels u.a. die folgenden Messungen für die beiden intervallskalierten Variablen *Anzahl der vorbeifahrenden Autos* und *Lärmpegel* mit geeigneten Messapparaturen durch.

Mithilfe der Produkt-Moment-Korrelation und der einfachen linearen Regressionsanalyse (*Anzahl der vorbeifahrenden Autos* = Prädiktor und *Lärmpegel* = Kriterium) wird in dem Film der Zusammenhang dieser beiden Variablen deutlich gemacht.

Weil die Charaktere nach meiner Ansicht in dem Film zum größten Teil amüsant gespielt werden und mir die Rahmenhandlung einigermaßen plausibel erscheint, kann ich sogar die mit leicht erhobenem Zeigefinger etwas moralische Kernbotschaft der Geschichte, *Psychologiestudierende sollten möglichst gut in den Statistikvorlesungen aufpassen,* halbwegs akzeptieren.

13.3 Korrelation und Kausalität

Stoffel steht am Ufer vom Murtensee und wirft Steine in das Wasser.

Stefanie: Hallo, Stoffel, hast du nichts Besseres zu tun, als Steinchen zu werfen? Langweilst du dich etwa?

Stoffel: Du hast ja keine Ahnung, ich führe hier gerade auf Anweisung von Stevie ein wichtiges Experiment zum Thema *Kausalität* durch. Ich habe die folgenden beiden Beobachtungen gemacht:

Immer wenn ein Stein ins Wasser fällt, breiten sich unmittelbar danach Wellen auf dem See aus. Wenn ich größere Steine verwende, dann sind die anschließend auftretenden Wellen vergleichsweise stärker als bei kleineren Steinen.

Ich kann Folgendes festhalten: Die beiden Ereignisse *„ein Stein fällt ins Wasser"* und *„auf dem Wasser breiten sich Wellen aus"* sind stark miteinander verbunden. Man könnte wohl auch berechtigt behaupten, sie sind maximal korreliert.

Da der Steinwurf zeitlich vor dem Auftreten der Wellen erfolgt, ist es offensichtlich, dass die Wellen nicht den Steinwurf verursachen und dass auch keine gegenseitige kausale Beeinflussung vorliegt.

Stefanie: Ich bin beeindruckt. Vermutlich können wir nun schlussfolgern, dass die *Steine* die Ursache für die *Wellen* sind. Da hast du einen schönen kausalen Zusammenhang gefunden, Gratulation.

Stoffel: Diesmal bist du zu ungeduldig. Das hier von mir untersuchte Phänomen ist zwar tatsächlich so trivial, dass diese Schlussfolgerung wohl kaum jemand in Zweifel ziehen würde, aber ich wollte es doch noch etwas genauer wissen. Stevie hat mich auf Folgendes aufmerksam gemacht:

Ein korrelativer Zusammenhang ist eine notwendige, aber nicht hinreichende Bedingung für eine kausale Schlussfolgerung.

Stefanie: Was braucht es denn bei deinem Stein-Wellen-Phänomen noch für weitere Bedingungen, damit wir die Kausalität als bestätigt betrachten dürfen?

Stoffel: Gar nicht mal so viel. Ich habe zusätzlich genau geprüft, ob der Zusammenhang zwischen *dem Steinfall ins Wasser* und den *Wellen* nicht durch noch etwas anderes *Drittes* hervorgerufen wird.

Stefanie: Was könnte das denn gewesen sein?

Stoffel: Es könnten sich zum Beispiel unter Wasser Fische versteckt halten, die immer dann Wellen erzeugen, wenn ein Stein ins Wasser fällt.

Aus diesem Grund bin ich einige Minuten im See getaucht und habe dabei weit und breit keine Fische, keine Enten und auch keine Froschmänner entdecken können.

Damit habe ich streng genug kontrolliert, dass mein gefundener Zusammenhang nicht durch eine weitere dritte Variable (z.B. Fische, Enten oder Froschmänner) hervorgerufen wird. Also sind die ins Wasser gefallenen Steine tatsächlich die *Ursache* für die Wellen.

Stefanie: Versteckte Froschmänner im Murtensee, so ein Blödsinn. Ich denke, wir sollten die Thematik Korrelation und Kausalität besser mit einem Beispiel aus dem Bereich der paarpsychologischen Forschung beleuchten.

Stellen wir uns vor, dass wir zwischen den beiden Variablen *„psychisches Wohlbefinden der Ehefrau"* und *„psychisches Wohlbefinden des Ehemannes"* in einer genügend großen Stichprobe ($N > 30$) eine signifikante Korrelation gefunden haben.

Stoffel: Dann kann dieser empirische Zusammenhang prinzipiell durch einen (oder sogar gleichzeitig durch mehrere) der folgenden vier möglichen Kausalzusammenhänge hervorgerufen worden sein:

a. Das psychische Wohlbefinden der Ehefrauen wird kausal durch das psychische Wohlbefinden der Ehemänner beeinflusst.
b. Das psychische Wohlbefinden der Ehemänner wird kausal durch das psychische Wohlbefinden der Ehefrauen beeinflusst.
c. Das psychische Wohlbefinden der Ehefrauen und das psychische Wohlbefinden der Ehemänner beeinflussen sich gegenseitig kausal.
d. Das psychische Wohlbefinden der Ehefrauen und das psychische Wohlbefinden der Ehemänner werden beide durch zusätzliche dritte Variablen (z.B. durch externen Stress) kausal beeinflusst.

Stefanie: Ganz genau. Die vorliegende signifikante Korrelation liefert uns für sich allein keine Information darüber, welche von den vier möglichen Kausalinterpretationen sinnvoll und richtig ist.

Stoffel: Bei den Punkten a), b) und c) könnten wir uns vermutlich, basierend auf systemtheoretischen Überlegungen, darauf einigen, dass wohl am ehesten eine wechselseitige Beeinflussung vorliegen dürfte.

Stefanie: Damit bin ich einverstanden.

Stoffel: Wie verhält es sich aber mit den möglichen Einflüssen von einer oder mehreren weiteren dritten Variablen? Im Murtensee konnte ich den möglichen Einfluss von Fischen durch einen kleinen Tauchgang zuverlässig ausschließen. Was können wir hier tun?

Stefanie: Analog zu deinem Tauchgang sollten wir tiefer in die Empirie eintauchen und weitere Variablen, wie zum Beispiel den *Stress*, zusätzlich mit erfassen und im Rahmen der Partialkorrelationen und der multiplen Regressionsanalysen (*komplexe Statistik*) die Zusammenhänge noch differenzierter analysieren.

Stoffel: Was meinst du mit differenzierteren Analysen?

Stefanie: Wir könnten zum Beispiel überprüfen, wie hoch der korrelative Zusammenhang zwischen den beiden Variablen *„psychisches Wohlbefinden der Ehefrau"* und *„psychisches Wohlbefinden des Ehemannes"* ist, wenn wir den Einfluss der Variablen *„Stress"* (künstlich) konstant halten. Der Fachbegriff dafür lautet *herauspartialisieren*.

Stoffel: Danke, das reicht mir schon.

Stefanie: Mir aber noch nicht. In der wissenschaftlichen Forschung sind wir doch ganz besonders daran interessiert herauszufinden, ob ein gefundener (signifikanter) statistischer Zusammenhang auch tatsächlich als kausaler Zusammenhang hinreichend interpretiert werden kann. Wie kann das sinnvoll und richtig erreicht werden?

Stevie: Ich möchte mich in meiner Antwort kurz fassen:

Erstens muss der vermutete kausale Zusammenhang im Kontext der gesamten theoretisch-logischen Überlegungen und der empirischen Ergebnisse gut begründbar sein. Zweitens müssen potenzielle zusätzliche Einflusskomponenten sicher ausgeschlossen werden.

Stefanie: Wie können wir zuverlässig verhindern, dass zusätzliche Einflüsse wirksam werden?

Stevie: Am sichersten ist das im Rahmen von Laborexperimenten realisierbar, hier können normalerweise mögliche Einflussfaktoren bestens kontrolliert werden.

Stoffel: Laborexperimente sind aber bei vielen Fragestellungen gar nicht möglich oder zumindest nicht sehr sinnvoll durchführbar. Was machen wir dann?

Stevie: Dann sollten die potenziellen zusätzlichen Einflussvariablen nach Möglichkeit mit erfasst werden. Sie können (wie bereits oben erwähnt) ganz einfach im Rahmen von Partialkorrelationen oder multiplen Regressionsanalysen künstlich kontrolliert oder, mit anderen Worten, herauspartialisiert werden.

Wenn zwei Variablen x und y zunächst miteinander signifikant korrelieren und diese Korrelation nach dem Herauspartialisieren einer dritten Variablen z verschwindet (deutlich kleiner wird und nicht mehr signifikant ist), dann sprechen wir von einer *Scheinkorrelation* zwischen x und y (ich möchte es aber nicht versäumen hier anzumerken, dass noch weitere Varianten von *Scheinkorrelationen* im Kontext von Zeitreihen auftreten können).

Ich darf hier vielleicht auch noch hinzufügen, dass es zu dieser Thematik weitere deutlich tiefer schürfende Analyseverfahren, die sogenannten *Kausalpfadanalysen*, gibt, auf die wir in diesem Buch aber nicht weiter eingehen wollen.

Stoffel: Da bin ich aber froh.

Stevie: Zum Abschluss möchte ich noch auf die beiden Bücher von Krämer (2007) *So lügt man mit Statistik* (S. 165-176) sowie von Dubben und Beck-Bornholdt (2006) *Der Hund, der Eier legt* (S. 172-187) hinweisen. Hier wird jeweils die Thematik Korrelation und Kausalität ausführlich mit vielen schönen, anschaulichen Beispielen, Zeichnungen und Grafiken illustriert. Es findet sich dort u.a. auch das populäre *Storchenanzahl-und-Geburtsraten-Phänomen* und die besondere Problematik bei der Erfassung von *Zeitreihen* und den damit verbundenen *Scheinkorrelationen* wird gründlich erläutert.

Stoffel: Das könnte mich vielleicht noch interessieren.

Abschließende Empfehlungen

© Springer-Verlag GmbH Deutschland, ein Teil von Springer Nature 2018
E. Kuhlmei, *Lerne mit uns Statistik!*, Springer-Lehrbuch, https://doi.org/10.1007/978-3-662-56082-2_14

14.1 Literaturvorschläge

Stevie: Zum Abschluss möchten wir zusammenfassend noch einige Buch- und Material-empfehlungen für verschiedene Anspruchniveaus und Themen zur Statistik und Metho-denlehre abgeben.

14.1.1 Voraussetzungen: Basismathematik

Falls der Wunsch besteht, einige Grundlagen der Mathematik zu bearbeiten, weil das vor-handene Wissen hierzu vollständig fehlt oder lückenhaft ist oder einfach der Stoff hierzu noch einmal wiederholend aufgefrischt werden soll, kann ich wärmstens die aktive Lek-türe der Lernhilfebücher aus dem mentor-Verlag empfehlen, die auch bestens für das Selbststudium geeignet sind, weil hier die grundlegende Mathematik anschaulich, aufge-lockert und immer mit vielen Übungsbeispielen plus Lösungen vermittelt wird.

Obwohl es aus dem mentor-Verlag auch gute Bücher zu Textaufgaben, Sachrechnen, Bruchrechnung usw. aus der fünften bis siebten Schulklasse gibt, wollen wir mal nicht mit dem Schlimmsten rechnen und starten unsere Empfehlungen mit Lernstoff, der etwa ab der achten Schulklasse beginnt und mit dem normalerweise die wichtigsten Mathematik-Voraussetzungen für die Standard-Statistikvorlesungen im universitären sozialwissenschaft-lichen Bereich erworben werden können. Darüber hinaus wird aber in einigen der Bücher auch bereits in die Stochastik (Wahrscheinlichkeitsrechnung und Statistik) eingeführt. Die Bücher von Rolf Baumann und Wolfdieter Feix haben die folgenden informativen Titel:

- *Mathematik 8. Klasse. Potenzen, Binomische Formeln, Gleichungen, Ungleichungen* von Baumann (2006a)
- *Mathematik 8. Klasse. Funktionen, lineare Gleichungen und Ungleichungen, Stochastik* von Baumann (2006b)
- *Mathematik 9. Klasse. Wurzeln, Parabeln, quadratische Gleichungen* von Baumann (2007a)
- *Mathematik 10. Klasse. Gleichungen, Ungleichungen, Funktionen, Umkehrfunktionen, Potenzfunktionen* von Baumann (2007b)
- *Mathematik 10. Klasse. Exponential- und Logarithmusgleichungen, Stochastik* von Baumann (2007c)
- *Mathematik. Oberstufe. Stochastik* von Feix (2000)

14.1.2 Mathematik und Statistik zum Spielen

Aus unserer Sicht besteht die beste Möglichkeit, sich mit einem möglicherweise ungelieb-ten Unterrichtsstoff zu befreunden, darin, sich dem Thema spielerisch und mit Humor zu nähern. Mit lustigen, teilweise verblüffenden Geschichten, amüsanten Cartoons sowie gut veranschaulichenden Tabellen und Grafiken wird in den folgenden Werken u.a. auf die Auswirkungen und das Erfassen des Zufalls im Alltag und der Auseinandersetzung damit in der wissenschaftlichen Forschung eingegangen. Die empfohlenen Bücher haben die folgenden aussagekräftigen Titel:

- *Der Hund, der Eier legt. Erkennen von Fehlinformation durch Querdenken* von Dubben und Beck-Bornholdt (2006)
- *Der Schein der Weisen. Irrtümer und Fehlurteile im täglichen Denken* von Beck-Bornholdt und Dubben (2007)

- *Der schwarze Schwan. Die Macht höchst unwahrscheinlicher Ereignisse* von Taleb (2010)
- *Die unmöglichen Drei. 60 erstaunliche Zahlengeschichten* von Cerutti (2003)
- *Es war 1mal … Die verborgene mathematische Logik des Alltäglichen* von Paulos (2004)
- *Mathematik fürs Wochenende. 50 Geschichten aus Mathematik und Wissenschaft* von Szpiro (2010)
- *So lügt man mit Statistik* von Krämer (2007)
- *Unglaublich aber wahr. 290 kurze Geschichten vom Zufall* von Plimmer und King (2008)

14.1.3 Statistik zum Üben

Stefanie: In den beiden Lehrbüchern von Bortz (2005) und von Bortz und Schuster (2010) habe ich bereits eine Reihe von Aufgaben zum Üben und Vorbereiten auf Statistikklausuren gefunden. Wo und wie kann ich noch mehr Übungsaufgaben finden?

Stevie: Grundsätzlich empfehle ich, dass man sich in Arbeitsgruppen von drei bis vier Personen zusammentut und dann am besten selbst auf die folgende Art und Weise in der Gruppe neue Aufgaben produziert:

Man verwende bereits vorhandene alte Übungsaufgaben, für die bereits die Lösungen und die Lösungswege mit guter Qualität vorliegen. Wenn ich dann spielerisch das inhaltliche Thema verändere und/oder die Fragestellung umkehre und/oder andere Zahlen verwende, entstehen neue Aufgaben, die für mich selbst einfach zu lösen sein sollten. Wenn ich diese Aufgaben dann aber den anderen Mitgliedern meiner Gruppe in einer Zufallsreihenfolge anbiete, könnte sie das vor eine ziemlich neue Herausforderung stellen. Natürlich sollte jedes Gruppenmitglied einerseits solche neuen Aufgaben produzieren und andererseits die neuen Aufgaben der anderen Mitglieder zu lösen versuchen.

Neben den bereits erwähnten Büchern von Bortz (2005) und Bortz und Schuster (2010) empfehle ich die folgenden beiden Bücher, die uns zu dieser Prozedur noch weiteres Quellmaterial liefern können, wie bereits die Titel deutlich anzeigen:

- *Klausuraufgaben zur Statistik. Mit Musterlösungen von Gerß (1981)*
- *Klausurbaukasten Statistik* von Kladroba (2005)

14.1.4 Einstieg in die Statistik

Basierend auf pädagogisch-didaktischen Überlegungen kann man mit einer gewissen Berechtigung die Frage aufwerfen, ob Standard-Statistiklehrbücher wie z.B. die sehr guten Werke von Bortz (2005), von Bortz und Schuster (2010) oder von Hays (1994) wirklich für die breite Schicht der Studierenden in den sozialwissenschaftlichen Fächern als Standardeinstiegslektüre gewählt werden sollten.

Wir sind der Meinung, dass es mit den folgenden Büchern, in denen der Statistiklehrstoff etwas weniger umfangreich, dafür aber aufgelockerter und anschaulicher und dennoch ernsthaft anspruchsvoll dargeboten wird, leichter gelingen könnte, die intrinsische Motivation der Studierenden für das manchmal etwas ungeliebte Studienfach Statistik zu Beginn des Studiums anzufeuern:

- *Quantitative Methoden 1* von Rasch et al. (2014a)
- *Quantitative Methoden 2* von Rasch et al. (2014b)
- *Statistik für Psychologen und Sozialwissenschaftler* von Bühner und Ziegler (2009)

Für diejenigen, die es sich noch aufgelockerter und amüsanter, mit vielen Cartoons angereichert wünschen und die bereit sind, dafür vielleicht teilweise auf ein paar Anspruchspunkte zu verzichten, können wir die folgenden beiden Bücher empfehlen:

- *Head first statistics* von Griffiths (2009)
- *Statistik für Dummies* von Rumsey (2004)

Eine besondere Erwähnung verdient aus unserer Sicht auch noch das folgende Buch, das mit einer CD-Rom bestückt ist und das wir bereits im ▶ Abschn. 13.2.3.2 erwähnt haben, weil es auf schöne Weise versucht, den Lehrstoff auf eine interaktive Weise zu vermitteln:

- *Statistik interaktiv! Deskriptive Statistik* vom DIALEKT-Projekt (2002)

14.1.5 Standard-Statistiklehrbücher und Lernsoftware

Die bereits mehrfach erwähnten ausgezeichneten Bücher von Bortz (2005) und Bortz und Schuster (2010) jeweils mit dem Titel *Statistik für Human- und Sozialwissenschaftler* und das Standardwerk *Statistics* von Hays (1994) verdienen es, hier an erster Stelle genannt zu werden.

Mit dem Risiko, vielleicht einige wichtige und bedeutsame Werke zur Statistik übersehen zu haben und zu vernachlässigen, möchte ich hier noch einige Bücher aufführen, die mir persönlich beim Verstehen der Statistik geholfen haben:

- *Discovering statistics. Using SPSS* von Field (2009)
- *Einführung in die Inferenzstatistik* von Diehl und Arbinger (2001)
- *Statistische Methoden in den Sozialwissenschaften. Eine Einführung im Hinblick auf computergestützte Datenanalysen mit SPSS. Band 1* von Hirsig (2006)
- *Statistische Methoden in den Sozialwissenschaften. Eine Einführung im Hinblick auf computergestützte Datenanalysen mit SPSS. Band 2* von Hirsig (2007)

Auch sehr umfassend, aber mehr auf die Verfahren für komplexe Zusammenhänge ausgerichtete Bücher sind:

- *Multivariate Analysemethoden. Eine anwendungsorientierte Einführung* von Backhaus et al. (2015)
- *Using multivariate statistics* von Tabachnick und Fidell (2007)

Aus dem vielfältigen Angebot der **Lernsoftware** sticht für uns der sogenannte *Methodenlehrebaukasten* mit dem verantwortlichen Herausgeber Prof. Dr. Rolf Schulmeister hervor, der den Studierenden auf einzigartige Weise sehr umfangreich ein interaktives und entdeckendes Lernen in den Bereichen der Statistik und der Methodenlehre ermöglicht. Diese exzellente Lernsoftware kann leicht über die Internetseite: ▶ http://www.mlbk.de erreicht und mit einer sehr geringen, eher symbolischen Jahresschutzgebühr online benutzt werden.

14.1.6 Ausgewählte spezielle Statistikbücher

Wer sich mit den sogenannten verteilungsfreien Verfahren beschäftigen möchte, kann dazu das folgende, umfassende Buch zu Rate ziehen:

- *Verteilungsfreie Methoden in der Biostatistik* von Bortz et al. (2008)

Zur gleichen Thematik gibt es auch eine komprimierte Übersicht:

- *Kurzgefasste Statistik für die klinische Forschung. Leitfaden für die verteilungsfreie Analyse kleiner Stichproben* von Bortz und Lienert (2008)

Für verständliche Erklärungen zu dieser Thematik kann es sich lohnen, auf das etwas ältere Werk *Nonparametric and distribution-free methods for the social sciences* von Marascuilo und McSweeney (1977) zurückzugreifen.

Für die intensivere Auseinandersetzung mit der Regressionsanalyse geht kein Weg an folgendem Buch vorbei:

- *Regressionsanalyse: Theorie, Technik und Anwendung* von Urban und Mayerl (2011)

14.1.7 Verwendung von SPSS

Das folgende Buch war bereits in der ersten Auflage von 2001 (SPSS Version 10.0) für mich persönlich eines der hilfreichsten Materialen, um statistische Datenauswertungen mit Vergnügen zu verstehen und durchführen zu können:

- *Statistik mit SPSS für Windows. Version 15* von Diehl und Staufenbiel (2007)

Obwohl die meisten Erläuterungen der SPSS-Version 15 relativ problemlos auch auf die aktuelleren Versionen übertragbar sind, möchte ich es nicht versäumen, auch noch ein paar aktuellere Bücher zu dieser Thematik zu nennen:

- *PASW Statistics. Statistische Methoden und Fallbeispiele* von Hatzinger und Nagel (2009)
- *SPSS for Dummies* von Griffith (2010)
- *SPSS 20. Einführung in die moderne Datenanalyse* von Bühl (2012)

14.1.8 Methodenlehre

Ohne sinnvoll und richtig angewendete und verstandene methodische Grundlagen würden die meisten statistischen Analysen schnell mal wie ein verloren in der Luft hängendes, fundamentloses Gebilde wirken.

Als anspruchsvolle, aber auch motivierende Einstiegslektüre kann ich wärmstens das folgende Buch von Oswald Huber mit seinen humorvollen Cartoons zu dieser Thematik empfehlen:

- *Das psychologische Experiment: Eine Einführung* von Huber (2013)

Die beiden folgenden Bücher sind als ausgesprochen umfassende Standardwerke zu den Forschungsmethoden und der statistischen Anwendung unbedingt zu nennen:

- *Forschungsmethoden und Evaluation in den Sozial- und Humanwissenschaften* von Döring und Bortz (2015)
- *Statistik und Forschungsmethoden* von Eid et al. (2015)

Das von uns bereits in der Einleitung empfohlene, exzellente Methodenlehrbuch von Rainer Westermann, in dem auch die philosophischen Hintergründe, die methodischen Anforderungen, die Begrenzungen und die möglichen Rechtfertigungsstrategien für die

Prüfverfahren usw. anspruchsvoll bearbeitet werden, ist hier natürlich noch einmal zu nennen:

- *Wissenschaftstheorie und Experimentalmethodik. Ein Lehrbuch zur psychologischen Methodenlehre* von Westermann (2000)

In einigen umfassenden Statistikbüchern wie zum Beispiel dem „Bortz und Schuster" (2010, S. 12-23) werden auch die Grundlagen des Messens und die damit verbundenen Skalenniveaus vermittelt. Wer sich darüber hinaus tiefer mit dieser Thematik beschäftigen möchte, könnte auf die folgenden beiden Bücher zurückgreifen:

- *Einführung in die Theorie des Messens* von Orth (1974)
- *Messen und Testen* von Steyer und Eid (2001)

Für die mit der Versuchsplanung verbundene Teststärkeanalyse nenne ich hier das von Jacob Cohen erstellte Klassiker-Standardwerk:

- *Statistical power analysis for the behavioral sciences* von Cohen (1988)

14.2 Vorschläge zu Statistikveranstaltungen

Stoffel: Die begrenzte Beliebtheit der Statistikveranstaltungen bei den Studierenden im Grundstudium Psychologie (oder in anderen Sozialwissenschaften) ist ein uns wohl bekanntes Problem. Ich schlage vor, diese Veranstaltungen mit leckerem Brunch am Vormittag/Mittag, mit Kaffee und Kuchen am Nachmittag und mit Freibier und frisch gebackenen Brezeln in den Abendstunden attraktiver zu gestalten.

Stefanie: Mit extrinsischer Motivation kann vielleicht einiges erreicht werden, langfristig und nachhaltig wünschte ich mir aber mehr eine Verbesserung der intrinsischen Motivation. Die von Hilbert Meyer (1987) präferierte handlungsorientierte Unterrichtsgestaltung, bei der u.a. die Interessen der Lernenden (Schüler) zum Bezugspunkt gemacht werden sollen und die Selbstständigkeit der Lernenden zu fördern ist, hat hierzu meiner Meinung nach einiges zu bieten. Ideal könnte ich mir im Psychologiestudium Folgendes vorstellen:

Im Rahmen inhaltlich selbstgewählter Projektthemen der Studierenden würden die Inhalte der *Statistik* und der *Methodenlehre* integrativ mit den Veranstaltungen *experimentalpsychologische Übungen* und *Testtheorie* in abwechselnden Phasen von relativ kurzen Frontalunterrichtseinheiten und intensiver gut betreuter Gruppenarbeit erworben werden. Das Erleben und das Erfahren der Selbstwirksamkeit von Studierenden im Umgang mit mathematischen Methoden könnte und sollte dabei unbedingt gewährleistet und gefördert werden.

Stevie: Wegen der üblichen Rahmenbedingungen an den entsprechenden Ausbildungsstätten würden wir bei den Umsetzungsversuchen dieser Vorschläge leider schnell auf finanzielle und institutionelle Grenzen stoßen.

Für das realisierbare Herstellen eines möglichst *optimal guten Lernumfeldes* für den Statistikunterricht gebe ich die folgenden Anregungen:

1. Gestaltung einer positiven, angstfreien Unterrichtsatmosphäre, die durch Ermutigung und Unterstützung der Studierenden geprägt ist
2. Auflockerung des reinen Frontalunterrichts durch abwechslungsreiche Phasen der Gruppenarbeit
3. Umfangreiches, aber überschaubares, gutes Lern- und Übungsmaterial zur Verfügung stellen

4. Angemessene Hilfsangebote machen: Informationen zu geeigneter Literatur und Lernsoftware, gut zugängliche Sprechstunden, Förderung von Arbeitsgruppen, Unterstützung bei der Suche von Nachhilfe in Mathematik usw.

5. Den Sinn, den Zweck und die Grenzen der Statistik plausibel machen und dabei möglichst einen persönlichen Bezug aufzeigen: Wie, wo und warum wird Statistik im weiteren Studiumverlauf (z.B. bei der Bachelorarbeit) oder im späteren Berufsalltag (z.B. zum Verstehen von weiterbildender Literatur) benötigt? Wie kann ich das gelernte Wissen im Alltag nutzen (z.B. bei Wett- und Glücksspielen, zum Verstehen von statistischem Informationsmaterial in den Medien oder von außergewöhnlich unerwarteten Ereignissen)?

6. Positiv erlebbare Belohnungen einsetzen (z.B. jegliche Art von inhaltlichen Fragen zur Statistik verbal loben, überraschend in einzelnen Stunden Schokolade oder Eis für gut gelungene Gruppenarbeit verteilen usw.)

7. Gut betreute, freiwillige Kleingruppenprojekte mit selbstgewählten Themen für die Studierenden anbieten, die zu Beginn durch einen erwerbbaren Notenbonus für die Prüfungen extrinsisch motiviert sein könnten (z.B. Fragebogen zum Freizeitverhalten der Studierenden erstellen, auswerten und die Ergebnisse im Plenum präsentieren).

Serviceteil

Literatur

Backhaus, K., Erichson, B., Plinke, W., & Weiber, R. (2015). *Multivariate Analysemethoden. Eine anwendungsorientierte Einführung* (4. Aufl.). Berlin: Springer.

Baumann, R. (2006a). *Mathematik 8. Klasse. Potenzen, Binomische Formeln, Gleichungen, Ungleichungen.* München: mentor.

Baumann, R. (2006b). *Mathematik 8. Klasse. Funktionen, lineare Gleichungen und Ungleichungen, Stochastik.* München: mentor.

Baumann, R. (2007a). *Mathematik 9. Klasse. Wurzeln, Parabeln, quadratische Gleichungen.* München: mentor.

Baumann, R. (2007b). *Mathematik 10. Klasse. Gleichungen, Ungleichungen, Funktionen, Umkehrfunktionen, Potenzfunktionen.* München: mentor.

Baumann, R. (2007c). *Mathematik 10. Klasse. Exponential- und Logarithmusgleichungen, Stochastik.* München: mentor.

Beck-Bornholdt, H.-P., & Dubben, H.-H. (2007). *Der Schein der Weisen. Irrtümer und Fehlurteile im täglichen Denken* (5. Aufl.). Reinbek bei Hamburg: Rowohlt.

Bortz, J. (2005). *Statistik für Human- und Sozialwissenschaftler* (6. Aufl.). Heidelberg: Springer.

Bortz, J., & Lienert, G. A. (2008). *Kurzgefasste Statistik für die klinische Forschung. Leitfaden für die verteilungsfreie Analyse kleiner Stichproben* (3. Aufl.). Heidelberg: Springer.

Bortz, J., Lienert, G. A., & Boehnke, K. (2008). *Verteilungsfreie Methoden in der Biostatistik* (3. Aufl.). Heidelberg: Springer.

Bortz, J., & Schuster, C. (2010). *Statistik für Human- und Sozialwissenschaftler* (7. Aufl.). Berlin: Springer.

Bradley, J. V. (1980). Nonrobustness in one-sample Z and t tests: A large-scale sampling study. *Bulletin of the Psychonomic Society, 15*(1), 29–32.

Bühl, A. (2012). *SPSS 20. Einführung in die moderne Datenanalyse* (3. Aufl.). München: Pearson.

Bühner, M., & Ziegler, M. (2009). *Statistik für Psychologen und Sozialwissenschaftler.* München: Pearson Studium.

Cerutti, H. (2003). *Die unmöglichen Drei. 60 erstaunliche Zahlengeschichten* (3. Aufl.). Zürich: Verlag Neue Zürcher Zeitung.

Cohen, J. (1988). *Statistical power analysis for the behavioral sciences* (2nd ed.). Hillsdale, NJ : Lawrence Erlbaum.

DIALEKT-Projekt. (2002). *Statistik interaktiv! Deskriptive Statistik* (2. Aufl.). Berlin: Springer.

Diehl, J. M., & Arbinger, R. (2001). *Einführung in die Inferenzstatistik* (3. Aufl.). Eschborn bei Frankfurt am Main: Dietmar Klotz.

Diehl, J. M., & Staufenbiel, T. (2007). *Statistik mit SPSS für Windows. Version 15.* Eschborn bei Frankfurt am Main: Dietmar Klotz.

Döring, N., & Bortz, J. (2015). *Forschungsmethoden und Evaluation in den Sozial- und Humanwissenschaften* (5. Aufl.). Heidelberg: Springer.

Dubben, H.-H., & Beck-Bornholdt, H.-P. (2006). *Der Hund, der Eier legt. Erkennen von Fehlinformation durch Querdenken.* Reinbek bei Hamburg: Rowohlt.

Eid, M., Gollwitzer, M., & Schmitt, M. (2015). *Statistik und Forschungsmethoden* (4. Aufl.). Weinheim: Beltz.

Feix, W. (2000). *Mathematik. Oberstufe. Stochastik.* München: mentor.

Field, A. (2009). *Discovering statistics. Using SPSS* (3rd ed.). Los Angeles: Sage.

Gerß, W. (1981). *Klausuraufgaben zur Statistik. Mit Musterlösungen.* Thun: Harri Deutsch.

Griffith, A. (2010). *SPSS for Dummies* (2nd ed.). Hoboken, NJ: Wiley.

Griffiths, D. (2009). *Head first statistics.* Beijing: O'Reilly.

Hager, W., & Westermann, R. (1983). Entscheidung über statistische und wissenschaftliche Hypothesen: Probleme bei mehrfachen Signifikanztests zur Prüfung einer wissenschaftlichen Hypothese. *Zeitschrift für Sozialpsychologie, 14,* 106–117.

Hatzinger, R., & Nagel, H. (2009). *PASW Statistics. Statistische Methoden und Fallbeispiele.* München: Pearson Studium.

Hays, W. L. (1994). *Statistics* (5th ed.). Wadsworth: Cengage Learning.

Hirsig, R. (2006). *Statistische Methoden in den Sozialwissenschaften. Band 1: Eine Einführung im Hinblick auf computergestützte Datenanalysen mit SPSS* (5. Aufl.). Zürich: Seismo.

Hirsig, R. (2007). *Statistische Methoden in den Sozialwissenschaften. Band 2: Eine Einführung im Hinblick auf computergestützte Datenanalysen mit SPSS* (5. Aufl.). Zürich: Seismo.

Huber, O. (2013). *Das psychologische Experiment: Eine Einführung* (6. Aufl.). Bern: Hans Huber.

Kladroba, A. (2005). *Klausurbaukasten Statistik.* München: Oldenbourg.

Krämer, W. (2007). *So lügt man mit Statistik* (9. Aufl.). München: Piper.

Liepmann, D., Beauducel, A., Brocke, B., & Amthauer, R. (2007). *Intelligenz-Struktur-Test 2000 R (I-S-T 2000 R). Manual* (2. Aufl.). Göttingen: Hogrefe.

Marascuilo, L. A., & McSweeney, M. (1977). *Nonparametric and distribution-free methods for the social sciences.* Monterey, CA: Brooks/Cole.

Meyer, H. (1987). *Unterrichts-Methoden. II. Praxisband.* Berlin: Cornelsen.

Micceri, T. (1989). The unicorn, the normal curve, and other improbable creatures. *Psychological Bulletin, 105,* 156–166.

Müller, E. (1998). *Duft der Orangen. Phantastische Reisen zu den fünf Sinnen*. München: Kösel.

Orth, B. (1974). *Einführung in die Theorie des Messens*. Stuttgart: Kohlhammer.

Paulos, J. A. (2004). *Es war 1mal… Die verborgene mathematische Logik des Alltäglichen*. München: Elsevier.

Plimmer, M., & King, B. (2008). *Unglaublich aber wahr. 290 kurze Geschichten vom Zufall*. Bergisch Gladbach: Bastei Lübbe.

Rasch, B., Friese, M., Hofmann, W., & Naumann, E. (2014a). *Quantitative Methoden 1: Einführung in die Statistik für Psychologen und Sozialwissenschaftler* (4. Aufl.). Heidelberg: Springer.

Rasch, B., Friese, M., Hofmann, W., & Naumann, E. (2014b). *Quantitative Methoden 2: Einführung in die Statistik für Psychologen und Sozialwissenschaftler* (4. Aufl.). Heidelberg: Springer.

Rumsey, D. (2004). *Statistik für Dummies*. Weinheim: Wiley.

Schoppe, K. J. (1975). *Verbaler Kreativitäts-Test (V-K-T). Ein Verfahren zur Erfassung verbal-produktiver Kreativitätsmerkmale*. Göttingen: Hogrefe.

Steyer, R., & Eid, M. (2001). *Messen und Testen* (2. Aufl.). Berlin: Springer.

Szpiro, G. G. (2010). *Mathematik fürs Wochenende. 50 Geschichten aus Mathematik und Wissenschaft*. München: Piper.

Tabachnick, B. G., & Fidell, L. S. (2007). *Using multivariate statistics* (5th ed.). Boston: Pearson.

Taleb, N. N. (2010). *Der schwarze Schwan. Die Macht höchst unwahrscheinlicher Ereignisse*. München: dtv.

Urban, D., & Mayerl, J. (2011). *Regressionsanalyse: Theorie, Technik und Anwendung* (4. Aufl.). Wiesbaden: VS Verlag für Sozialwissenschaften.

Vaitl, D., & Petermann, F. (Hrsg.) (2000). *Handbuch der Entspannungsverfahren. Band 1: Grundlagen und Methoden* (2. Aufl.). Weinheim: Beltz.

Westermann, R. (2000). *Wissenschaftstheorie und Experimentalmethodik. Ein Lehrbuch zur psychologischen Methodenlehre*. Göttingen: Hogrefe.

Westermann, R., & Hager, W. (1982). Entscheidung über statistische und wissenschaftliche Hypothesen: Zur Differenzierung und Systematisierung der Beziehungen. *Zeitschrift für Sozialpsychologie, 13*, 13–21.

Wieczerkowski, W., Nickel, H., Janowski, A., Fittkau, B., & Rauer, W. (1981). *Angstfragebogen für Schüler* (6. Aufl.). Göttingen: Westermann.

Stichwortverzeichnis

FSC
www.fsc.org

MIX
Papier aus verantwortungsvollen Quellen
Paper from responsible sources
FSC® C105338

If you have any concerns about our products,
you can contact us on
ProductSafety@springernature.com

In case Publisher is established outside the EU,
the EU authorized representative is:
Springer Nature Customer Service Center GmbH
Europaplatz 3, 69115 Heidelberg, Germany

Printed by Libri Plureos GmbH
in Hamburg, Germany